FRITZ REHEIS
Entschleunigung

Buch

Schnell einsteigen, schnell ausrangiert werden! Und zwischen
Einstieg und Ausstieg liegt ein Leben, das weitgehend vom Diktat
der Uhr bestimmt ist. Dieses Diktat macht den meisten von uns
zu schaffen. Kein Wunder also, dass vier von fünf Deutschen klagen, alles verändere sich zu rasch. Wir leiden an der Beschleunigungskrankheit. Immer mehr Menschen spüren, wie ihr Körper
und ihre Psyche, wie Partnerschaften, Familien und soziale Netze
im Hamsterrad gesellschaftlicher Dynamik Schaden nehmen, wie
natürliche Rhythmen verloren gehen. Vor diesem Hintergrund
zeigt Fritz Reheis Alternativen und individuelle Ausstiegsmöglich-
keiten auf, vom Sabbatical bis zur bewussten Auseinandersetzung
mit Situationen, in denen wir uns besonders unter Druck fühlen.

Autor

Fritz Reheis, Jahrgang 1949, studierte Deutsch, Geschichte, Sozial-
kunde und Pädagogik. Er promovierte in Soziologie und absol-
vierte ein Erweiterungsstudium in Philosophie für das Lehramt an
Gymnasien. Seit 1983 unterrichtet er als Gymnasiallehrer in Neustadt bei Coburg. Zusätzlich ist er seit zwölf Jahren nebenamtlich
als Lehrbeauftragter für Politik, Zeitgeschichte, Soziologie und Pädagogik an mehreren Hochschulen tätig. Buchveröffentlichun-
gen u.a.: »Konkurrenz und Gleichgewicht als Fundamente der Gesellschaft« (1986), »Die Kreativität der Langsamkeit« (1996).

Fritz Reheis

Ent-schleunigung

Abschied vom Turbokapitalismus

GOLDMANN

FSC

Mix
Produktgruppe aus vorbildlich
bewirtschafteten Wäldern und
anderen kontrollierten Herkünften

Zert.-Nr. SGS-COC-1940
www.fsc.org
© 1996 Forest Stewardship Council

Verlagsgruppe Random House fsc-DEU-0100
Das FSC-zertifizierte Papier *München Super* für Taschenbücher
aus dem Goldmann Verlag liefert Mochenwangen Papier.

1. Auflage
Taschenbuchausgabe Juli 2006
Wilhelm Goldmann Verlag, München,
in der Verlagsgruppe Random House GmbH
Copyright © der Originalausgabe 2003 by
Riemann Verlag, München,
in der Verlagsgruppe Random House GmbH
Umschlaggestaltung: Design Team München
Redaktion: Gerhard Juckhoff
KF · Herstellung: Str.
Druck und Bindung: GGP Media GmbH, Pößneck
Printed in Germany
ISBN-10: 3-442-15380-8
ISBN-13: 978-3-442-15380-0

www.goldmann-verlag.de

Inhalt

Teil III
DIE BESCHLEUNIGUNGSKRANKHEIT
Therapie und Prävention

Dank

Viele haben an diesem Buch mitgewirkt, die meisten, ohne es zu wissen: Menschen, die mich während meines bisherigen Lebens immer wieder gehetzt haben. Sie haben in mir das tiefe Bedürfnis nach Entschleunigung geweckt. Menschen, die mir immer wieder gezeigt haben, dass man sich dagegen auch wehren kann. Sie haben mich zur »Eile mit Weile« ermutigt. Menschen, die mit mir über viele Jahre hinweg die Wandlungen des Kapitalismus diskutiert haben. Sie haben mich in meiner Überzeugung bestärkt, dass auch nach seinem angeblichen Endsieg 1989/1990 die Suche nach einer besseren Form des Lebens und Wirtschaftens weitergehen muss. Und schließlich Menschen, die sich konkret als Testleser dieses Buches zur Verfügung gestellt und den Rohentwurf einer schonungslosen inhaltlichen und stilistischen Kritik unterzogen haben. Von ihnen habe ich unendlich viel gelernt – von Tim Daugs, Thorsten Droigk, Ines und Andreas Förster, Ilse Fuckner, Franz Garnreiter, Benita Lippold, Hellmut Müller, Ulrich Neumann, Gerhilde Reheis und Gerhard Riemann. Ihnen allen sowie auch meinem äußerst konstruktiven Lektor Gerhard Juckoff ein herzliches Dankeschön!

GOTT
SCHUF DIE ZEIT.
VON EILE HAT ER
NICHTS GESAGT.

Über dem Eingang einer Tiroler Almhütte

»Die Kirche rät: Mehr Zeit für Sex«

»Die Kirche rät: Mehr Zeit für Sex. Das Erzbischöfliche Ordinariat in München hat an alle Ehepartner appelliert, sich vom weit verbreiteten Termindruck zu befreien und so mehr Zeit auch für Sexualität zu finden. In einer Gesellschaft, in der häufig schon Kinder Terminkalender benutzen, müssten die Menschen ein ›neues Zeitgefühl‹ entwickeln, das mehr Gelegenheit biete für ›Kommunikation und Streitkultur, für Religion und Spiritualität, aber auch für mehr Intimität und Sexualität‹, heißt es in der Mitteilung der Pressestelle.«[1]

Leider keine Zeit

Eine bemerkenswerte Zeitungsmeldung aus der Süddeutschen Zeitung vom 13. 1. 2000. Bemerkenswert nicht nur, weil es die katholische Kirche ist, die zu mehr Sex aufruft. Bisher war die Kirche eher als lustfeindliche Institution bekannt. Bemerkenswert nicht nur die Begründung: Es geht der Kirche offenbar nicht, wie zu erwarten gewesen wäre, um die Zeugung neuer Gotteskinder. Motiv des geistlichen Ratschlags ist vielmehr die Sorge um das Familienleben und die eheliche Partnerschaft. Sex wird also endlich als menschliches Bedürfnis ernst genommen. Damit reiht sich die kirchliche Autorität ein in die Reihe jener medizinischen Autoritäten, die seit langem daran erinnern, wie gesund Sexualität für den Menschen ist.[2]

Bemerkenswert ist diese Pressemitteilung des Erzbischofs vor allem aus einem anderen Grund: Dass Sex meist Spaß macht, entspannend und gesund ist und vermutlich sogar unser Leben verlängert, liegt ja bekanntlich an der physischen und psychischen Grundausstattung des Menschen, die er während seiner unvorstellbar langen Entwicklungsgeschichte erworben hat. Dass wir heute zur Nutzung dieser segensreichen Mitgift extra aufgefordert werden müssen, zeigt, wie zweifelhaft die Art von Fortschritt offenbar ist, der sich unsere Gesellschaft verschrieben hat. Diese Gesellschaft, die sich selbst gern als »modern«, »hoch entwickelt« und »aufgeklärt« bezeichnet, folgt nämlich einem recht merkwürdigen Programm. Das Programm treibt uns im Laufe unseres Lebens dazu an, dass wir auf unserer Suche nach Wohlbefinden und Glück eine Unmenge von Energie und Zeit fürs Geldverdienen und Geldausgeben aufwenden. Und dieses Programm hat uns im Laufe der Menschheitsgeschichte einen gigantischen technischen Fortschritt und, damit einhergehend, ungeheure Möglichkeiten und Zeitgewinne beschert. Aber dieses Programm sorgt offenbar zugleich dafür, dass wir uns diese Gewinne immer wieder abjagen lassen. Ein Programm also, das dafür verantwortlich ist, dass uns am Ende der rastlosen Suche nach kostspieligen äußeren Genussquellen nicht einmal mehr Zeit bleibt für die Nutzung jener Quelle, die Gott oder die Evolution in unser Inneres gratis eingebaut hat.

Doch zurück zur erzbischöflichen Pressemitteilung. Auch für »Kommunikation und Streitkultur, für Religion und Spiritualität« sollten wir uns mehr Zeit nehmen. In der Tat: Wie oft heißt es: »Leider keine Zeit.« Das Wort »Zeit« ist eines der am häufigsten gebrauchten Wörter der deutschen Sprache und der Satz vom Keine-Zeit-Haben vermutlich einer der beliebtesten Sätze. Mag dieser Satz manchmal auch als Ausrede dienen, allzu oft ist er ehrlich gemeint. Außer für die Sexualität fehlt uns

Die Zeit zerrinnt!

Zeit für die Familie, für Verwandte und Freunde, fürs Lesen, für den Sport, fürs Verreisen, für die Beschäftigung mit uns selbst – auch für die Frage nach dem Woher und Wohin, nach dem Sinn des Lebens. Allzu oft geht uns bei all dem täglichen Getue und Gehetze das, was uns eigentlich lieb und teuer ist, verloren.

In unserem Umgang mit Zeit zeigt sich ein eigenartiger Widerspruch: *Zwar* sind wir unablässig bemüht Zeit einzusparen. Wir rüsten uns mit einem gigantischen Arsenal Zeit sparender Maschinen aus. Wir kochen mit Schnellkochtöpfen, fahren mit Hochleistungslimousinen, kommunizieren mit Handys und Internet, produzieren auf Roboterstraßen usw. Wir streichen Pausen und schaffen das Warten ab, wo immer der Fluss der Nonstop-Aktivitäten behindert werden könnte. Wir arbeiten rund um die Uhr, rund um die Woche, rund um das Jahr. Wir konsumieren, was das Zeug hält, verlängern die Ladenöffnungszeiten, verkürzen die Sperrstunden und locken bereits im Herbst mit Schoko-Nikoläusen und im Winter mit Schoko-Osterhasen. Wir ernähren uns im Winter von eingeflogenen Sommerfrüchten. Viele machen im Sommer Winterurlaub und im Winter Sommerurlaub. Wir tun längst mehrere Dinge gleichzeitig, wir entwickeln uns zum »Simultanten«, wie der Münchner Zeitforscher Karlheinz A. Geißler diesen Sozialcharakter treffend nennt.[3] Wir essen während des Fernsehens, wir telefonieren während des Autofahrens, wir erholen uns beim Einkaufen im Erlebniskaufhaus, und manche kaufen und verkaufen angeblich ihre Aktien während des Mittagessens. *Aber* bei all dem Bemühen um Schnelligkeit, Pausenlosigkeit und Gleichzeitigkeit ist immer irgendwie unklar, wo die eingesparte Zeit eigentlich bleibt. Wann werde ich den Zeitdruck wirklich los? Wann verschwindet die Uhr aus meinem Hinterkopf? Wann bin ich endlich ganz bei mir? Wächst nicht mit dem Bemühen um effiziente Kontrolle und Nutzung der Zeit oft sogar der Berg nicht erledigter Aufgaben und nicht ausgeführter Pläne? Vermehrt sich beim Kampf gegen die zerrinnende Zeit nicht manchmal sogar der Stress?

Die Beschleunigungskrankheit

Schlimmer noch: Beim genaueren Hinsehen zeigt sich, dass unser Umgang mit Zeit noch viel weiter reichende Folgen hat. Aus der Physik des Alltags wissen wir, dass Beschleunigungsphasen nicht nur mit einem besonders hohen Energieaufwand einhergehen, sondern dass mit dem Tempo eines bewegten Körpers auch dessen Steuerung schwieriger wird. So kann eigentlich nicht verwundern, dass die Beschleunigung mit einer fatalen Zwangsläufigkeit immer wieder Rückschläge produziert: Beschleunigungsfallen.[4] Wer zu schnell fährt, der landet schnell im Graben. Wer sich nicht Zeit zum Nachdenken nimmt, der macht schnell einen Fehler. Und wer Raubbau an seinem Körper und seiner Seele treibt und rücksichtslos mit seiner sozialen und natürlichen Umwelt umgeht, der kann eines Tages eine saftige Rechnung präsentiert bekommen. Beschleunigungsfallen werfen uns hinter jenen Punkt zurück, von dem aus wir ursprünglich schneller werden wollten. Das Jagen und Hetzen von Menschen, Tieren, Pflanzen und die Missachtung ökologischer Kreisläufe führen nicht selten zur Erschöpfung und – wie zu zeigen sein wird – am Ende zum Ausbruch enormer Zerstörungspotenziale mit oft tödlichen Konsequenzen. Dass wir alledem nicht hilflos ausgeliefert sind, das ist die eigentliche Botschaft dieses Buches. Und weiter: Wenn wir dem Jagen und Hetzen gemeinsam Einhalt gebieten und uns im Leben mehr Zeit lassen, geht es uns allen besser. Nicht Verzicht ist also angesagt, sondern wir sollten mit dem Verzichten endlich aufhören.

Thema des Buches ist die fatale Beschleunigung unseres Lebens *und* ihr heilsames Gegenstück: die Entschleunigung. Im 1. Kapitel sehen wir uns das Leben im Hamsterrad an, also die Symptome der Beschleunigung samt der zerstörerischen Spuren, die sie hinterlässt. Im 2. Kapitel wagt das Buch eine Prognose, indem es die Alarmsignale der Hetzjagd ernst nimmt und aufzeigt, was geschieht, wenn nichts geschieht, wenn alles also so weitergeht wie bisher. Daraufhin wird im 3. Kapitel geprüft, welche Fluchtwege dem Einzelnen offen stehen und in welche Sackgassen er dabei immer wieder geraten kann, aufgrund jener Spielregeln, die gerne als »Sach«-Zwänge bezeichnet werden.

Angesichts dieser ziemlich ausweglos erscheinenden Situation stellt das 4. Kapitel die Frage nach dem eigentlichen Motor der Beschleunigung. Und siehe da: Es sind nicht die viel beschworenen »Sach«-Zwänge, sondern die vom Menschen selbst geschaffenen Zwänge der herrschenden Wirtschaftsordnung. Ich nenne diese Wirtschaftsordnung »Turbokapitalismus« und stelle seine Funktionsweise im 5. Kapitel dar. Er ist es, der das Hamsterrad letztlich antreibt. Deshalb kann nur der Mensch selbst diese Zwänge wieder aus der Welt schaffen. Im 6. Kapitel frage ich ganz grundlegend, welches Tempo uns eigentlich besser täte. Das Buch sucht nach Maßstäben für einen angemessenen Umgang mit Zeit.

Im Anschluss an Symptomatik (inklusive Prognostik) und Diagnose (inklusive Ätiologie, also Entstehungsgeschichte) der Beschleunigungskrankheit stelle ich verschiedene therapeutische Ansätze zur grundlegenden Entschleunigung unserer Lebens- und Wirtschaftsweise vor. Im 7. Kapitel soll gezeigt werden, dass mit etwas wirtschaftlicher Fantasie überraschend viele Alternativen zum Turbokapitalismus erkennbar werden. Im 8. Kapitel berichte ich von Entschleunigungsinitiativen, die heute schon existieren, das Hamsterrad bremsen und Sand in sein Getriebe streuen können. Dies kann insbesondere dann erfolgreich sein, wenn diese Initiativen miteinander verknüpft werden. Solche Verknüpfungen vervielfachen die menschliche Energie, sie wirken also »synergetisch«. Im 9. Kapitel will das Buch dem Leser schließlich einen Vorgeschmack davon vermitteln, wie durch einen angemesseneren Umgang mit Zeit ein lustvolleres Leben möglich wird. Hier lüftet das Buch sein Geheimnis: Was genau ist es, das wir gewinnen können, wenn wir aufhören, die Arbeitshetze durch die Konsumhetze heilen zu wollen?

Das Buch will freilich nur die breite Palette von bisher verschütteten Möglichkeiten vor dem Leser ausbreiten. Ihm selbst bleibt es dann überlassen, daraus jenes Konzept zu basteln, das zu seiner persönlichen Situation am besten passt.

»Beschleunigungskrankheit« ist eine Metapher. Sie vergleicht den Zustand einer Gesellschaft mit dem eines Lebewesens. Das Wort »krank« bezeichnet seit dem Mittelalter einen Zustand der Schwäche. Heute wissen wir, dass eine solche Schwäche auf das gestörte Zusammenwirken einzelner Organe zurückzuführen ist. Diese Störung beeinträchtigt die Lebensqualität, erzeugt Leiden und macht Heilungsanstrengungen erforderlich. Mein Buch soll zeigen, dass auch in der gegenwärtigen Gesellschaft das Zusammenwirken der einzelnen Elemente – der Arbeit und der Kommunikation, der Werte und der Normen, der Technologien und der Institutionen – gestört ist. Wie im Falle der Krankheit eines Lebewesens, so stellt sich auch bei der Krankheit einer Gesellschaft die Frage nach der richtigen Therapie: Wie kann der Patient zur Einsicht in seinen wahren Zustand gelangen? Kann sich der Patient selbst heilen, oder benötigt er Hilfe? Welche Instanz hat genügend Abstand zur Erkrankung und ist kompetent genug, Hilfe zu leisten? Reicht eine punktuelle Hilfe aus, die sich auf ein Organ bzw. einen bestimmten gesellschaftlichen und kulturellen Bereich beschränkt, oder muss das gesamte körperlich-psychische System bzw. das gesamte Zusammenspiel von Wirtschaft, Gesellschaft, Politik etc. auf den Prüfstand und in die Therapie einbezogen werden? Die Krankheitsmetapher eröffnet also interessante Perspektiven in der Debatte um die Be- und Entschleunigung unseres Lebens.[5] Sie veranschaulicht vor allem, dass sich die Kritik am Turbokapitalismus nicht in abstrakte System- und Wertediskussionen verstricken muss, sondern dass es eigentlich um etwas ganz Einfaches und Sinnliches geht: das Wohlbefinden, das Wohlfühlen, das Genießen und die Lust des Menschen.

Entschleunigung

Das Wort »Entschleunigung« ist eine sprachliche Neuschöpfung mit beachtlicher Ausbreitungsgeschwindigkeit. Von Entschleunigung war zum ersten Mal Anfang der 90er-Jahre in wissenschaftlichen Fachpublikationen der Evangelischen Akademie Tutzing[6] und des Wuppertal-Instituts für Klima, Umwelt, Energie[7] zu lesen. Einen Konjunkturschub erhielt der Begriff Ende der 90er-Jahre durch das viel beachtete Buch *Die beschleunigte Gesellschaft* mit dem Untertitel »Kulturkämpfe im digitalen Kapitalismus«.[8] Darin sieht der Kommunikationswissenschaftler und SPD-Vordenker Peter Glotz einen Kulturkampf zwischen modernen Beschleunigern und antimodernen Entschleunigern heraufziehen. Dieser Kulturkampf ist bisher ausgeblieben. Im Gegenteil: Die Entschleunigungsbotschaft ist hoffähig geworden und begegnet uns in Feuilletons, Managementseminaren, Talkshows und als Blickfang in Katalogen für besonders bequeme Polstermöbel. Und natürlich auch im

Internet, wo die Suchmaschine Google im Sommer 2003 über 3000 Fundstellen für das Suchwort »Entschleunigung« registriert hat. Selbst das Magazin der Deutschen Bahn AG, das in Hochgeschwindigkeitszügen ausliegt, preist die »Kunst der Entschleunigung« – bei Tempo 250.[9]

Was auch immer unter »Entschleunigung« verstanden werden mag: Es muss in Bezug auf den Titel dieses Buches ein mögliches Missverständnis von vornherein ausgeräumt werden: Genauso wenig wie Beschleunigung und Schnelligkeit Werte an sich sind, sind Entschleunigung und Langsamkeit von sich aus schon erstrebenswert. Der Notarzt muss schnell am Unfallort sein, aber der, der ihn braucht, weil er vorher mit seinem Auto an den Baum geknallt ist, wäre besser langsamer gefahren. Es geht also um angemessene Geschwindigkeiten und Veränderungen, und zwar in einem sehr umfassenden Sinn: im Umgang mit uns selbst, mit unseren Mitmenschen und mit der uns umgebenden Natur. Und dabei zeigt sich, dass unsere Wirtschafts- und Lebensweise in vielerlei Hinsicht zu schnell und zu atemlos geworden ist. Deshalb wird Entschleunigung als letztlich globales und langfristiges Projekt unverzichtbar – das wir freilich schnellstens (!) auf die Tagesordnung setzen sollten.[10]

Symptome und Prognosen

Kapitel 1
Im Hamsterrad
Nur nicht aus dem Tritt kommen!

»Manchmal glaube ich, mein Mann ist mit seinem Beruf ver-
heiratet.« Das hört die Hamburger Paartherapeutin Angelika
Kempfert öfters. Und sie spürt, dass viele Frauen den Beruf des
Partners als »ihren persönlichen Feind« ansehen.[1] In der Tat:
Der Zeitdieb Nummer eins ist vermutlich die Arbeit, und sexuelle sowie andere Probleme in der Partnerschaft hängen in
vielen Fällen mit Arbeitsstress zusammen. Wer vom Büro erschöpft nach Hause kommt und auch nach Feierabend und am
Wochenende nicht richtig abschalten kann, der tut sich natürlich auch schwer mit dem Genuss der eigenen Sinnlichkeit, erst
recht mit der Öffnung für seine Mitmenschen. Auf die Arbeitswelt werden wir in der Schule vorbereitet. Sie ist auch der Ort,
an dem wir zum ersten Mal im Leben mit systematischer Zeitknappheit konfrontiert werden. Deshalb beginnt in diesem Kapitel unser Blick in das Innere des Hamsterrades bei der »Schullaufbahn«, wandert dann in die Arbeits- und Konsumwelt, in
die Führungsetagen von Wirtschaft und Staat. Gefragt wird
schließlich, wie unsere individuelle Lebensgeschichte und sogar die Formung unserer Persönlichkeit unmerklich vom Zeitdruck geprägt werden.

»Die meisten Lehrer erklären etwas und stellen schon die Frage, ob man das verstanden hat. Man hat oft noch gar nicht alles mitgeschrieben und soll schon die Frage beantworten. Es geht alles viel zu schnell. Man hat keine Zeit, sich zu überlegen, ob man das verstanden hat.« So äußert sich eine Schülerin im österreichischen Klagenfurt in einem Interview über ihre Erfahrungen mit Zeitdruck in der Schule. Und eine andere Schülerin präzisiert: »Man hat ... zwölf Gegenstände, die sind wie zwölf parallele Einbahnstraßen angeordnet. Jeder fährt in seiner Geschwindigkeit dahin, und als Schüler bist du dem völlig ausgeliefert. Du musst jede Stunde auf eine andere Straße wechseln, sitzt jede Stunde in einem anderen Auto mit den gleichen Passagieren, nur mit einem anderen Chauffeur.«[2]

Der Lehrer und Erziehungswissenschaftler Bruno Posod, der die Aussagen von insgesamt 1400 Schülerinnen und Schülern, Lehrkräften und Eltern ausgewertet hat, kommt zu einem vernichtenden Urteil: 45 Prozent der 14- bis 19-Jährigen verspüren »oft« oder sogar »immer« Zeitnot im Zusammenhang mit schulischer Arbeit. 70 Prozent gaben an, auf ihre individuellen Zeitbedürfnisse werde in der Schule nur »manchmal«, »selten« oder »nie« Rücksicht genommen. Und 95 Prozent berichteten, dass sie in der Schule nur »manchmal«, »selten« oder sogar »nie« lernen, auf ihre Gefühle zu achten bzw. diese auszudrücken.[3]

Zu viel Stoff und zu wenig Zeit – darin waren sich fast alle befragten Schüler, die meisten Eltern und auch viele Lehrer einig. Natürlich gab es auch Kinder und Jugendliche, denen es zu langsam geht, die sich unterfordert fühlen. Und bisweilen bestimmt bekanntlich auch Langeweile den Schulalltag. Aber das kann ebenfalls belastend sein, weil die Kinder spüren, dass ihre Bedürfnisse in der Schule nicht wirklich ernst genommen werden. Insgesamt jedoch überwog die Erfahrung des Zeitdrucks in den Berichten. Erziehung zur Schnelligkeit scheint eine der zentralen Wirkungen, vielleicht sogar das zentrale Ziel von Schule zu sein. Im Übrigen zeigt die regelmäßige Erfahrung von Grundschullehrern, dass auch manche Eltern schon wenige Wochen nach der Einschulung ängstlich darüber wachen, dass ihr Sprössling gegenüber anderen Kindern in Parallelklassen oder Nachbarschulen nur ja nicht in Verzug gerät – in der Befürchtung, damit bereits am Anfang der Schullaufbahn in der Konkurrenz um Lebenschancen benachteiligt zu werden. Posod sieht in der einseitigen Schnelligkeitsorientierung eine Gefahr, weil dadurch die Fähigkeit zum genauen Wahrnehmen, zum Nachdenken über das Wahrgenommene, zur intensiven Durchdringung, zum Überprüfen und Bewerten des Gelernten zu kurz kommt. Dies mag Schülern, Eltern und Lehrern zwar nicht bewusst werden, ist aber dennoch charakteristisch dafür, was die Schullaufbahn den Kindern zumutet und vorenthält.

Das Lernen im Laufschritt hat weitere Konsequenzen, die über die von Posod beklagte vernachlässigte Sinnesschulung und Verstandesschärfung hinausgehen. Der Zeitdruck lässt oft nicht einmal zu, das Gelernte zu wiederholen, zu üben oder gar anzuwenden. So bleibt den Kindern das verdiente Erfolgserlebnis, welches Lernprozesse abschließen sollte und zu neuem Lernen motivieren kann, verwehrt. Nicht selten werden Wiederholung, Übung und Anwendung an Eltern und Nachhilfelehrer delegiert. Zeitdruck verhindert ferner, dass Themen von mehreren Seiten aus beleuchtet werden, wodurch sie oft erst wirklich interessant werden. Zeitdruck ist regelmäßig dafür verantwortlich, dass aufkeimendes Interesse an bestimmten Themen nicht weiter berücksichtigt und damit sofort wieder erstickt wird. Eltern und Lehrer wundern sich dann, wenn Schüler von Schuljahr zu Schuljahr immer passiver und uninteressierter werden.

Der Zeitdruck ist dafür verantwortlich, dass, wie die zweite der zitierten Schülerinnen treffend bemerkt, die Lernenden mit der Aufgabe, aus den einzelnen Fächern und Unterrichtsinhalten ein Gesamtbild der Welt zu konstruieren, weitgehend allein gelassen werden. Natürlich bleibt unter solchen Bedingungen keine Zeit, um Kinder und Jugendliche an der Auswahl der Themen und Methoden ihres Unterrichts zu beteiligen. Und auch für selbstständiges Arbeiten und die Arbeit in Gruppen fehlt meist die Zeit. Hinterher beschweren sich dann Arbeitgeber und Hochschullehrer darüber, dass Schulabgänger den Anforderungen von Arbeitswelt und Universität nicht genügen.

Dem Zeitdruck ist es auch zuzuschreiben, dass die Körper der Kinder in der Schule Schaden erleiden. Denn das Diktat des Tempos beginnt dort, wo der natürliche Bewegungsdrang der Kinder gebrochen wird, wo man Kinder und Jugendliche fünf, sechs, bisweilen acht oder zehn Schulstunden auf harte Stühle zwängt, sie zum Stillschweigen verdammt und natürliche Widerstandsreaktionen als Unterrichtsstörungen bestraft. Das alles nur, um den Kindern schneller etwas eintrichtern zu können. Hier kann nicht nur die natürliche Neugierde der Kinder, die sich oft im Bewegungsdrang ausdrückt, irreversibel geschädigt werden. Hier wird auch die Grundlage für die spätere Volkskrankheit Nummer eins, die chronischen Rückenschmerzen, nicht selten mit Bandscheibenvorfällen einhergehend, gelegt. Wenn Kinder, wie von Posod diagnostiziert, ihre Gefühle quasi an der Schultüre abgeben müssen, so dürfte dies für die Einstellung der Kinder zum Lernen, zur Bildung, zu kulturellen Werten insgesamt nicht besonders förderlich sein. Sie gewöhnen sich daran, auch ohne innere Beteiligung einfach zu funktionieren. So wird die Schule zu jenem Ort, an dem junge Menschen vor allem lernen, sich anzupassen, eine Rolle perfekt zu spielen, sich von sich selbst zu entfremden. Das, was eigentlich für sie im Leben wichtig ist, findet woanders statt. Längst haben wir die ursprüngliche Bedeutung des Wortes »Schule« vergessen: »Schule«, abgeleitet vom lateinischen *scola*, stand einst für die Mußestunden im Kloster, also in jener Institution, die im Mittelalter für Bildung und Erziehung zuständig war.

Gehetztes Arbeiten

»Ich hab ja nicht nur die Lastwagen zu entladen oder zu beladen, sondern auch die ganze Lagerhaltung der Fabrik zu überwachen. Da sollte man drei Hände haben. Das Schlimmste ist ja: Die Arbeit ist eingeteilt, jetzt kommt ein anderer und sagt, diese Ware da, dann muss ich wieder alles ändern. Abschalten kann man da nicht.«[4]

Mit diesen Worten erinnert sich der Lagerverwalter D. ein Jahr nach seinem Herzinfarkt an seine damalige Arbeitssituation. Hier findet sich fast alles, was Arbeitsmediziner über das gehetzte Arbeiten, auf welches das Lernen im Laufschritt vorbereitet, unzählige Male festgestellt haben: Herr D. sah sich einem ständigen Zeitdruck ausgesetzt, er hatte wenig Kontrolle über seine einzelnen Arbeitshandlungen, in seinen Arbeitsablauf wurde ständig von außen eingegriffen, er konnte viele Arbeitsgänge nicht zu Ende bringen, und er fand keine Ruhepausen. »Bitte nicht hetzen! Wir sind hier auf der Arbeit und nicht auf der Flucht.« Diese Aufforderung an Kunden, Kollegen und Chefs, die manche Pinnwand neben dem Arbeitsplatz ziert, bringt genau diese Erfahrung zum Ausdruck.

Dass die Belastungen am Arbeitsplatz in den letzten Jahren enorm zugenommen haben, erfahren die meisten von uns tagtäglich am eigenen Leib. Eine Vergleichsstudie zur modernen Bürokommunikationstechnik in Europa und in den USA hat zum Beispiel ergeben, dass das viel gepriesene digital vernetzte Büro eher als »nervtötende Belästigungsmaschinerie« empfunden wird. Geklagt wird vor allem über die ständigen Unterbrechungen des Arbeitsflusses durch Anrufe, Telefaxe und E-Mails. In Großbritannien müssen Büroangestellte durchschnittlich 171 E-Mails pro Tag bearbeiten, in den USA sind es sogar 200.[5] Und wenn eine technische Neuerung als angebliche Erleichterung auf den Markt kommt, zeigt sich in der Regel zweierlei: Zunächst entstehen Mehrbelastungen durch Einarbeitung und Ausmerzung von Kinderkrankheiten, sobald es aber läuft, kommen für den Arbeitnehmer neue Aufgaben dazu, die sich meist ohne die neuen technischen Möglichkeiten gar nicht gestellt hätten.

Die Münchner Sozialwissenschaftlerin Tatjana Fuchs hat die wichtigsten empirischen Untersuchungen der letzten Jahre gesichtet und fasst die Entwicklung der Arbeitsbedingungen und -belastungen in Deutschland in ihrer Studie *Arbeit und menschliche Würde*[6] zusammen. Fuchs zufolge ist die vielfach wiederholte Behauptung, die körperliche Belastung am Arbeitsplatz habe abgenommen, falsch. Vielmehr hat sich in den 90er-Jahren der Anteil derjenigen Arbeitnehmer, die durch Lärm, das Heben und Tragen schwerer Lasten und durch körperliche Zwangshaltungen[7] belastet waren, sogar erhöht. In erster Linie aber haben die psychischen Belastungen zugenommen, die freilich mit den körperlichen eng verknüpft sind. Diese Belastungen stehen in engem Zusammenhang mit der Arbeitsorganisation, der Arbeitszeit, der Arbeitsaufgabe und den sozialen Beziehungen bei der Arbeit. Besonders jene psychischen Belastungen, die aus starkem Zeit- oder Termindruck, hohem und fremd bestimmtem Arbeitstempo, ungünstigen Arbeitszeiten und unsicheren Beschäftigungsverhältnissen resultieren, sind dramatisch angestiegen. 1999 fühlten sich 43 Prozent der Be-

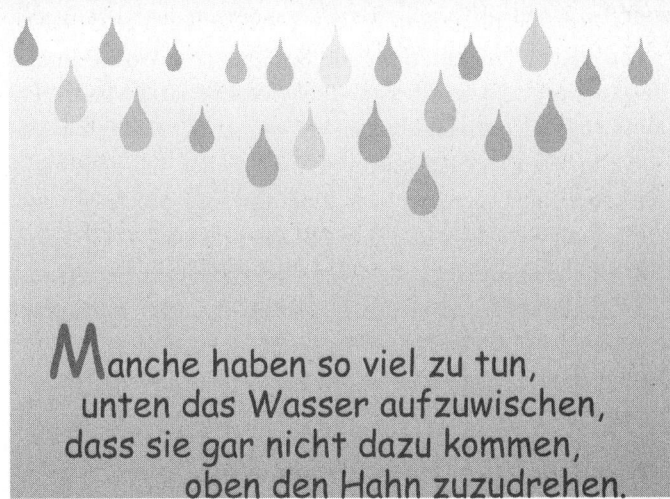

Manche haben so viel zu tun,
unten das Wasser aufzuwischen,
dass sie gar nicht dazu kommen,
oben den Hahn zuzudrehen.

schäftigten dadurch besonders belastet und gestresst, dass sie viele Arbeiten gleichzeitig machen mussten. Und 50 Prozent der Arbeitnehmer litten unter ständigem Termin- und Leistungsdruck.[8]

Gravierend wirkten sich, so Fuchs weiter, betriebliche Veränderungen, wie zum Beispiel die Auslagerungen von Unternehmensteilen, die Umstrukturierung von Betrieben und der Abbau von Personal, auf das Wohlbefinden am Arbeitsplatz aus. Von Personalabbau waren allein zwischen 1997 und 1999 rund 30 Prozent der Beschäftigten betroffen. Dort, wo verstärkt freie Mitarbeiter oder Aushilfen eingesetzt wurden, kam es bei den übrigen Beschäftigten zu mehr Stress und Arbeitsdruck. Bei Umstrukturierungen und Auslagerungen schnellte der Anteil der Arbeitnehmer, die selbst unter einer zunehmenden Stressbelastung litten, auf rund 65 Prozent in die Höhe.[9] Fast ein Drittel der im Unternehmen verbliebenen Arbeitnehmer klagten über Existenzängste und Angst vor dem Verlust ihres Arbeitsplatzes.[10]

Diese Verschlechterung ihrer Arbeitsbedingungen zeigt sich in ungünstigeren Arbeitszeiten wie Schicht- und Wochenendarbeit oder in ständiger Überstundenbereitschaft. Die Verschlechterung bezahlen die Betroffenen mit vermehrter Nervosität, Magenschmerzen, Schlafstörungen, psychischer Erschöpfung – und sicherlich auch mit den eingangs angesprochenen Störungen im Sexualleben und in der Partnerschaft. Die höchste körperliche und psychische Gesundheitsbelastung betrifft aber jene Arbeitnehmer, die befristet oder gar nur über Zeitverträge beschäftigt sind, die sich am Arbeitsplatz also quasi in einer Dauerprüfungssituation befinden.[11] Arbeitnehmer mit Zeitverträgen haben, so Fuchs, das Heer der Arbeitslosen in Deutschland, Ost- und Südeuropa und im Rest der Welt, die vor der Tür stehen und ungeduldig auf Einlass warten, beständig im Nacken.

All dies, so das Resümee der Studie, erzeugt in unserer Arbeitswelt ein allgemeines Klima der Angst, vor allem auch deshalb, weil jeder weiß, dass er nach einer Phase der Arbeitslosigkeit meist nur unter schlechteren Bedingungen wieder Arbeit finden kann und somit ein womöglich dauerhafter sozialer Abstieg droht. Das Fazit der Studie: »Erstmals in der Geschichte der Industrialisierung bewirbt sich die jüngste Generation der Erwerbstätigen auf Arbeitsplätze, die schlechtere Rahmenbedingungen aufweisen als die Arbeitsbedingungen ihrer Eltern. Das ist ein dramatischer Umbruch.«[12] Wir brauchen, so Fuchs abschließend, neben einer offensiven Personalvertretungs- und Gewerkschaftspolitik vor allem eine breite gesellschaftspolitische Diskussion über Zeit, und zwar nicht nur über Arbeitszeit, sondern über die Frage, wie wir in unserer Gesellschaft mit der Lebenszeit der Menschen insgesamt in Zukunft umgehen wollen.[13]

»Ich kaufe nur Markenklamotten. Erstens gefallen mir die Sachen einfach am besten und zweitens: Alle tragen das ... Klar gibt es da so etwas wie Gruppenzwang. Nur, das zuzugeben fällt eben nicht allen leicht ... Man erkennt schon, ob ein Pulli teuer oder billig war ... Vor allem bei Jungs achte ich darauf, ob die auch gut angezogen sind.«[14]

So viel zum Thema »Markenklamotten« von einer 14-jährigen Schülerin aus Coburg. Nach Auskunft der *Kids-Verbraucher-Analyse 2000* ist der Besitz von Markenartikeln für 67 Prozent der befragten Sechs- bis 17-Jährigen ein »Muss«. Auch Jeans und Rucksäcke müssen ein Markenlogo tragen.[15] Wehe den Eltern, die da nicht mithalten können! 100 Euro für eine Hose, das sei die »Schmerzgrenze«, meint die 14-Jährige. Eltern, die sich dem Markenzwang mit Argumenten widersetzen, stoßen schnell an ihre Grenzen. »Lewis« und »Fubo«, »Adidas« und »Nike« – das ist einfach »cool«. Schließlich geht es um soziale Anerkennung unter Gleichaltrigen, und für dieses Grundbedürfnis scheint kein Preis zu hoch. Außerdem: Wie halten es denn die Erwachsenen mit ihren Statussymbolen und Ästhetisierungsstrategien, zum Beispiel bei Autos, Reisen oder Schönheitsoperationen? Ärgerlich ist es für Kinder, Jugendliche und Erwachsene nur, wenn das soeben als »letzter Schrei« für teures Geld erstandene Modell kurz darauf durch ein noch neueres abgelöst wird. Dann schrumpft der Besitzerstolz recht schnell, und der Besitzer begibt sich alsbald erneut auf die Suche.

Dass nicht nur Lernen und Arbeiten vom Diktat der Geschwindigkeit beherrscht werden, sondern auch die Freizeit und der in ihr stattfindende Konsum, ist seit langem bekannt. Viele kennen das aus eigener Erfahrung: Nach besonders anstrengenden oder frustrierenden Arbeitstagen geht es noch schnell in die Boutique oder in den Medienmarkt und das ganze Jahr wird auf die Pauschalreise ans Mittelmeer oder in die Karibik hin geplant und gelebt.

Die ausgeprägteste Form des ruhelosen Konsumierens ist die Kaufsucht. Eine bereits Anfang der 90er-Jahre veröffentlichte Studie der Universität Stuttgart-Hohenheim hat ergeben, dass Kaufsüchtige aus einem unwiderstehlichen inneren Drang anfallsweise im Abstand von mehreren Tagen bis zu zwei Wochen einkaufen. Dabei kommt es ihnen nicht auf das erworbene Gut, sondern auf die Gefühle beim Kaufen selbst an. Sobald sie aber einen Gegenstand haben, so berichten die Kaufsüchtigen, verwandelt sich das positive in ein negatives Gefühl.[16] Die innere Unruhe des Kaufsüchtigen, der Zwang zur Dosissteigerung und der zunehmende Kontrollverlust – diese Symptome des Suchtverhaltens sind schon lange nicht mehr auf Randgruppen der Gesellschaft beschränkt. Die Sucht charakterisiert mittlerweile das Zentrum der Gesellschaft. Der »Junkie« gibt ein ideales generelles Konsummodell ab, weil er willenlos und deshalb in seinem Konsumverhalten hochgradig berechenbar ist. Süchtig zu sein ist in der Erlebnis-, Spaß- und Konsumkultur kein Makel mehr. Der Satz »Ich bin süchtig!« wird in Werbespots mittlerweile in einem ganz und gar positiven Sinn mit Eissorten, Handys oder dem Börsenspiel am Neuen Markt usw. in Verbindung gebracht.[17] Der Konsumjunkie strebt nicht nur nach Selbstinszenierung, sondern auch nach Selbstfindung. An der Supermarktkasse werde die individuelle Biografie gebastelt und veredelt, schreibt Johannes Goebel in seinem Aufsatz *Völker, leert die Regale!*[18].

Die westlichen Industriegesellschaften leiden an der »Affluenza« (so auch der Buchtitel), an einer Überflusskrankheit, meint der amerikanische Kulturkritiker John de Graaf: eine »schmerzhafte, ansteckende, über soziale Beziehungen weitergegebene Krankheit, deren Symptome in einem Überangebot an Konsumgütern, Schulden, Angstzuständen und einer Unmenge Abfall bestehen. Diese Symptome resultieren aus dem konzentrierten Streben nach mehr und immer mehr.«[19] Das hat de Graaf zufolge Konsequenzen für unseren Umgang mit Zeit. Diese werde uns nämlich laufend durch die vielen Dinge um uns herum gestohlen, und zwar gleich mehrfach: Wir müssen die Dinge aussuchen und kaufen, nutzen, reparieren, entsorgen – und im Vorfeld müssen die meisten von uns erst für die nötige Kaufkraft sorgen – durch Aufwendung von Arbeitszeit.

Freizeitindustrie, Kulturindustrie und Werbeindustrie sind die Dealer und Produzenten des Stoffes, aus dem die Konsumgesellschaft gemacht ist. Dort wird mit großer Energie und Logistik an der Vermarktung und damit Enteignung unserer Lebenszeit gearbeitet. Besonders erfolgreich sind dabei all jene, die sich um die Ausbreitung des Medienkonsums bemühen. Das ist eine nicht gerade einfache Aufgabe, nachdem bereits über 30 Kabel-TV-Kanäle, über 300 Satellitenprogramme, zig Millionen Internetadressen mit Milliarden Internetseiten in fast jedem Haushalt zur Verfügung stehen. Begrenzt wird die weitere Ausdehnung der relativ billigen Mediennutzung weniger durch das Einkommen der Konsumenten als durch ihre Zeit. Erwachsene verbringen bereits sieben Stunden täglich mit audiovisuellen Medien, Tendenz steigend, meist freilich als Begleitunterhaltung neben anderen Aktivitäten.

Dass es bei Jugendlichen zwischen 14 und 19 Jahren »nur« sechs Stunden sind, ist aus der Sicht der Marktstrategen ein noch ungenutztes Potenzial. Die große Schwierigkeit bei der Einführung einer neuen Medientechnologie, so Internetmanager Stefan Weiler, bestehe darin, dass Kinder und Jugendliche einen relativ reglementierten Tagesablauf haben[20]: Schule, Mittagessen, Hausaufgaben.

Für die Nutzung von Handys zum Beispiel bleiben nur mehr die kleinen Zeitnischen des Tages: die Zeit an der Haltestelle und im Bus, in der Pause, in Freistunden, im Schwimmbad. Da mit Telefonieren und Verschicken von SMS-Nachrichten wenig Geld zu verdienen sei, komme alles darauf an, die 10- bis 17-Jährigen durch zusätzliche Angebote an sich zu binden: durch Musik, Horoskope, Fußballübertragungen und vor allem durch einprogrammierte oder aus dem Internet herunterladbare Spiele. »Unsere Zielgruppe sind die heute 10- bis 12-Jährigen«, bekannte im Jahr 2001 Kai-Uwe Ricke, damals Chef der zur Deutschen Telekom gehörenden T-Mobil.[21] Schließlich müssen u. a. die 100 Milliarden Mark, die die Wirtschaft für den Erwerb der UMTS-Funklizenzen bereits im Jahr 2000 ausgegeben hatte, möglichst bald hereingespielt sein. Ob die Mobilfunker mit ihren Diensten am Ende erfolgreich sind oder ihre Finanzpläne scheitern, wird ganz entscheidend davon abhängen, wie viel freie Zeit sich der Verbraucher wegnehmen lässt.

In die Schlagzeilen gerät regelmäßig eine besonders zeitraubende Sorte von Konsum, bei der es fast nur auf Schnelligkeit ankommt: Computerspiele mit Gewaltdarstellungen. Drei Trends kennzeichnen die Dynamik in diesem Konsumsektor: Virtuelle Computerwelten und mediale Film- und TV-Welten werden immer mehr integriert, die Interaktionen zwischen den Spielern ausgeweitet und das Spielerlebnis intensiviert. Letzteres geschieht zunehmend auch mithilfe von raffinierten »Schnittstellen« zwischen Mensch und Maschine wie Datensichthelmen und Datenhandschuhen.[22] In diesen immer realistischer gestalteten virtuellen Welten, in denen sich Kinder und Jugendliche manchmal länger als in der realen Welt aufzuhalten scheinen, dreht sich fast alles nur ums Kämpfen: Mann gegen Mann, Bande gegen Bande, Bande gegen Polizei, Staat gegen Staat, Gut gegen Böse. Relativ unabhängig davon, mit wie viel Blut die Spieler für ihre Treffer belohnt werden, besteht über die Wirkung solcher Spiele unter Medienpädagogen weitgehend Einigkeit. Der Journalist Rainer Fromm fasst in seinem Buch *Digital spielen – real morden?* den derzeitigen Kenntnisstand so zusammen: Jahrelanger Konsum führe mit großer Wahrscheinlichkeit zur Gewöhnung an Gewalt als etwas Alltäglichem, zur Desensibilisierung gegenüber Opfern von Gewalt und zur Förderung eines schlichten Schwarz-Weiß-Bildes von der Welt als Nährboden extremistischer Haltungen. Als besonders gefährdet gelten dabei genau jene Jugendlichen, die auch im realen Leben, in Familie, Schule und auf der Straße, ständig Gewalterfahrungen machen müssen und Schwierigkeiten haben, sich soziale Anerkennung auf anderen Wegen zu beschaffen.[23] Hier ticken nach Auffassung vieler Experten menschliche und soziale Zeitbomben.

Werbung als Turbolader

Damit der Kreislauf der Konsumsucht richtig in Schwung kommt, ist es neben der Bereitstellung des Stoffes erforderlich, die entsprechenden Bedürfnisse zu wecken. Der Journalist Jost Kaiser bezeichnet die Werbetreibenden treffend als »Turbolader« der Konsumgesellschaft.[24] Werbung bewirkt durch psychischen Druck eine Erhöhung der Konsumneigung der Menschen und damit ihrer ökonomischen Verwertbarkeit, so, wie Turbolader durch Erhöhung des Luftdrucks bei der Verbrennung von Treibstoff die Motorleistung erhöhen.

Zur Erzeugung dieses psychischen Drucks lässt sich der moderne Mensch einiges einfallen. Die bestbezahlten Psychologen arbeiten nicht im Erziehungs- und Gesundheitswesen, sondern kämpfen im Bereich von Marketing und Werbung um die Aufmerksamkeit der Konsumenten, die dafür enorme finanzielle Mittel aufbringen, ohne freilich eine andere Wahl zu haben. Ulrich Eicke hat in seinem Buch *Die Werbelawine* errechnet, dass die Deutschen bereits Ende der 80er-Jahre mehr Geld für Werbung als für Schulbildung ausgaben.[25] Seitdem ist die Produktion von Werbung deutlich schneller als die allgemeine volkswirtschaftliche Produktion gewachsen. Weltweit haben sich die Werbeausgaben zwischen 1950 und 1996 versiebenfacht und erreichten im Jahr 2001 die stolze Summe von 494 Milliarden Dollar.[26] Mit diesen Geldern werden u. a. jene Millionen-Gagen bezahlt, die Leute wie Boris Becker, Verona Feldbusch oder Catherine Zeta-Jones für ihre Tätigkeit als Werbeträger erhalten. Dabei geht es um astronomische Beträge. Letztere soll zum Beispiel mit Rücksicht auf ihren Mann Michael Douglas auf 30 Millionen Dollar verzichtet haben, die ihr ein amerikanischer Wäschehersteller für ein paar Fotos in Unterwäsche geboten hatte.[27]

Die Arbeit in der Werbebranche ist nicht nur ausgesprochen lukrativ. Keine andere Branche dürfte sich in den letzten Jahrzehnten auch als derart kreativ und dynamisch bei der Produktion von wirklicher Massenkultur erwiesen haben. Im Durchschnitt werden die Konsumenten täglich mit 1500 Werbebotschaften bombardiert, wobei sie nur rund zehn Prozent bewusst wahrnehmen und nur rund ein Prozent auch wirklich wirksam wird.[28] Wie also soll da die eigene Botschaft landen können? Wenn sich zudem die Produkte kaum mehr voneinander unterscheiden, können nicht Produkteigenschaften im Zentrum von Werbebotschaften stehen, sondern es müssen Erlebniswelten um das Produkt herum aufgebaut werden. Diese Landschaften sollen dem Konsumenten schmeicheln, ihn quasi »veredeln«.

Die Jagd nach Aufmerksamkeit ist gleichzeitig ein Experimentierfeld, auf dem getestet wird, wie weit man moralisch gehen kann: In Berlin macht eine Firma, die eine neue SMS-Plattform einrichten möchte, dadurch auf sich aufmerksam, dass sie am Potsdamer Platz einen nagelneuen Porsche 911 von einem Kran auf 50 Meter Höhe heben lässt, anschließend die Berliner zu einer Abstimmung darüber auffordert, ob dieses Luxusauto verlost oder gecrasht werden soll, und schließlich, dem Abstimmungsergebnis folgend, Letzteres tut.[29] In Kanada lässt eine Internetfirma die täglichen Nachrichten von Moderatorinnen präsentieren, die sich währenddessen enthüllen.[30] In den USA und jüngst auch in Dänemark treten Brautpaare als Reklamesäulen vor den Altar und finanzieren damit ihre Hochzeit.[31] Werbefirmen gehen dazu über, Werbespots oder auch nur unverdächtige Spielfilme zu drehen und Zuschauer dann dafür bezahlen zu lassen, diese getarnte Werbung anschauen zu dürfen.[32] Firmenlogos können demnächst gegen Entgelt auf die Haut tätowiert werden.[33] Und Trendforscher-Firmen setzen gezielt »Cool-Hunters« ein, die als Undercover-Agenten in jene Jugendszene eindringen, die sich bisher als Konsumkritiker definiert hat. Dort sollen die Agenten ausspähen, welche Art von Musik, Klamotten, Frisuren und Meinungen als »cool« gelten und wie diese Jugendlichen am leichtesten umgepolt werden können.[34] All dies sorgt dafür, dass Menschen nicht zur Ruhe kommen, dass ein Konsumwunsch den nächsten jagt.

So wie der um soziale Anerkennung bemühte Konsument nach der Aufmerksamkeit seiner Mitmenschen jagt, so jagt der Werbefachmann nach der Aufmerksamkeit der Konsumenten. Der Hauptfeind, gegen den beide kämpfen, ist die Begrenztheit der menschlichen Wahrnehmung, die beide durch immer raffiniertere Tricks zu überlisten versuchen. So kommt eine regelrechte Hochrüstspirale in Gang, welche die herausragende ökonomische und kulturelle Bedeutung der Werbung in allen gegenwärtigen Industriegesellschaften zu verantworten hat.

Der Turbolader Werbung stellt also sicher, dass die lauten und schnell hereinprasselnden äußeren Reize den leisen und langsam reifenden inneren Vorstellungen vom guten Leben kaum eine Chance lassen.

Managen und Regieren gegen die Uhr

»Der Manager ... ist der Eigendynamik dieser eiligen Welt völlig unterworfen. Entsprechend hat er einem durch und durch organisierten Tagesablauf zu gehorchen, rast förmlich von Termin zu Termin, von Sitzung zu Sitzung, wofür ihm alles – weil er selbst keine Zeit mehr dazu hat – minutiös vorgekocht und vorgekaut wird.«[35]

Wer dies schreibt, der muss es wissen. In seinem Buch *Wie ein Vogel im Aquarium* hält Daniel Goeudevert Rückschau auf sein Leben als Manager. Goeudevert war u. a. Vorstand der Deutschen Citroën Automobil AG, Vorstandsvorsitzender der Ford Werke AG, Vorstandsmitglied und dann stellvertretender Vorstandsvorsitzender der Volkswagen AG. Sehr anschaulich beschreibt Goeudevert, welche Folgen dieser Umgang mit Zeit in den Vorstandsetagen der Wirtschaft für den Manager, das Unternehmen und letztlich die Wirtschaft insgesamt hat. »Es entspricht der menschlichen Psychologie, dass ein so fremd bestimmtes Wesen früher oder später die Realität nicht mehr als eine begreift, ... die er gestalten und mit seiner Binnenwelt in eine ausbalancierte Beziehung bringen kann. Was dann folgt, ist die erste Stufe dessen, was die Verhaltensforscher Dissoziation nennen. Der Manager zieht sich auf sein eigenes Ich zurück, plastischer ausgedrückt, er wird egozentrisch. Und da ihm keiner ernsthaft zu widersprechen wagt, kann sich seine Egozentrik ungehindert wie Mehltau auf die ganze Firma legen.

Der Mensch hat niemals die Zeit fest im Griff

Cartoon: CCC

Das ... lähmt, es macht unbeweglich, unkooperativ und ideen-los.«[36] Eine klassische Beschleunigungsfalle also.

Unter dem Diktat des Tempos, das mit der Menge der bei ge-gebenem Zeitbudget zu bewältigenden Aufgaben steigt, wird das Dringliche und Termingebundene vorgezogen, alles andere tritt zurück. Zurückgestellt werden so in aller Regel Grundsatz-themen von bleibender Bedeutung, die Frage nach dem Woher und Wohin, nach dem Warum und Warum-nicht. Noch einmal Goeudevert: »An Zeit mangelt es dem Manager nicht nur, um die Termine und Sitzungen vorzubereiten, er findet sie auch nicht, um sich von Zeit zu Zeit mit Muße und in aller Ruhe zu-rückzulehnen und sein Tun zu reflektieren; sich zu fragen, ob die geplanten nächsten Schritte überhaupt Sinn machen, sich Alternativen zu überlegen. Selten oder nie geschieht es, dass er einem Mitmenschen nur begegnet, um dabei auch in sich selbst hineinzuhorchen.«[37]

Nicht viel gemächlicher geht es bei den Managern des politi-schen Geschäfts zu. Monika Griefahn kennt dieses Geschäft aus den unterschiedlichsten Rollen, als ehemalige Greenpeace-Aktivistin, als Ex-Umweltministerin in Niedersachsen und nun seit Jahren als Bundestagsabgeordnete. Sie hat die Zeitnot des Politikmanagements am Beispiel des beschleunigenden Effekts des Umzugs von Bundestag und Bundesregierung nach Berlin anschaulich beschrieben: Die Berliner Politiker sehen sich von einer gewachsenen Zahl von Medienvertretern umringt, die Journalisten müssen sich der größer gewordenen Konkurrenz der Kollegen erwehren. Das erzeugt auf beiden Seiten Stress. »Schnelligkeit entscheidet. Die Schlagzeilen bestimmen am Ende diejenigen, die zuerst reden oder schreiben. Ein Teufelskreis, den zu durchbrechen niemand wagt, weil sich dahinter drohend die Kulisse eines Abseits des öffentlichen Interesses aufbaut.«[38]

Gerade der Politik wird gern der Vorwurf gemacht, die Dynamik der Wirtschaft zu blockieren und durch ihre Langsamkeit Schaden über das Land zu bringen. Die Politik nimmt diesen Vorwurf auch ernst und bemüht sich um die Beschleunigung des staatlichen Handelns. So legte zum Beispiel schon Mitte der 90er-Jahre eine 14-köpfige Arbeitsgruppe der damaligen Koalitionsparteien und der Fachministerien Vorschläge zur generellen Verkürzung von Planungs- und Genehmigungsverfahren vor. Begründet wurde darin die Notwendigkeit von administrativen Beschleunigungsmaßnahmen damit, dass Deutschland sonst angesichts der schneller werdenden Marktprozesse und der um das Vier- bis Zehnfache kürzeren Genehmigungsprozeduren in Frankreich oder Belgien im Standortwettbewerb zurückfiele.[39] Hans-Olaf Henkel wurde als Präsident des Bundesverbands der Deutschen Industrie nicht müde, immer wieder das politische System, vor allem das Verhältniswahlrecht, die föderale Struktur und den Vermittlungsausschuss von Bundestag und Bundesrat, als Bremse anzuklagen.

Ziel einer Reform des politischen Systems müsse es Henkel zufolge sein, »die Anpassungsgeschwindigkeit an neue Verhältnisse zu erhöhen«.[40] Und an anderer Stelle fragt Henkel, wie lange »wir« uns die »Konsensgesellschaft« noch leisten können, die schon so viele Arbeitsplätze gekostet habe.[41]

Weil Politik in demokratischen Staaten aber auf die Zustimmung der Bürger angewiesen ist, greifen Politiker in allen modernen Demokratien immer mehr zu den Mitteln des Marketings, so wie es die Wirtschaft vorführt. Das Politikmarketing ist auch deshalb nötig, weil sich bei den Bürgern längst der Eindruck verfestigt hat, dass die traditionelle Form von Politik räumlich und zeitlich zunehmend in die Defensive gerät. Der begrenzte Nationalstaat wird zum Opfer der unbegrenzten ökonomischen Globalisierung und beschränkt sich unter anderem wegen der Langwierigkeit demokratischer Verfahren immer mehr darauf, auf die schnellen Veränderungen in der Wirtschaft nur mehr zu reagieren. Dabei tritt an die Stelle der politischen Gestaltung des Gemeinwesens auf der Grundlage der Wertvorstellungen und Menschenbilder der Wähler immer deutlicher etwas, das mit Begriffen wie »Symbolpolitik« oder »Politshow« bezeichnet werden muss.

In Deutschland darf die FDP, die seit Guido Westerwelle ihr Image als Spaßpartei pflegt, für sich beanspruchen, dieses Geschäft am besten zu beherrschen und den Trend für die Zukunft anzugeben. Erinnert sei zum Beispiel an das für die Bundestagswahl 2002 inszenierte »Projekt 18«, dem offenbar ein tief verwurzelter Glaube an die magische Kraft von Zahlen zugrunde liegt: Um 18 Prozent der Zweitstimmen zu erhalten, wollte der inzwischen verstorbene Jürgen Möllemann, damals stellvertretender Bundesvorsitzender der FDP, bei seiner Tour durch Deutschland 18 innenpolitische Gespräche führen, 18 Gespräche zur Gesundheitspolitik, 18-mal zusammen mit Parteichef

Guido Westerwelle auftreten und – das war bekanntlich seine Spezialität – 18-mal mit dem Fallschirm abspringen. Die Verbindung zum Wahlvolk sollte vor allem durch die sorgfältige Auswahl von Ort und Zeit dieser Absprünge gesichert werden. So galt zum Beispiel ein Besuch der Stadt Coburg just an dem Wochenende, an dem die Stadt zur europäischen Hochburg des Samba wird. Möllemann wollte zusammen mit 17 weiteren Himmelsboten mit blau-gelben Schirmen und in blau-gelben Overalls direkt auf dem Schlossplatz landen, um sich anschließend mit seinem Team unter das Volk der Sambistas zu mischen und interessierten Bürgern zum Gespräch zur Verfügung zu stehen – was ihm allerdings vom SPD-Oberbürgermeister verwehrt wurde.[42] Die spektakuläre Aktion fand dann zwei Wochen später am Stadtrand statt. Management in Wirtschaft und Politik, so das Zwischenfazit, ist ganz wesentlich ein permanentes Anrennen gegen die Uhr, zielt stark auf die knappen Aufmerksamkeitsressourcen der Bürger und bedient sich derselben Mittel. Und ihre Beschleunigungsversuche enden oft ähnlich: in Rückrufaktionen, bei denen unreife Produkte und nicht mehr tragbare Politiker aus dem Verkehr gezogen werden.

Hauptsache schnell und flexibel

Das japanische Erziehungsministerium hat Computerprogramme für Kindergartenkinder entwickeln lassen. Sie eignen sich für Kinder ab dem 30. Lebensmonat, verspricht der Prospekt den Eltern.[43] Frühförderung heißt also das Motto. Wer mit 30 Jahren zur Elite gehören soll, muss spätestens mit drei Jahren das Training beginnen. Es geht schließlich um den Wirtschaftsstandort Japan. In Deutschland hat ein dynamischer Unternehmer ein »Beton-Grabkammersystem« auf den Markt gebracht. Es fördert den Verwesungsprozess des Leichnams. Spätförderung ist hier die Devise. Mit diesem System, so der Anbieter, lässt sich die derzeitige »Ruhezeit« von 15 bis 20 Jahren auf 10 Jahre verkürzen.[44] Das ist ein weiterer Schritt auf dem Weg zur optimalen Flächennutzung. Es geht schließlich um den Wirtschaftsstandort Deutschland. Schnell einsteigen, schnell ausrangieren! Dieses Erfolgsrezept hat Zukunft, und zwar in allen Ländern, die sich als »hoch entwickelt« bezeichnen. Zwischen Einstieg und Ausstieg liegt ein Leben, in dem es immer mehr vor allem auf eine Tugend ganz entscheidend ankommt: die Fähigkeit, schnell und flexibel zu sein.

Das Hamsterrad drückt neben Schule, Arbeit, Konsum, Management und Politik auch der persönlichen Lebensgeschichte des Menschen seinen Stempel auf: den Zwang zur Schnelligkeit und zur Flexibilität. Schnelligkeit bezieht sich dabei auf das Tempo der Bewältigung von Aufgaben aller Art, die von außen gestellt werden: schnell studieren, schnell Karriere machen, schnell Haus bauen und abzahlen, schnell noch Kinder in die Welt setzen usw. Und Flexibilität zielt auf die Bereitschaft, sich diese Aufgaben jeweils auch zu Eigen zu machen, sich an sie optimal anzupassen und sich dabei auch verbiegen zu lassen. Vor allem der Übergang von einem Lebensabschnitt in den nächsten ist heute mit enormen biografischen Risiken behaftet, nicht nur in materieller Hinsicht. Wenn Kinder zu Jugendlichen oder Jugendliche zu Erwachsenen werden, sind die bewährten Mittel, mit denen sie Aufmerksamkeit und Anerkennung auf sich ziehen, schnell entwertet. Dann müssen sie jeweils aus der unübersichtlichen Palette von Optionen jene herausfischen, die den neuen Anforderungen am besten gerecht werden. In der so genannten Multioptionsgesellschaft müssen sie zudem für die Erzeugung von Aufmerksamkeit auch hier jene Hochrüstungsspirale einkalkulieren, die immer ausgefeiltere und teils immer schneller wechselnde Mittel nötig macht, um Eindruck zu schinden. Bei alledem ist es heute ein wahres Kunststück, immer genügend »in« zu sein und nicht in einen krankhaften »Anerkennungswahn« zu verfallen, wie der Jugend- und Gewaltforscher Wilhelm Heitmeyer die zwanghafte und bisweilen gewalttätige Form der Selbstinszenierung nennt.[45]

Der amerikanische Soziologe Richard Sennett hat in seinem Buch *The Corrosion of Character*, dessen deutsche Ausgabe den Titel *Der flexible Mensch* trägt, die psychischen Folgen des von der Arbeitswelt verursachten Flexibilisierungszwangs eindrucksvoll dargestellt. Sennett zeigt, wie das Leben unter Zeitdruck auf eine oft unbemerkte Weise die gesamte Lebensführung des Menschen steuert. »Heute muss ein junger Amerikaner mit mindestens zweijährigem Studium damit rechnen, in 40 Arbeitsjahren wenigstens 11-mal die Stelle zu wechseln und dabei seine Kenntnisbasis wenigstens dreimal auszutauschen.«[46] In einer Welt, in der sich fast alles ständig ändert, und zwar mit zunehmendem Tempo, kommt es vor allem darauf an, sich flexibel an die jeweiligen Anforderungen anpassen zu können. Beruf, Wohnort, soziale Stellung, Familie – alles ist den schnell wechselnden und kaum voraussehbaren Anforderungen des Wirtschaftslebens unterworfen. Das Leben wird zu einem ziellosen und immer schwerer durchschaubaren Stückwerk. Dabei wird vieles zum Flexibilisierungshindernis, was bisher Kennzeichen eines erfüllten Lebens gewesen ist: die vertraute Nachbarschaft, feste Freundschaften und schließlich ein fester Charakter. »Nichts Langfristiges, bleib in Bewegung, geh keine Bindungen ein, bring keine Opfer!« Das sind die Maximen eines flexiblen Lebens.[47]

Am unmittelbarsten zeigen sich die Flexibilisierungszwänge in der Arbeitswelt selbst. In einem Aufsatz des Arbeitsmarktexperten Karl Hinrichs heißt es treffend: »Bei allen Zielsetzungen der Arbeitszeitflexibilisierung geht es den Betrieben darum, eine nach Dauer und Zeitpunkt beliebig abrufbare sowie dem Rhythmus des Betriebsgeschehens angepasste Nutzung der Arbeitskraft ›wie aus dem Wasserhahn‹ zu verwirklichen.«[48] Während früher unter den Bedingungen einer relativ starren Normalarbeitszeit der Unternehmer das Risiko trug, wenn einmal die Arbeit ausging oder der Arbeitnehmer krank wurde, werden diese Risiken heute auf den Arbeitnehmer abgewälzt. In einigen Tarifverträgen ist bereits festgelegt, dass Arbeitnehmer Krankheitstage von ihren eigenen Zeitkonten zahlen müssen.[49] Die fortschreitende Auslagerung von Unternehmensteilen in selbstständige, aber vom Mutterunternehmen weitestgehend abhängige Subunternehmen zielt in dieselbe Richtung.

Um auch psychologisch voll über die Arbeitskraft der Arbeitnehmer zu verfügen und optimale Anpassungsergebnisse an die je wechselnden Arbeitssituationen zu gewährleisten, wird auch das Personalmanagement auf Vordermann gebracht. Die Mitarbeiter müssen sich auf Leitbilder und »Credos« verpflichten. In einem solchen Credo, das für die Fortbildung von Klinikpersonal entwickelt wurde, heißt es zum Beispiel: »Wir sind stolz auf unsere Kompetenz und professionelle Dienstleistung.« »Wir sind höflich am Telefon und melden uns innerhalb von drei Klingeltönen mit einem Lächeln.« Und ganz wichtig: »Wir identifizieren uns mit den Zielen des Unternehmens und sind ihm gegenüber loyal«, denn »der Patient ist unser Arbeitgeber«.[50] Das ist nichts anderes als Gehirnwäsche, die sich offenbar kaum noch zu tarnen braucht. Der flexible Arbeitnehmer muss jegliches Bewusstsein davon, dass seine Interessen nicht von vornherein identisch mit denen seines Arbeitgebers sind, ein für allemal aufgeben.

Das Prinzip »Hauptsache flexibel« prägt die gesamte Lebensplanung des Menschen. So kann sich bereits die Gründung einer Familie als enormes Flexibilitätshindernis erweisen. Die Zeit, die Menschen für Familie und Kinder benötigen, fehlt nämlich vor allem dort, wo berufliche Notwendigkeiten wie Aus- und Fortbildungen, Dienstreisen oder auch nur das Pendeln zwischen Wohn- und Arbeitsstätte unsere Lebenszeit beanspruchen. Die meisten Berufspendler sind nicht freiwillig mobil, sondern empfinden die Mobilität als Zwang, der nur Nachteile mit sich bringt.[51] Sie klagen über Zeitmangel, Verlust von sozialen Kontakten und die Entfremdung vom Partner und von den Kindern. Dementsprechend ist auch die Zeit, die Eltern, vor allem Väter, mit ihren Kindern verbringen, nach Auskunft der Statistik höchst begrenzt: Es sind gerade mal zehn Minuten pro Tag, in denen sich Eltern im Durchschnitt mit ihren schulpflichtigen Kindern beschäftigen – mit ihnen spielen, Sport treiben oder auch nur spazieren gehen.[52]

Flexibilität bei der Ausweitung des Konsumverhaltens zeigt sich unter anderem im skrupellosen Umgang mit Raum und Zeit. Auch hier spricht man gewöhnlich verharmlosend von »Mobilität«. Ein Großteil des Verkehrs auf unseren Straßen ist dementsprechend unter die Rubrik »Freizeitverkehr« einzuordnen, vermutlich mit steigender Tendenz. Der Zweit- und der Dritturlaub sind schon längst in Mode gekommen, und viele buchen heute bekanntlich »Last-Minute-Angebote«. Auch Tagesausflüge erhalten ganz neue Dimensionen: Bereits Anfang der 90er-Jahre gab es Angebote für Hamburger Skifahrer: von Hamburg auf die Zugspitze und wieder zurück am selben Tag. Und Singapore Airlines werben seit kurzem mit der Möglichkeit, einen Tagesausflug zum Shopping von Frankfurt nach New York zu machen – freilich unter geschickter Ausnutzung der Zeitdifferenzen auf dem Globus.

Das Leitbild der Flexibilität hat viele Gesichter. Seit einiger Zeit gibt es zum Beispiel die Institution des »Speed Dating« zur effektiven Partnersuche: Sieben Männer und sieben Frauen sitzen sich in einer Kneipe sieben Minuten lang gegenüber und entscheiden dann, mit wem sie sich wieder treffen wollen und mit wem nicht.[53] Prinzipiell müssen heute alle Traditionen auf den Flexibilisierungsprüfstand. Der Flexibilitätssteigerung dient konsequenterweise auch die schrittweise Abschaffung der letzten Feiertage, die es noch gibt. Aus Börsianerkreisen kommt bereits der Vorschlag, alle Feiertage bis auf den ersten Weihnachtsfeiertag und den Neujahrstag abzuschaffen.[54] Und auch die Kirche muss sich in einer flexiblen Welt zur Dienstleistungseinrichtung entwickeln, mit Traditions- und Glaubensfragen pragmatisch umgehen und sich der Methoden der Spaßgesellschaft bedienen: Pfarrer wetteifern um den Weltrekord im Dauerpredigen, der derzeit bei 28 Stunden und 45 Minuten liegt.[55] Die Evangelische Jugend von Hannover veranstaltet Gottesdienste per SMS über Handys.[56] Ein christlicher Sender aus London bietet eine elektronische Beichte im Internet an.[57] Eine Kirche in der US-amerikanischen Stadt Little Rock verwandelt für Weihnachten ihren Parkplatz in eine »Krippenschau zum Durchfahren«.[58] Und der Inhaber eines Beerdigungsinstituts in der Autostadt Detroit veranstaltet eine so genannte »Drive-in-Trauer«, die es erlaubt, in nur 30 Sekunden Abschied von dem Toten zu nehmen, wobei nach Auskunft des Unternehmers sogar zwei Leichen gleichzeitig betrachtet werden können.[59]

Warum Hamsterrad?

Wodurch, so soll abschließend gefragt werden, ist es gerechtfertigt, die skizzierte Symptomatik der Beschleunigungskrankheit mit einem Hamsterrad zu vergleichen? Hamsterräder sind zunächst nur harmlose Spielzeuge für Nagetiere. Was haben diese

Spielzeuge der Hamster mit den Technologien, Institutionen und Verhaltenszwängen der Menschen im Turbokapitalismus gemeinsam?

Erstens macht es den Hamstern offenbar immer wieder Spaß, in das Rad zu steigen und loszutreten, vielen Menschen auch. Dies aber ist nur die schwächste Seite unseres Vergleichs. Bezeichnender ist schon, dass *zweitens* die Hamster bei all ihrer Treterei nicht vom Fleck kommen, wie auch Menschen ganz oft das Gefühl haben, trotz riesigen Energie- und Zeitaufwands nur auf der Stelle zu treten. Wenn das Hamsterrad dann einmal in Fahrt gekommen ist, heißt es *drittens:* Mithalten! Besonders für Nachzügler, die noch dazusteigen, ist das keine ungefährliche Angelegenheit. Da kann man leicht den Tritt verfehlen und unsanft auf Rücken oder Bauch landen. Das gilt für Hamster und für Menschen.

Die *vierte* Parallele formuliere ich als Frage: Ein Hamsterrad als Spielzeug brauchen die Hamster nur, weil sie in einem Käfig gefangen gehalten werden. Das Spiel mit dem Rad dient als Ersatz für die freie Bewegung in der freien Wildbahn. Leider lässt sich kaum feststellen, wie sich Hamster entscheiden würden, wenn sie die Möglichkeit hätten, zwischen beiden Existenzformen zu wählen, und über beide Existenzformen vorher bestens informiert wären. Meine Frage lautet nun: Ist auch das Hamsterrad des Menschen nur ein Ersatz? Wofür? Gibt es auch für Menschen eine freie Wildbahn mit freier Bewegung? Und wie würden sich die Menschen entscheiden, wenn sie von einer solchen Möglichkeit erfahren könnten?

Kapitel 2
Erschöpft
Wir hetzen uns zu Tode

Das erst wenige Jahre alte 21. Jahrhundert hat uns bereits deutlich gezeigt, was uns in Zukunft bevorsteht. Nach dem Attentat vom 11. September 2001 auf das World Trade Center in New York, nach dem Massaker vom 26. April 2002 am Gutenberg-Gymnasium in Erfurt und nach der so genannten Jahrhundertflut an der Elbe im August 2002 – die tatsächlich sehr bald aufgrund der sensationellen Pegelstände an manchen Orten als Jahrtausendflut eingestuft werden musste – war das Entsetzen jeweils groß. Die explosive Freisetzung der zerstörerischen Kräfte, die zwar zunächst recht unterschiedliche Formen hatten, ist bei näherem Hinsehen im Kern die Quittung für die rücksichtslose Beschleunigung. In diesem Kapitel geht es um solche und andere Alarmsignale. Jedes der Signale zeigt schlaglichtartig die Folgen von Erschöpfung: Erfurt die Folgen einer kollabierenden menschlichen Psyche, New York die Folgen einer zerbrechenden Welt, Dresden die Folgen einer sich aufbäumenden Natur. Das Kapitel enthält eine Prognose zum Verlauf der Beschleunigungskrankheit. Ich frage, was mit uns selbst, mit unserer sozialen Mitwelt und mit der natürlichen Umwelt in naher Zukunft geschehen wird, wenn sich das Hamsterrad wie bisher weiterdreht.

Das Signal von Erfurt –
die »erweiterte Selbsttötung«

»Die Kritik daran, dass Schüler, die ... unter Stress stehen, in unserem Schulsystem nicht auffallen, ist sicher berechtigt. Da wird man umdenken müssen. Die Lehrer werden sich mehr Zeit nehmen müssen ... Nach dem Mord (von Meißen) wurden so genannte Klassenlehrerstunden angeboten, in denen nicht gepaukt werden musste. Da wurde einfach mit den Schülern über ihre Situation gesprochen. Leider hielt das gerade mal vier Wochen ... es ist eingeschlafen, weil Lehrpläne zu erfüllen sind, der Stoff durchgearbeitet werden muss.«[1]

Diese Einschätzung formulierte der Psychotherapeut Georg Pieper in einem Gespräch mit dem *Spiegel*, das wenige Tage nach der Erfurter Katastrophe stattfand. Für Pieper war der Meißner Vorfall von 1999 eine Vorwarnung. Der *Spiegel* hatte Pieper interviewt, weil er seit 1988 traumatisierte Opfer von Gewalttaten betreut und nach dem Mord von Meißen zwei Jahre lang mit den betroffenen Pädagogen und Jugendlichen gearbeitet hatte. Das Zitat zeigt, dass selbst für die Nachbetreuung solcher Katastrophen in Schulen zu wenig Zeit zur Verfügung steht. Wen kann es dann wundern, dass auch die Vorsorge von den Verantwortlichen nicht wirklich ernst genommen wird? Was am Gutenberg-Gymnasium in Erfurt geschehen ist, kann mit dem Meißner Fall durchaus verglichen werden. Nur die Dimensionen waren in Erfurt bekanntlich gewaltiger.

Übrigens wollte man sich auch nach der Erfurter Katastrophe nicht die von Pieper empfohlene »Pause zum Durchatmen« nehmen, man wollte kein Schuljahr verlieren. Das organisierte Lernen im Laufschritt verträgt offenbar keine Verzögerungen. Es ließ in Meißen, in Erfurt und anderswo junge Menschen aus dem Tritt kommen. Sie hätten mehr Zeit benötigt für das Erreichen der Lernziele, für das Erlebnis von Erfolg, Anerkennung und Selbstbestätigung. Stattdessen wurden sie aussortiert, sich selbst überlassen und als Verlierer abgestempelt. Neben der Schule waren sicherlich noch andere Faktoren – Eltern, Freunde, Medien etc. – als Mitverursacher der Tat beteiligt, aber die Schule war für Robert Steinhäuser, den Erfurter Täter, ohne Zweifel zentral.[2] Wer sich, wie Steinhäuser, seiner beruflichen und auch sonstigen Lebensperspektive beraubt sieht und zudem das dumpfe Gefühl hat, ihm sei Unrecht zugefügt worden, der wird über kurz oder lang keinen Grund mehr darin sehen, sich an die Spielregeln der Sieger zu halten. So hat sich Robert seine eigenen Spielregeln und Waffen zurechtgelegt, ist in eine andere, eine virtuelle Welt eingetaucht, um wenigstens dort zu den Siegern zu zählen und seine Würde retten zu können – indem er das Leben anderer auslöschte.

Nicht alle Schüler, die an der Schule scheitern, rasten derart aus, aber nicht wenige stehen nach Expertenmeinung kurz davor.[3] Eine Gesellschaft, die der nachwachsenden Generation jene Zeit verwehrt, die Kinder und Jugendliche für ihre intellektuelle, emotionale und moralische Entwicklung benötigen, darf sich nicht wundern, wenn einige sich diese Zeit mit Macht zurückholen. Diese Kinder und Jugendlichen setzen alles daran, jene Aufmerksamkeit, die ihnen durch ihre Umwelt verwehrt worden ist, im Nachhinein doch noch zu bekommen. Sie fordern die an ihnen gesparte Zeit mit Gewalt ein: durch fortgesetzte Störung des Unterrichts, durch Mobbing gegen Klassenkameraden, durch Straßenterror gegen Ausländer, durch einen stillen Selbstmord oder – wie in ganz seltenen Fällen – durch einen lauten, dramatisch inszenierten Akt der »erweiterten Selbsttötung«. So jedenfalls nennt der Seelsorger, Psychotherapeut und Gründer des Kriseninterventionsteams München Andreas Müller-Cyran die Katastrophe von Erfurt.[4]

Stilles Leiden

Einfache und erweiterte Selbsttötungen sind nur die Spitze des Eisbergs. Dass es um die psychische und physische Gesundheit von Schulkindern nicht gut bestellt ist, ist seit langem bekannt. Eine Arbeitsgruppe um den Bielefelder Pädagogen Klaus Hurrelmann hat schon Anfang der 90er-Jahre ermittelt, dass 44 Prozent der 12- bis 16-jährigen Schülerinnen und Schüler innerhalb eines Jahres »häufig« Kopfweh, Schwindelgefühle, Schlaflosigkeit und Magenbeschwerden haben, dass diesen Symptomen meist eine Überforderung in Familie und Schule vorausgegangen war und dass die Schülerinnen und Schüler ihrer Überforderung meist mit verstärktem Konsum von Medikamenten, Nikotin, Alkohol und Drogen begegnet sind.[5] Hier wird nicht selten der Grundstein gelegt für spätere Suchtkarrieren. Das sind die »Kosten jugendlicher Problembewältigung«, resümieren die Forscher.[6]

Andere Erschöpfungssymptome, die mit der Schule zumindest oft zusammenhängen, sind vermehrte Ess-Störungen, die schon lange nicht mehr auf Mädchen und junge Frauen beschränkt sind. Diese Störungen gehen nach überwiegender Auffassung mit einem überzogenen Leistungs- und Anpassungsdenken einher: Ohne körperlichen Ballast erhofft sich die oder der Magersüchtige, das tägliche Wettrennen um Leistung und Anerkennung leichter gewinnen zu können. Sogar vierjährige Vorschulkinder sollen schon vom Schlankheitswahn besessen sein und Diäten machen, war vor kurzem zu lesen.[7] Und seit einigen Jahren wird bei Schulkindern vermehrt Hyperaktivität bzw. das Aufmerksamkeitsdefizitsyndrom (ADS) diagnostiziert und mit Ritalin behandelt, das in den USA schon als Lifestyle-Droge gilt und dessen Langzeitwirkungen kaum erforscht sind.[8] Unter Experten ist lediglich die Gewichtung der Faktoren umstritten: Die einen meinen, dass diese Erkrankung durch eine veränderte Umwelt hervorgerufen werde, die Kinder und auch Erwachsene in einen Zustand der Dauererregung versetze. Andere sehen die Störung durch eine genetisch immer schon vorhandene Disposition bedingt, die durch die gestiegenen Umweltanforderungen an die Kinder, vor allem nach der Einschulung, erst jetzt sichtbar werde.

Die gesamte Lebenswelt, so eine weithin geteilte Einschätzung von Fachleuten, bringt Kinder und Jugendliche heute in eine schwierige Lage: Durch die unübersehbare Vielfalt der Angebote und die Hochrüstspirale bei den Waffen im täglichen Ringen um Aufmerksamkeit wird es *erstens* immer schwieriger, auf sich selbst auch wirklich aufmerksam zu machen, als Voraussetzung zur Befriedigung des Grundbedürfnisses nach sozialer Anerkennung und Selbstanerkennung. Und *zweitens* wird es auch immer schwieriger, sich in dieser immer unübersichtlicher werdenden Situation feste Werte und Orientierungen zu erarbeiten. Da sehen sich manche in einer echten Zwickmühle zwischen Überanpassung und Überabgrenzung, sie haben Angst, zwischen diesen Mühlsteinen aufgerieben zu werden. Die Anforderungen sind zu groß geworden bzw. die Kräfte zu klein geblieben. Auch das hat mit Zeit zu tun: Die Kinder und Jugendlichen bräuchten mehr Zeit zum Hineinwachsen, damit Anforderungen und Kräfte von beiden Seiten her aufeinander abgestimmt werden können. Weil ihnen diese Zeit nicht zugestanden wird, leiden sie an ihrer Überforderung – und reißen dabei immer wieder andere mit.

Elchtest, Burnout, Asthma –
die Vielfalt der Beschleunigungsfallen

Wenden wir nun den Blick wieder von der Schule zur Arbeitswelt. Jeder weiß aus eigener Erfahrung: Bei hohem Zeitdruck
schleichen sich leicht Fehler ein, die dann kostspielige Rückruf-
und Reparaturaktionen erforderlich machen. Der berühmte
Elchtest an einem Mercedesmodell oder eine mittlerweile res-
pektable Reihe von Futtermittel- und Pharmaskandalen der
letzten Jahre mit teilweise kriminellem Hintergrund haben uns
immer wieder aufhorchen lassen. Bei der Zulassung neuer Me-
dikamente beispielsweise werden die Sicherheitsbestimmungen
nach Auffassung von Experten immer lascher, man begnügt
sich bisweilen mit Studien an 300 Patienten, und für die Nach-
beobachtung zur Aufdeckung von Nebenwirkungen nimmt
man sich kaum Zeit. Auch nach dem Arzneimittelskandal um
den Blutfettsenker Lipobay hat sich daran nichts geändert,
meint Joerg Hasford von der Universität München.[9] Vermutlich
gibt es aber auch, zum Beispiel bei der Produktion von Software,
quasi eingeplante Pannen, wenn sich Hersteller den werkseige-
nen Abschlusstest sparen und stattdessen den Verbraucher zum
Versuchskaninchen machen. Auch dies ist eine Konsequenz der
Beschleunigungslogik: Man will und muss Zeit sparen, um vor
der Konkurrenz auf den Markt zu kommen. Das ICE-Unglück
von Eschede 1998 ging vermutlich auf notorischen Zeitdruck
bei der Deutschen Bahn AG zurück, die mit ihren landgestütz-
ten Hochgeschwindigkeitsmaschinen erklärtermaßen dem Flug-
verkehr Konkurrenz machen will und obendrein als Aktien-
gesellschaft sich auch noch in den Kostenwettbewerb mit anderen Konzernen begibt. Man hatte keine Zeit, die zur Vibra-
tionsdämpfung gedachten neuen Gummimanschetten und
Radreifen vor ihrer Einführung auf ihre Verschleißfestigkeit zu

testen und danach regelmäßig auf Risse hin zu kontrollieren.[10] Juristisch konnte man bekanntlich nur Nachlässigkeiten zweier Ingenieure nachweisen, der Tod von über hundert Menschen gehört offenbar mittlerweile zum normalen Betriebsrisiko der deutschen Eisenbahn.[11]

Solche Beschleunigungsfallen haben auch noch einen weiteren Aspekt: Die fehlerhaften Entscheidungen gehen zum wesentlichen Teil auf das Konto von Führungskräften, die nicht nur von ihrer Belegschaft, sondern auch von sich selbst offenbar mehr fordern, als sie geben können. Dass auch die besten Zeitmanagement-Techniken die Führungskräfte der Wirtschaft nicht davor bewahren, unter den Belastungen ihres Arbeitsalltags zu erkranken, ist mittlerweile vielfach nachgewiesen worden. Rund 85 Prozent der Führungskräfte leiden an Schlaflosigkeit, nervösen Magenproblemen oder Herzrhythmusstörungen, und drei von vier Managern haben außerdem zu hohe Cholesterinwerte und damit ein erhöhtes Herzinfarktrisiko, berichtet das Praxishandbuch Sozial-Management.[12]

Was die psychische Gesundheit von Führungskräften angeht, so gibt es seit langem nicht weniger ernste Warnungen. Eine Studie des Karlsruher Instituts für Arbeits- und Sozialhygiene, die sich über zwölf Jahre erstreckte, ergab, dass die Gesundheitsprobleme der Manager zunehmen und dies an den ständig wachsenden Leistungsanforderungen und einem sinkenden Gesundheitsbewusstsein liege. Beides stehe ganz offenbar in Zusammenhang mit dem gewachsenen Globalisierungsdruck. Für mehr als die Hälfte der Führungskräfte sei heute eine 60-Stunden-Woche normal. Nach einer Studie des International Institute for Management beklagen 84 Prozent der Manager, dass sich der Stress in den vergangenen fünf Jahren erhöht habe, knapp 50 Prozent sprechen sogar von einer enormen Erhöhung.[13] Dass dennoch die Lebenserwartung von Führungskräften höher als die einfacher Arbeitnehmer ist, liegt vermutlich daran, dass Letzteren weniger Möglichkeiten zur Kompensation der Belastungen und zur Nutzung von High-Tech-Medizin zur Verfügung stehen.

Aber auch die Entwicklung des allgemeinen Gesundheitszustands in den hoch entwickelten Gesellschaften ist beunruhigend. Neben Herz-Kreislauf-Erkrankungen sind es vor allem die Wirbelsäulenerkrankungen, die Nikotin-, Alkohol- und Tablettenabhängigkeit, Schlafstörungen und Magen-Darm-Erkrankungen, die zumindest teilweise mit der Arbeitshetze in Verbindung stehen. Charakteristisch für die genannten Belastungen ist, dass sie leicht zu Teufelskreisen führen: Je mehr die äußere Belastung wächst, desto mehr schwinden die inneren Kräfte, mit deren Hilfe sie bewältigt werden könnte. So wird chronische Ermüdung zum Beispiel mit einem vorzeitigen Kräfte- und Gesundheitsverschleiß bezahlt. Allerdings erfährt die Zunahme dieser Krankheiten durch die gleichzeitig verbesserte Medizintechnik in den Industriegesellschaften relativ wenig öffentliche Beachtung. Anders ist dies bei den psychischen Erkrankungen, die in allen Industriegesellschaften immer häufiger diagnostiziert werden, am häufigsten bei jüngeren Menschen. Dabei wird allerdings diskutiert, ob dies auf objektive Krankheitsdaten oder auf die gesteigerte subjektive Sensibilität der Gesellschaft zurückzuführen ist.[14]

Zu den unbestrittenen gesundheitlichen Beschleunigungsfallen gehören solche Erkrankungen, die durch die zunehmende Chemisierung unserer Lebenswelt bedingt sind und über die Störung unseres Immunsystems wirksam werden: bestimmte Krebserkrankungen, Allergien, die schwindende Fruchtbarkeit des Mannes und Asthma und Bronchitis.[15] Von Beschleunigungsfallen kann insofern gesprochen werden, als ein Großteil der chemischen Stoffe, die die Industrie hervorgebracht hat und mit denen unser Körper nun zurechtkommen muss, der Beschleunigung von Herstellungs-, Transport- und Verbrauchsprozessen dient: Die Bauwirtschaft will möglichst unabhängig von Jahreszeiten und Witterung in möglichst kurzer Zeit Gebäude errichten, und das geht bekanntlich nicht ohne Chemie. Die Farbstoffindustrie setzt Chemie ein, um durch auffällige und schnell wechselnde Farben den Absatz zum Beispiel von Textilien beschleunigen zu können. Die Reinigungsmittelindustrie verspricht Hausfrauen alle möglichen chemischen Wunderleistungen. Und in Müllverbrennungsanlagen entsteht ständig eine unbekannte und nicht abschätzbare Menge neuer Stoffe, weil in der Hochgeschwindigkeitsgesellschaft die Zeit für die Vermeidung, das Sortieren und die Wiederverwertung von Gütern zu kostbar scheint. Bereits 1990 gab es weltweit etwa acht Millionen chemische Stoffe, täglich kommen ca. 1000 neue Substanzen hinzu.[16] Diese Stoffe gibt es allesamt in der Natur nicht, sodass die Evolution den menschlichen Körper nicht auf sie vorbereiten konnte.

Der Münchner Biologe und Systemforscher Frederic Vester charakterisiert das Gesundheitsproblem der Industriegesellschaften, das im Übrigen während der vergangenen Jahrzehnte überall zu einer Vervielfachung des Anteils der Gesundheitskosten am Sozialprodukt geführt hat, folgendermaßen: »Die Anfälligkeit des Menschen verlagerte sich sozusagen mit der zunehmenden Stärkung der äußeren Mauern, mit dem Schutz gegen natürliche Feinde, seien es Hitze, Kälte, Unwetter oder Raubtiere, auf die nächstinneren Bastionen. Und als diese mit der erfolgreichen Bekämpfung von Kindersterblichkeit, Seuchen und Organschäden dann ebenfalls unter den Schutz der medizinischen Errungenschaften gerieten, war es schließlich das subtile Terrain der allerinnersten Lebensfunktionen, das als letzte Bastion den Attacken des Daseins auf einmal standhalten musste. Auf diesem Terrain hat unsere Medizin bisher versagt, weil auch die Feinde gewechselt haben, weil diese Funktionen fast nur noch durch die Art unserer Lebensweise kaputtgehen.«[17] Diese Lebensweise ist dem Menschen psychisch und körperlich nicht richtig angepasst. Wir haben uns das Leben so organisiert, dass wir uns ständig mehr zumuten, als wir verkraften können: Unsere Psyche wird schneller mit fremden Reizen, unser Körper wird schneller mit fremden Stoffen bombardiert, als sie jeweils verarbeiten können. Die Konsequenz: Das psychische und das körperliche Immunsystem spielen verrückt.

Wie das Verrücktspielen genau aussieht, hängt vermutlich vom jeweiligen Konstitutionstypus ab. In der Medizin wird je nachdem, welche Arten von Nerven im Nervensystem dominieren, zwischen den A- und den B-Typen unterschieden. Der A-Typ ist eher für Herz-Kreislauf-Erkrankungen anfällig, der B-Typ eher für Magen-Darm-Erkrankungen und Bronchialasthma.[18] Auch in der Immunabwehr wird zwischen der Überfunktion, die zu Allergien führt, und der Unterfunktion, die Krebs begünstigt, unterschieden.[19] Vielleicht gibt es analog dazu auch in Bezug auf das psychische Immunsystem und die psychische Stressverarbeitung ein aggressives und ein regressives Muster: die Gewalt gegen andere und die Gewalt gegen sich selbst. Die Tat von Erfurt wäre demzufolge eine Kombination der aggressiven und der regressiven Variante – eben eine »erweiterte Selbsttötung« bzw. ein »Selbstmordattentat«.

Ein Amoklauf im eigentlichen Sinn ist im Gegensatz dazu ein Beispiel für die rein aggressive Variante der Stressbewältigung. Im Unterschied zur Bluttat von Erfurt zielen Amokläufer nicht auf bestimmte Personen, sondern töten wahllos – aus Fenstern und aus Autos heraus. Sie schießen sich ihren unerträglich gewordenen Frust förmlich vom Leibe. Ein klassischer Amoktäter war zum Beispiel der 42-jährige John Allen Muhammad, der zusammen mit seinem 17-jährigen Stiefsohn im Herbst 2002 aus dem extra präparierten Kofferraum seines Autos heraus in Washington und in benachbarten Bundesstaaten innerhalb von wenigen Wochen vermutlich 23 Anschläge verübt und dabei 15 Menschen getötet hat. Muhammad galt vor der Tat als ruhiger und freundlicher Mensch, der jedoch während seines Einsatzes im Golfkrieg 1991 aufgrund eines traumatischen Kriegserlebnisses einen Bruch seiner Persönlichkeit erfuhr und durch Sorgerechtskonflikte um seine vier Kinder aus zwei Ehen verbittert war. Muhammad soll sich durch seine Taten an einer der Exfrauen gerächt haben, wurde spekuliert. Je weniger ein verzweifelter Mensch die Urheber seiner Lage identifizieren oder diese Urheber treffen kann, je mehr er sich also als bloßes Opfer diffuser Verhältnisse sieht, desto wahrscheinlicher wird eine Amoktat. Sie ist offenbar der verzweifelte Versuch, die spezifische Kränkung, die der Täter vorher erfahren hat, durch eigene diffuse Kränkungshandlungen zu verarbeiten.

Das Signal von New York –
Die Verlierer schlagen zurück

Im Anschluss an die Erfurter Katastrophe diskutierte man zwar viel über das Waffenrecht und Videospiele, man stellte jedoch kaum einen Bezug zwischen Erfurt und New York her: Am 11. September 2001 wurden in New York ebenfalls Selbstmordattentate vor den Augen der Weltöffentlichkeit inszeniert. In beiden Fällen richtete sich die Tat gegen Institutionen, in denen Lebenschancen verteilt werden – im World Trade Center in Gestalt von Kapital und Arbeitsplätzen, am Gutenberg-Gymnasium in Gestalt von Noten und Zeugnissen. An solchen Orten wird entschieden, wer welche Chancen erhält, sein Leben nach seinen eigenen Vorstellungen zu führen, und wer nicht. Hier wird in Sieger und Verlierer geteilt. Und hier liegt die Wurzel jenes Hasses, der sich, verstärkt durch virtuelle Vorbilder aus Computerspielen und religiöse Heilslehren, schließlich in den beiden Terrorattentaten entlud.

Die Bilder, die einen Monat später nach dem US-amerikanischen Vergeltungsschlag gegen Afghanistan um die Welt gingen, zeigten noch etwas anderes: eine Auseinandersetzung zwischen der High-Tech-Welt des 21. Jahrhunderts und einer mittelalterlichen Gegenwelt. Hoch automatisierte Präzisionswaffen wurden gegen jene Höhlen gerichtet, in denen man die Urheber des Terroranschlags von New York vermutete. Die Terroristen hatten vorher, ausgestattet mit technischem Know-how aus der Gewinner-Gesellschaft, vermutlich mithilfe von Teppichmessern Großraumflugzeuge entführt und diese in die beiden Wolkenkratzer gesteuert, in denen sie die Urheber der weltweiten Ausbeutung und Unterdrückung vermuteten.

Es gibt genügend Warnungen und Anzeichen dafür, dass die Ereignisse von Erfurt und New York nicht der Abschluss, sondern eher der Auftakt zu noch viel schrecklicheren Formen der Konfrontation zwischen Gewinnern und Verlierern sind. Gemeint sind nicht nur die permanent wiederholten Warnungen sowohl von Geheimdiensten, Polizei- und Militärexperten wie von Friedens- und Konfliktforschern. Welche Folgen hätte es beispielsweise, wenn beim nächsten Mal ein entführtes Großraumflugzeug auf eines der 19 deutschen Kernkraftwerke in der dicht besiedelten Bundesrepublik gelenkt würde? Wie viele Menschen wären sofort tot, wie viele würden im Laufe der folgenden Jahre sterben? Ab wann könnte in Deutschland wieder Landwirtschaft betrieben werden? Und wie würde sich die Regierung verhalten, wenn sie mit der Drohung eines solchen Attentats erpresst würde?

Auch ohne Spezialkenntnisse ist erkennbar, dass hinter dem skizzierten und prognostizierbaren Zusammenprall solcher ungleichen Gewalten eine dramatische Entwicklung steht: das zunehmende Auseinanderfallen der Welt in Reich und Arm. Noch vor wenigen Jahrzehnten war es ohne weiteres möglich, relativ ungefährdet Reisen in die Dritte Welt zu unternehmen. Wie Tausende andere junge Europäer fuhr auch ich zum Beispiel 1971 auf dem Landweg mit einem alten VW-Bus nach Indien. Heute würde ein solches Unterfangen einem Kamikaze-Unternehmen gleichkommen. Fast täglich werden wir mit Zeitungsmeldungen über die Elendsregionen der Welt konfrontiert: Wir lesen von über 250 Millionen Kindern, die, statt zur Schule zu gehen, den Lebensunterhalt ihrer Familien unter unwürdigsten Bedingungen verdienen müssen. Wir lesen von Müttern, die ihre Kinder für wenige Dollars an Sklavenhändler verkaufen oder gar die Organe ihrer Kinder anbieten, damit der Rest der Familie finanziell überleben kann.[20] Ein kleiner Teil der Menschheit verfügt über modernste Technik und kann mit höchster Produktivität den Weltmarkt versorgen. Der wesentlich größere Teil hat nur einfachste Mittel zur Verfügung und ist kaum in der Lage, sich am Leben zu halten. In Bangladesch zum Beispiel kostet nach Auskunft der Entwicklungsorganisation der UNO ein Computer mehr als acht durchschnittliche Jahreseinkommen, in den USA etwa ein Monatsgehalt, und die Technologiekluft wächst weiter.[21]

Dass die Menschheit mit zunehmendem Tempo in eine Welt der Schnellen und der Langsamen zerfällt und dass dadurch eine Synchronisierung des Zusammenlebens auf unserer einen Welt und damit auch eine gerechte Aufteilung des Wohlstands in immer weitere Ferne rücken, das zeigen auch die Wirtschaftsdaten zum Verhältnis zwischen Siegern und Verlierern der Weltgesellschaft. Zwar sinkt offenbar die Zahl und der Anteil der extrem armen Menschen auf unserem Globus. Aber die Gegensätze zwischen Arm und Reich nehmen weiter zu. Der Anteil der Entwicklungsländer (ohne Schwellen- und Ölexportländer) am Welthandel ist in den vergangenen 50 Jahren drastisch gesunken. Nach Angaben der jüngsten UNO-Berichte über die Entwicklung der Menschheit hat sich der Abstand zwischen dem ärmsten und dem reichsten Fünftel der Menschheit zwischen 1960 und 1997 enorm vergrößert: Während die Reichsten 1960 pro Kopf nur 30-mal so viel wie die Ärmsten verdienten, war es 1997 bereits 74-mal so viel.[22] Die UNO hat schon Anfang der 90er-Jahre errechnet, dass den Entwicklungsländern durch unfairen Handel jährlich ein Schaden von 500 Milliarden Dollar zugefügt wird.[23] Daran hat sich auch im vergangenen Jahrzehnt nichts geändert. Vielmehr hat sich in vielen Ländern die Situation noch verschlechtert, u. a. durch die rückläufige Entwicklungshilfe.

Der iranische Ökonom Hafez Sabet hat den Zinseszinseffekt dieses ausbeuterischen Nord-Süd-Handels berechnet und ist zu dem Schluss gekommen, dass der Norden dem Süden eigentlich 40-mal so viel schuldet wie der Süden dem Norden: In Zahlen ist das ein Betrag von 50 Billionen Dollar. Sabets Fazit: »Die Ausweglosigkeit der Länder der Dritten Welt zeigt sich vor allem darin, dass sich inzwischen praktisch jeder ihrer Schritte als falsch erweist und die Probleme nur noch vermehrt ... Man muss hier von struktureller Ausweglosigkeit sprechen ... Der Dritte-Welt-Krieg ist längst im Gang, und wir tun alles, ihn in einen Dritten Weltkrieg weiterzuentwickeln. Ein schlimmeres Versagen der Verantwortlichen der Globalpolitik wäre wohl kaum denkbar, als dass man zuerst ein einmaliges Konfliktpotenzial erzeugt und dieses dann mit modernsten Waffen bestückt.«[24] Das betrifft nicht nur die Militarisierung des Nord-Süd-Gegensatzes. Auch in der Dritten Welt selbst werden vermehrt ökonomische und kriegerische Aktivitäten privatisiert, wodurch weltweit das Recht des Reicheren und Stärkeren zur einzigen Autorität wird, die noch Anerkennung findet. Auch die neuere Globalisierungsdebatte hat bisher keine überzeugenden Argumente zu Tage gefördert, die diese düstere Zukunftsvision ernsthaft entschärfen könnte.

Der Mannheimer Historiker Rolf-Peter Sieferle hat in dem fiktiven Text *Global 2050 – Auszüge aus dem Bericht des Club of Doom* sehr drastisch geschildert, wie die Zukunft aussehen könnte:[25] Die Welt ist dreigeteilt. Die ärmsten Regionen vegetieren vor sich hin, ein zweiter Teil der Weltbevölkerung beschafft vor allem die Rohstoffe für die dritte Gruppe, die wenigen industriellen Eliten, in ihren hermetisch abgezirkelten Wohlstandsregionen. Zu welcher Gruppe jemand gehört, bemisst sich allein nach seiner wirtschaftlichen Brauchbarkeit. Wer wirtschaftlich verwendbar ist, wird in die Belegschaft einer der wenigen straff organisierten multinationalen Konzerne aufgenommen, die über alles verfügen, was für ein Leben im materiellen Wohlstand erforderlich ist. Hauptaufgabe des Staates ist es, diejenigen, die aus dem Kreis der Verwendungsfähigen herausfallen und damit automatisch sofort zum Risikofaktor für die innere Sicherheit werden, möglichst schnell beiseite zu schaffen – in Gettos am Rande der Wohlstandsmetropolen, wo die Dritte Welt in der Mitte der ersten entsteht. Diese Metropolen zu verlassen ist mit Todesgefahr verbunden, denn rundherum, im Meer des Elends, toben Bürgerkriege und sind die ökologischen Bedingungen längst umgekippt. Man könnte dieses Untergangsszenario noch weiterspinnen: Der Staat sortiert mithilfe der Gentechnologie von Anfang an Spreu und Weizen, lebensunwertes Leben wird also erst gar nicht geboren. So könnte der moderne oder postmoderne Rassismus des 21. Jahrhunderts aussehen.

Verzweifelte Weltordnungsversuche

Gegenwärtig ist es noch nicht so weit. Eifrig wird an der so genannten neuen Weltordnung gearbeitet. Das Schreckenspotenzial der Verlierer soll durch das Schreckenspotenzial der Sieger eingedämmt werden. Der Süden setzt auf seine Chaosmacht, der Norden kontert mit einer Verschärfung seiner Strukturmacht. Wir sind gegenwärtig Zeugen eines von den USA und ihren wechselnden Verbündeten betriebenen Versuchs einer Weltordnungspolitik. Wie diese Politik funktioniert, hat die US-Regierung zuletzt in Afghanistan und im Irak der Welt vorgeführt. Ähnliches praktiziert die israelische Regierung seit Jahren in den von ihr besetzten Palästinensergebieten. Im Interesse dieser Ordnung werden technologisch hoch gerüstete Tötungsmaschinen gegen jene eingesetzt, die sich dieser Ordnung widersetzen und selbst nur über veraltete Waffen verfügen. Es liegt in der Logik einer solchen Ordnungspolitik begründet, dass die Verlierer letztlich ihre Kinder als lebende Bomben ins Feld schicken – gegen die millionenschweren, computergesteuerten und oft bereits unbemannten Tötungsmaschinen der anderen Seite.

Weltordnungspolitik hat noch eine weitere, immer wichtiger werdende Dimension: den Verteilungskampf um die letzten Ressourcen der Erde, heute das Öl, morgen das Wasser, den fruchtbaren Boden usw.[26] Im Zusammenhang mit der Frage nach unserem Umgang mit Zeit ist vor allem das Öl interessant, weil es Voraussetzung für die gigantische Verkürzung der Transport- und Produktionszeiten auf der Erde war. Wer in Zukunft das Öl der Erde kontrolliert, der wird auch weiterhin einen deutlichen Geschwindigkeitsvorsprung haben – insofern sind Kriege um Öl im Rahmen der Hamsterradlogik durchaus konsequent. Wer über die Ölquellen der Welt verfügt, der sorgt zugleich dafür, dass er auch für seine Kriegsmaschinerie genug Treibstoff hat und in allen erdenklichen zukünftigen Kriegen seinem Gegner durch Schnelligkeit überlegen ist. Dies ist auch der tiefere Hintergrund des Zusammenspiels zwischen privaten Erdölinteressen und staatlicher Weltmachtergreifung in der gegenwärtigen US-amerikanischen Politik.[27]

Öl ist längst zur Basisdroge der Industriegesellschaft geworden. Um mithalten zu können, greift der industrialisierte Mensch zu Drogen, im Großen wie im Kleinen: Zigaretten, Alkohol, Ecstasy und Kokain sollen ihn fit für Arbeit und Freizeit machen, dafür sorgen, dass er leistungsfähiger, ausdauernder und schneller als die Konkurrenz ist und dabei locker und cool wirkt. Und Öl und Benzin sollen seine Maschinen beschleunigen, im Frieden wie im Krieg, damit er auch auf diesem Feld die Konkurrenten abhängen kann. Beide Arten von Süchten machen doppelt abhängig: physisch und psychisch, materiell und ideell. Und was für die individuelle kleine Sucht gilt, das gilt auch für die kollektive große Sucht: Wenn man dem Süchtigen den Stoff streitig machen möchte, dann wird er rabiat.

Und auf den Wohlstandsinseln?

Im Vergleich zum Zerfall der Weltgesellschaft ist die ebenfalls sichtbare Spaltung der meisten nationalen Gesellschaften in hochproduktiv-schnelle Sieger und niedrigproduktiv-langsame Verlierer, auch im reichen Norden der Welt, eher harmlos. Der erste Armutsbericht der Bundesregierung von 2001 stellt eine langfristige Zunahme der Kluft zwischen Arm und Reich fest. So ist die Zahl der Vermögensmillionäre zwischen 1978 und 1998 von 217 000 auf 1,5 Millionen gestiegen, was inflationsbereinigt etwa einer Vervierfachung entspricht. Andererseits hat sich die Sozialhilfequote unter Kindern und Jugendlichen in den alten Bundesländern zwischen 1982 und 1998 verdreifacht, jeder fünfzehnte Deutsche unter 18 Jahren lebt mittlerweile von der Stütze. Auch bei der Einkommens- und noch mehr bei der Vermögensverteilung wächst nach Auskunft der Bundesregierung die Kluft.[28] Aus Großbritannien und den USA wird von einer noch stärkeren sozialen Spaltung berichtet.

Ein wichtiger Aspekt des hiesigen Gesellschaftszerfalls ist der offenbar wachsende Gegensatz zwischen den Generationen. Auch der Generationskonflikt hat mit Zeit zu tun: Die »Gnade der frühen Geburt« ermöglicht es den Alten, die Welt in ihrem Sinne zu gestalten und dabei die Lebensinteressen der Nachfolgenden nach eigenem Gutdünken einzubeziehen oder nicht. Eine bundesweite Studie des Mannheimer Sigma-Instituts, die das Baden-Württemberger Sozialministerium 1999 vorgestellt hat, zeigte, dass die Alten und die Jungen immer mehr in ihren eigenen Welten leben und der Kontakt zwischen ihnen immer schwieriger wird. Der Generationenvertrag über die Finanzierung der Rente stößt vor allem bei jüngeren Leuten zunehmend auf Kritik. Unter den befragten 20- bis 30-Jährigen unterstützen immerhin noch 37 Prozent, unter den 15- bis 20-Jährigen nur mehr 29 Prozent vorbehaltlos das bisherige System.[29]

Der Gießener Theologe Reimer Gronemeyer sieht folgendes Zukunftsszenario heraufziehen: Wenn die Bindekraft der Familie nachlässt und eine Ersatzinstitution fehlt, werden die Jungen über kurz oder lang nach neuen »Aufbewahrungsmethoden« für die Alten zu suchen beginnen. Es gibt Tiere, die ihre Eltern auffressen, und es gab Nomadenvölker, die die Eltern töteten, wenn sie sie nicht mehr mitschleppen konnten. Was wird die Zukunft bringen, fragt Gronemeyer. »Die Alten werden nicht aufgefressen. Aber die lebenserhaltenden Apparate werden vielleicht etwas früher abgeschaltet, die Aufwendungen für

Krankenhäuser und Altenheime werden gekürzt, die Zahl der Operationen an Alten wird begrenzt, die Renten werden verringert.«[30] Bis zu dieser Entwicklung ist allerdings noch ein politisches Problem zu lösen – die Abschaffung des demokratischen Mehrheitsprinzips. Denn es sind die Alten, die in Zukunft die Mehrheit bilden werden.[31]

Die Alarmsignale von Erfurt und New York und die verfügbaren Daten zur gesundheitlichen, sozialen und politischen Lage auf unserem Globus könnten uns warnen. Sie zeigen, dass die Hetzjagd nicht nur die Innenwelt, sondern genauso die soziale Mitwelt dem Kollaps näher bringt. Die Schnellen spielen durch ihre überlegene Produktivität die Langsamen an die Wand, die Kluft zwischen Siegern und Verlierern vergrößert sich. Dies gilt für den nationalen wie internationalen Rahmen und für das Verhältnis innerhalb einer Generation wie für das Verhältnis zwischen den Generationen. Dass Konflikte über solche Klüfte hinweg auf Dauer immer weniger mit friedlichen Mitteln ausgetragen werden und dass dort, wo konkrete Schuldige nicht greifbar sind, stellvertretend für sie Unschuldige zu Opfern werden, wie dies bei Amoktaten der Fall ist, liegt auf der Hand. In der Konflikt- und Friedensforschung wird von struktureller Gewalt gesprochen, wenn Gewalt nicht von bestimmten Personen oder Gruppen ausgeht, sondern anonym durch die Macht der »Sach«-Zwänge einfach geschieht. Für die Zukunft steht zu befürchten, dass mit der Zunahme struktureller Gewaltformen im Hamsterrad auch Amoktaten als deren Folge Schule machen werden – unter prinzipieller Einbeziehung all jener mörderischen Technologien, welche die technische Zivilisation hervorgebracht hat. Wer angesichts solcher Terrorhandlungen immer nur auf deren moralische Verwerflichkeit und die Verantwortlichkeit der Täter verweist, der abstrahiert von all dem, was diese Taten erst möglich werden lässt.

Das Signal von Dresden –
Die Rache der Natur

»So schnell ist das Wasser noch nie geflossen«, meinte eine Dresdnerin gegenüber dem Reporter der Süddeutschen Zeitung.[32] In Sachsen, Tschechien und Österreich wurden im August 2002 an etlichen Stellen Pegelstände erreicht, wie es sie seit Jahrhunderten nicht mehr gegeben hatte. Für Teile Sachsens waren zwölf Jahre »Aufbau Ost« den Fluten zum Opfer gefallen. Bisher wurden solche Naturkatastrophen meist nur aus anderen Erdteilen gemeldet, zum Beispiel aus Bangladesch, wo eine Flut im Jahr 1991 innerhalb von wenigen Tagen Hunderttausende das Leben gekostet hat, ohne dass dies in Europa sonderlich für Aufregung gesorgt hätte. Doch nun ist die Sintflut direkt vor unserer Haustür. Noch vor wenigen Jahren wurde angesichts solcher Ereignisse noch ernsthaft diskutiert, ob der Mensch an ihnen schuld sei. Heute gehen die für solche Katastrophen zuständigen Wissenschaftler nahezu einhellig davon aus, dass es sich hierbei um größtenteils vom Menschen gemachte Katastrophen handelt.

Auch über die Liste der Fehler der Vergangenheit gibt es einen weitgehenden Konsens: *erstens* die Begradigung von Flüssen und die Zuschüttung von Rückhaltebecken, welche die Fahrtrinne für die Schiffe vertiefen und die Fließgeschwindigkeit des Wassers erhöhen sollte. *Zweitens* die Gewinnung von zusätzlicher Siedlungsfläche, welche dem Fluss gewaltsam abgetrotzt wurde, quasi als Gratis-Nebenprodukt der Beschleunigung der Flüsse. *Drittens* die Bodenversiegelung durch Beton-, Teer- und Pflasterflächen sowie die Bodenverdichtung durch schwere landwirtschaftliche Maschinen, die das Regenwasser immer schlechter versickern und immer schneller in die Flüsse zurückfließen lässt. Und *viertens* der Klimawandel, der nicht nur in der

Erwärmung der globalen Temperatur erfahrbar wird, sondern auch in immer schnelleren Wetterumschwüngen, meist verbunden mit Stürmen, gegen die nicht mehr rechtzeitig gewarnt und vorgesorgt werden kann. Wen könnte es wundern, dass dergestalt beschleunigte und somit vergewaltigte Wasserkreisläufe eines Tages mit Wucht zurückschlagen? So wie Menschen dies tun, die sich über lange Zeit in ihrer Würde verletzt fühlen, und Völker, die jede Chance der Teilnahme an der weltweiten Arbeits- und Ressourcenteilung davonschwimmen sehen.

Die Rache der Flüsse ist nur ein Beispiel dafür, dass die Natur sich gegen die menschlichen Eingriffe zur Wehr setzt. Die Enquetekommission des Bundestages »Schutz des Menschen und der Umwelt« stellt in ihrem Bericht des Jahres 2000 zusammenfassend fest: »Seit Mitte dieses Jahrhunderts haben Umweltbelastungen erkennbar ein globales Ausmaß angenommen. Ozonabbau, Treibhauseffekt, Dürre- und Hochwasserkatastrophen, Trinkwassermangel und Bodenerosion, Tropenwaldbrände und Artensterben – die Liste der Schlagwörter, die jedermann mit globalen Umweltproblemen verbindet, ließe sich fortsetzen. Es macht sich weltweit die Erkenntnis breit, dass das menschliche Leben und Wirtschaften an einem Punkt angelangt ist, an dem es Gefahr läuft, sich seiner natürlichen Lebensgrundlagen zu berauben. Gleichzeitig sind wir auf dem besten Weg, mit unserem verschwenderischen Naturverbrauch die Möglichkeiten der nachfolgenden Generationen einzuschränken.«[33]

Der Begriff der natürlichen Lebensgrundlagen bezeichnet die »Quellen« und »Senken« des Naturhaushalts, die uns zur Befriedigung unserer Bedürfnisse zur Verfügung stehen: einerseits fruchtbare Böden, Wasser, Bodenschätze etc., andererseits jene Orte, an denen wir die unbrauchbar gewordenen festen, flüssigen und gasförmigen Reste des Wirtschaftens wieder der Natur überlassen, also zum Beispiel Mülldeponien, Weltmeere oder die Erdatmosphäre. Wenn von der Gefahr der Erschöpfung von Quellen und Senken aufgrund von verschwenderischem Naturverbrauch die Rede ist, handelt es sich, wie am Wasserkreislauf deutlich erkennbar, im Kern ebenfalls um ein Beschleunigungs- und Erschöpfungsproblem: Das Tempo von Produktion und Konsum beginnt sich an vielen Stellen immer mehr von den Geschwindigkeiten und Rhythmen der Natur abzukoppeln.

Zwar werden in einigen Weltregionen Luft und Flüsse wieder sauberer, in anderen, bei weitem größeren Regionen schreitet die Verschmutzung aber schnell voran.[34] Ganz besonders offensichtlich ist die Störung der natürlichen Kreisläufe bei den Basisressourcen der Industriekultur: Kohle und Erdöl. Diese Energielager, die letztlich aus gespeicherter Sonnenkraft bestehen, werden seit rund 200 Jahren in rasender Geschwindigkeit geplündert. In diesem Zeitraum hat die Menschheit rund die Hälfte aller fossilen Energiereserven, das Produkt von 300 Millionen Jahren Sonneneinstrahlung, verpulvert.[35] Die Entdeckung des »unterirdischen Waldes«, wie Rolf-Peter Sieferle die Energietanks unter der Erde treffend nennt,[36] und seine systematische »Abholzung« im Interesse des High-Speed-Wirtschaftens, hat zu einer dramatischen ökologischen Kluft geführt: Heute verfeuern wir jeden Tag mehr fossile Energie, als die Natur in 1000, nach anderen Berechnungen sogar in 15 000 Jahren produziert hat.[37] Mit der zunehmenden Globalisierung der Weltwirtschaft wird sich diese Abkoppelung der Wirtschaft von der Ökologie weiter verstärken, weil Industrialisierungszwänge zunehmen und Transportwege länger werden.

Verschärfend kommt in der ersten Welt die Zersiedelung der Landschaft, in der Dritten Welt die Konzentration der Menschen in Megastädten hinzu, die natürliche Kreisläufe mit zunehmendem Tempo durch künstliche ersetzen. Auch hier ist besonders die zeitliche Dimension des Problems alarmierend: Da das Kohlendioxid in der Atmosphäre sehr lange braucht, bis es abgebaut wird, ist die Zunahme der Konzentration bis weit in die Zukunft programmiert. Der Enquete-Bericht des Bundestages von 1991 rechnet bereits vor: Selbst wenn es ab sofort gelänge, den Ausstoß des industriellen Kohlendioxids auf dem jetzigen Stand einzufrieren, würde nach aktuellen Klimamodellen im Jahre 2050 eine Konzentration von 450 Messeinheiten erreicht werden, im Jahr 2100 gar 520. Heute liegt dieser Wert bei 350. Bereits heute ist eine menschheitsgeschichtliche Extremlage erreicht, weil dieser Wert in den letzten 160 000 Jahren immer zwischen 190 und 300 Einheiten geschwankt hat.[38] Wenn aber die Konzentration in der Atmosphäre wenigstens auf dem jetzigen Stand gehalten werden soll, müsste sofort der weltweite Ausstoß um 50 bis 80 Prozent reduziert werden.[39]

Panik an Bord

Die Prognose der Beschleunigungskrankheit ist in der Tat verheerend: Das Hamsterrad führt zur Erschöpfung – der Innenwelt, der Mitwelt und der Umwelt des Menschen. Die Quittung folgt meist mit kurzer zeitlicher Verzögerung: Personen machen Fehler, verlieren die Orientierung, werden psychisch und physisch krank. Gesellschaften zerfallen, das Netz zwischen den Menschen hält nicht mehr. Und die Natur schlägt gegen jene zurück, die sie fortwährend schänden.

Schlimmer noch: Dem Menschen geht offensichtlich jene Eigenschaft immer mehr verloren, die ihn eigentlich gegenüber allen anderen Lebewesen auszeichnet und zur »Krone« der Schöpfung macht – die Fähigkeit nach- und vorauszudenken, eine Fähigkeit, die man gemeinhin als »Vernunft« bezeichnet.

Der Mensch als Gattungswesen zeigt immer deutlicher panische Züge. »Panik« ist, so die Auskunft des Wörterbuchs, die »übermächtige Angst, die durch eine plötzliche Bedrohung oder Gefahr hervorgerufen wird, das Denken lähmt und zu kopflosen (Massen-)Reaktionen führt«.[40] Als gängiges Beispiel für panische Reaktionen gilt das Verhalten von Passagieren auf einem sinkenden Schiff. Das »Raumschiff Erde« als Ganzes kann zwar nicht untergehen, wohl aber eine Gattung unter den Passagieren.

Die panischen Züge der Gattung Mensch zeigen sich im Norden des Planeten anders als im Süden. Im Norden ist es die existenzielle Angst der Menschen, im wirtschaftlichen Wettkampf Marktanteile einzubüßen, im Süden ist es die nicht minder existenzielle Angst der Menschen, bei Krankheiten und im Alter ohne Versorgung zu bleiben. Beide Ängste treiben die Menschen in ähnlicher Weise immer tiefer in ökologisch selbstzerstörerische Verhaltensweisen hinein. Der Norden überschreitet die Tragfähigkeit des Planeten durch die Massenproduktion von Sachen, der Süden durch die Massenproduktion von Menschen. Beide Reaktionsmuster der Gattung Mensch sind zwar aus der jeweiligen inneren Perspektive, der Perspektive eines Betriebs oder einer Familie, die überleben wollen, logisch. Aber von außen betrachtet, also etwa aus der Sicht eines Ökologen oder Evolutionstheoretikers, erscheinen diese Verhaltensmuster als völlig unüberlegt und in der Konsequenz als selbstzerstörerisch. Die beschleunigte Produktion von Wegwerfsachen und von »Wegwerfkindern« (Al Gore) hetzt den Globus in den Erschöpfungstod.

Der Tumor wächst

Aus der Chronobiologie wissen wir, dass Organismen durch Kreislaufprozesse am Leben erhalten werden (siehe Kapitel 6), welche Auf- und Abbauvorgänge in ein Gleichgewicht bringen. Die in diesem Kapitel dargestellten Erschöpfungsprozesse in der Innenwelt, der Mitwelt und der Umwelt des Menschen, die auf unangemessene Geschwindigkeiten zurückgehen, unterbrechen diese Kreisläufe und zerstören Gleichgewichte auf Dauer. An die Stelle zyklischer Verläufe treten lineare Abbauprozesse. Für solche Übergänge von einer Bewegungsform in eine andere gibt es viele Belege. Da ist zum Beispiel die Tatsache, dass mit zunehmendem Alter die Rhythmen des Körpers schwächer werden und durcheinander kommen: der Wechsel von Wachsein und Schlafen, von Anspannung und Entspannung, von Gesundheit und Krankheit. Da sind zum Beispiel Herzzellen, die kurz vor dem Herztod aus dem Tritt geraten. Und da sind vor allem die Krebszellen. Sie unterscheiden sich von gesunden Zellen dadurch, dass sie ihre Fähigkeit zur rhythmischen Teilung verloren haben, aus der Zeitordnung der gesunden Zellen ausgebrochen sind und sich, losgelöst von ihrer jeweiligen Umgebung im Körper, mit einer vielfach höheren Geschwindigkeit zu teilen beginnen.[41]

Rolf Kreibich, Professor für Technologieentwicklung in Berlin, hat auf die verblüffende Analogie zwischen dem Wachstum eines bösartigen Tumors und dem Wachstum der Industriekultur aufmerksam gemacht: Beide Prozesse gehen auf eine irgendwann eingetretene einzelne Mutation zurück, beide beschleunigen sich nach dem Muster 2–4–16–256 usw. und haben explosive Tendenzen, beide resultieren aus fehlgesteuertem Wachstum, aus falschen Rückkoppelungsprozessen. In beiden Fällen haben die wachsenden »Subjekte« das Ziel des Wachsens aus den Augen verloren. Beide wuchern auf Kosten ihrer Umwelt. Ihr einziger Zweck ist der maximale Energieumsatz, die Völlerei. Und beide Entwicklungen führen zu einer umfassenden Destrukturierung, die – wenn nichts dagegen unternommen wird – mit hoher Wahrscheinlichkeit zum Tod führt.[42]

Vielleicht lässt sich diese Analogie für das Schicksal der menschlichen Spezies noch fortsetzen: Das Bevölkerungswachstum des Südens und das Produktwachstum des Nordens werden nicht mehr durch einen kulturell bewährten Rhythmus gesteuert, sondern vollziehen sich autonom. Sie sind aus der Zeitordnung der jeweiligen natürlichen und kulturellen Umwelt ausgebrochen. Dies zeigt sich an unserer Siedlungsweise und an unserem Verkehr besonders drastisch. Schauen wir uns nur einmal eine gewachsene Ortschaft aus der Vogelperspektive an: Im Zentrum und im mittleren Bereich organisch verbundene Häuser und Straßen, an den Rändern, in den so genannten Gewerbegebieten, wuchernde Fremdkörper, allesamt aus den letzten Jahrzehnten stammend, so als würden sie darauf warten, gleich wieder weggeschnitten zu werden. In der Tat gibt es erstaunliche Ähnlichkeiten zwischen der Abbildung eines weit fortgeschrittenen Hautkrebses und den Luftaufnahmen einer modernen Großstadt. Oder schauen wir uns den Globus aus dem Weltraum an: die gigantische Mobilität, die Entwurzelung und Bindungslosigkeit – im Norden als Massenverkehr, im Süden als Massenmigration.

Die »Spitze« der menschlichen Kulturentwicklung im Norden der Welt beweist eindrucksvoll, dass der Mensch heute je nach Zwecksetzung fast beliebig Raum und Zeit überwinden kann. Menschen, Sachen und Informationen legen in immer kürzeren Zeiten immer weitere Strecken zurück, entfernen sich aus jenem Milieu, mit dem Natur und Kultur sie umgeben haben. Dasselbe tun Krebszellen, die den Körper mit Metastasen

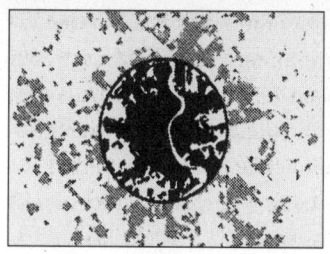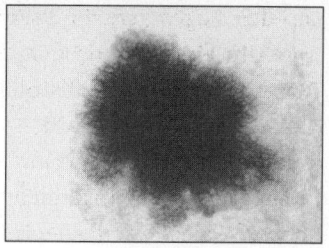

Satellitenaufnahme der Stadt Köln (links) und das Foto eines Hauttumors (rechts): Fehlgesteuertes Wachstum führt zu erstaunlich ähnlichen Bildern.

überschwemmen. Je ausgeprägter die Beschleunigung, desto eher ist das Leben zu Ende. Für den französischen Zeitphilosophen Paul Virilio läuft die Beschleunigung auf nichts anderes hinaus als auf die »Liquidierung der Welt«[43]. Das alles geschieht freilich nur, wenn es nicht gelingt, den hinter der Mutation steckenden Programmierungsfehler zu finden und zu beheben.

Kehren wir noch einmal zu unserem anderen Bild, dem Hamsterrad zurück. Die Physik des Hamsterrades folgt einem ziemlich hinterhältigen Gesetz: Je schneller man in ihm tritt, desto schneller dreht sich das Rad, und je schneller sich das Rad dreht, desto schneller *müssen* diejenigen, die sich in seinem Inneren befinden, treten. Das Hamsterrad hat also eine eingebaute positive Rückkoppelung. In diesem Punkt unterscheidet sich das Hamsterrad von der alten Tretmühle, bei der es genau um die Konstanz der Geschwindigkeit ging, mit der zum Beispiel Lasten gehoben werden sollten. Der Witz ist nun, dass die Hamster offenbar klüger mit dieser Rückkoppelung umgehen als die Menschen. Wenn die Hamster keine Lust mehr haben, steigen sie aus. Die Menschen tun das meistens nicht. Dieser Rückkoppelungsprozess, der das Rad immer schneller und das Treten immer anstrengender werden lässt, begegnet uns in der Welt des schulischen Lernens, des Arbeitens, des Konsumierens

etc. überall dort, wo die erwarteten Gütestandards mit den er-
brachten Leistungen ständig zunehmen. Die Menschen treten
im Hamsterrad nicht nur auf der Stelle, sondern sie tun dies
zudem noch mit steigendem Aufwand. Die Beschleunigungskrankheit ist also eine echte Suchterkrankung. Der Patient ist
süchtig im doppelten Sinn des Wortes: »siech« geworden *durch*
das hohe Tempo – und unablässig »suchend« *nach* weiterer
Temposteigerung. Dass ein dergestalt Leidender irgendwann erschöpft ist, ist die logische Konsequenz.

Kapitel 3
Fluchtwege und Sackgassen
Du hast fast keine Chance, aber nutze sie!

Wer die Symptome einer Krankheit und die Prognose des typischen Verlaufs kennt, dem bleiben bekanntlich drei Möglichkeiten: *Erstens* Verdrängen, *zweitens* Soforthilfe als Symptombehandlung und *drittens* systematische Suche nach einer fundierten Diagnose, die auch die Entstehungsgeschichte der Krankheit einschließt, als Voraussetzung für eine Therapie, die an der Wurzel ansetzt und zugleich als Grundlage für eine gründliche Prävention dient. Da die Möglichkeit der Verdrängung als Vogel-Strauß-Strategie ausscheidet, gilt das Augenmerk dieses Buches der zweiten und der dritten Möglichkeit und vor allem der Frage, wie sie sich kombinieren lassen. In dem folgenden Kapitel geht es um die Soforthilfe. Nach einer kurzen Skizze der typischen Reaktionen auf das Ertönen von Alarmsirenen und einer knappen Einführung in neuere Zeitmanagement-Ratgeber werde ich die kleineren und die größeren Notausstiege aus dem Hamsterrad vorstellen und prüfen. Weil sich bei dieser Prüfung zeigen wird, wie trügerisch und kurzsichtig die offiziellen Rettungsprogramme sind, werde ich im letzten Teil des Kapitels etwas ausführlicher auf das hinter diesen Programmen stehende Denken eingehen.

Reaktionsmuster

Eigentlich sind wir als Menschen mit einer Vielzahl von Früh-
warnsystemen ausgerüstet: Rückenbeschwerden, Schlafstörungen, Essens- und Verdauungsprobleme, Kopf- und Herzschmer-
zen, Ohrensausen, Sehstörungen, sexuelle Probleme usw. schlagen Alarm, ehe die tödliche Erschöpfung eintreten kann. Oft
zieht der Körper glücklicherweise die Notbremse, wenn Gedanken und Gefühle noch weiter rasen wollen. Aber fast ebenso oft
nehmen wir diese Warnungen nicht ernst. Die nächste Stufe
sind dann richtige Krankheiten oder schwere Unfälle, die uns in
der Hetzjagd plötzlich stoppen. Dann fragen wir uns: Was habe
ich falsch gemacht? Warum ist das gerade mir passiert? Welche
frühen Warnsignale hat es gegeben? Warum habe ich mich gegen die Überforderung nicht rechtzeitig gewehrt? Welche Alternativen hätte ich eigentlich unter den gegebenen Bedingungen
gehabt? Auch im Bereich der sozialen Mitwelt und der natürlichen Umwelt gibt es bekanntlich solche Frühwarnsysteme.
Aber auch sie werden allzu oft ignoriert oder überspielt.

Und wenn dann plötzlich eine individuelle, soziale oder ökologische Katastrophe hereingebrochen ist? Dann zeigt sich regelmäßig ein typisches Muster: In fiebriger Eile wird nach Ein-
zelursachen bzw. einzelnen Schuldigen gesucht. Je schneller sie
gefunden sind, je weniger Faktoren bzw. Schuldige es gibt, desto besser. So kann man am schnellsten wieder zur Tagesordnung übergehen, das Hamsterrad kann sich weiterdrehen. Die
Katastrophe wird zum außerordentlichen Betriebsunfall erklärt,
der wenig mit den Normalbedingungen des ordentlichen Betriebs zu tun hat. Dies ist auch der Zweck des bekannten Sün-
denbock-Mechanismus. Die tiefer liegenden Voraussetzungen,
die die Katastrophe erst möglich gemacht haben, brauchen
dann nicht weiter zur Debatte gestellt zu werden.[1]

Nach dem Massaker am Erfurter Gutenberg-Gymnasium änderte der Thüringer Landtag innerhalb kürzester Zeit das Schulgesetz, sodass gescheiterte Gymnasiasten in Zukunft nicht ohne Abschluss aus der Schullaufbahn ausscheiden müssen. Und ebenfalls ohne lange Debatten hat die Bundesregierung das Waffenrecht verschärft. Die Grundbedingungen des täglichen Schulbetriebs aber sind unangetastet geblieben. Nach dem Anschlag in New York stürzten die USA die Regierung in Kabul und versuchten, die Hintermänner der Terrorattentäter zu fangen und deren Netzwerk zu zerschlagen. Den politischen, sozialen und ökonomischen Nährboden des islamistischen Terrorismus dürfte diese Therapie eher gefördert haben. Und nach dem Jahrtausend-Hochwasser an der Elbe betonte die Bundesregierung in der darauf folgenden Wahlkampfzeit zwar ihre Absicht, in Zukunft mit Flüssen und angrenzenden Flächen besonnener umzugehen und die Umweltpolitik offensiv weiterzuführen. Aber auch diese Vorsätze lassen die Grundprinzipien unseres Umgangs mit den natürlichen Lebensgrundlagen weitgehend unbeeinträchtigt. Das Hamsterrad selbst wird nicht angetastet.

Zeitmanagement als Allheilmittel?

Beginnen wir zunächst bei den kleinen Beschleunigungsfallen des Alltags und den aus ihnen folgenden Katastrophen, und fragen wir, wie sie sich vermeiden lassen. »Zeitmanagement leicht gemacht«, »Mehr Zeit für das Wesentliche«, »Ich habe immer Zeit« – so oder ähnlich klingen die Buchtitel, die sich hervorragend verkaufen und unzählige Male neu aufgelegt werden. Inhaltlich findet man darin immer wieder dieselben Ratschläge: Zeitdiebe entlarven und ausschalten! Klare Prioritäten setzen und sich immer nur auf eine Aufgabe konzentrieren! Komplexe

Aufgaben in Einzelschritte zerlegen und diese dann nacheinander abarbeiten! Nicht alles selbst machen, sondern delegieren, was delegierbar ist! Genügend Zeitpuffer einbauen, weil immer mehr dazwischen kommt, als man denkt! Und nicht zuletzt: Genügend Pausen machen, nicht nur um zu entspannen, sondern auch um die zurückgelegte Wegstrecke nochmals Revue passieren zu lassen, zu prüfen, was sich bewährt hat und was nicht, und ggf. die Prioritäten zu korrigieren!

Seit ein paar Jahren haben Zeitratgeber nun auch die segensreiche Wirkung der Entschleunigung entdeckt: *Wenn Du es eilig hast, gehe langsam: Das neue Zeitmanagement in einer beschleunigten Welt.*[2] Und: *Gute Arbeit braucht ihre Zeit: Die Entdeckung der kreativen Langsamkeit.*[3] Aufgeschreckt vor allem durch Pannenserien in der industriellen Fertigung und steigende Krankheitskosten im Gesundheitssystem, deren Ursprung zutreffend im »Wettlauf der Tempoholiker« gesehen wird, fürchtet man um die Leistungsfähigkeit unserer Wirtschaft und den Fortbestand des Sozialstaates. Traditionelles Zeitmanagement versuche, so heißt es dann, die Zeit zu beherrschen, und übersehe dabei die Eigenzeitlichkeit von Arbeitsprozessen. Es behandle die Zeit nur quantitativ und nur als Kostenfaktor, den es zu reduzieren gilt. Entschleunigungsmanagement dagegen müsse, so zum Beispiel der Zeitmanagement-Berater Martin Massow, die Zeit als »wesentlichen Qualitätsfaktor des Werdens und des Seins« wiederentdecken.[4] Denn: Wer einen wohlschmeckenden Hefezopf bereiten will, der darf den Teig nicht gleich nach dem Kneten in die Röhre schieben, sondern muss ihn gehen lassen. Während das »Speedmanagement« die Einsparung von Zeit bzw. die maximale Erhöhung der Geschwindigkeit anstrebt, geht es dem Entschleunigungsmanagement um die Optimierung von Zeit in einem anderen Sinn, nämlich um das Herausfinden der »idealen Geschwindigkeit«. Dazu ist es nötig, zum Beispiel die Terminflut zu reduzieren, sich gegenüber äußeren Zeitgebern abzugrenzen, die biologischen Rhythmen zu beachten, bewusster zu werden und mit der Zurücknahme des äußeren Tempos das innere zu aktivieren. Letztliches Ziel bleibt stets die »ideale Leistungsfähigkeit« des Individuums. Gesundheit und Zufriedenheit sind im Entschleunigungsmanagement nur insoweit gefragt, als sie sich leistungsfördernd auswirken.

Das traditionelle Beschleunigungs- und das neue Entschleunigungsmanagement haben ein Problem gemeinsam: Je mehr wir uns die Zeit bewusst machen, sei es als etwas Quantitatives, das es einzusparen, oder als etwas Qualitatives, dessen Leistungspotenzial es auszuschöpfen gilt, umso mehr wird die Unmittelbarkeit und Sinnlichkeit des Zeiterlebens gestört. Am stärksten ist dieses Phänomen in der auf Beschleunigung und quantitative Zeiteinsparung orientierten Variante von Zeitmanagement ausgeprägt: Je genauer ich die Zeit messe, in je kleinere Einheiten ich sie einteile, desto wertvoller wird jeder dieser Teile und umso sorgfältiger muss er gespart und genutzt werden. So kann es geschehen, dass sich trotz immer ausgefeilterer Managementsysteme der Zeitdruck nicht reduziert, sondern im ungünstigsten Fall sogar erhöht. Dann spricht man von einem »Zeit-Paradoxon«: Es wird Zeit gespart und gespart und optimiert und optimiert, und doch werden die Menschen nicht wirklich freier vom Zeitdruck, sondern dieser nimmt noch zu.

Der Sozial- und Wirtschaftspädagoge Karlheinz A. Geißler, Autor vieler Bücher über Zeit und Mitinitiator des Tutzinger Projekts »Ökologie der Zeit« (vgl. Kapitel 6), sieht mit Recht den heutigen Menschen in ganz besonderer Zeitbedrängnis: Da in der so genannten Postmoderne die allgemein verbindlichen Zeitordnungen der Moderne, vor allem die Standardarbeitszeit, immer mehr wegfallen, ist der Mensch stärker denn je darauf angewiesen, seine Zeitmaße selbst zu finden. Während die modernen Menschen des späten 18., des 19. und des frühen 20. Jahrhunderts noch von vielen Zeitfragen unberührt blieben, weil sie sich einfach nicht stellten oder weil sie von anderen entschieden wurden, ist der postmoderne Mensch des späten 20. und des 21. Jahrhunderts quasi zum Unternehmer seiner eigenen Lebenszeit geworden. Er kann sich nicht einfach von und in der Zeit treiben lassen, sondern ist dem Zwang unterworfen, »allzeit zeitsouverän sein zu müssen«.[5] Diese Beobachtung über die spezifische Zeitnot des postmodernen Menschen und das daraus folgende Bedürfnis nach Zeitmanagement trifft in der Tat ins Schwarze: Auch steigt die Gefahr von Zeitkonflikten, weil jeder seine eigenen Zeitpläne mit sich herumträgt und diese wiederum ständig korrigiert werden müssen. Das Handy ersetzt oftmals bereits den Terminkalender. Die Zeitkonflikte müssen ihrerseits privat gelöst werden, was wiederum Zeit erfordert. Nicht nur Betriebe mit vielfältigen und hoch flexiblen Arbeitszeitmodellen liefern dafür Anschauungsmaterial. Im Kleinen zeigen sich solche Konflikte schon dort, wo in Familien mit mehreren Kindern zum Beispiel ein Fernsehapparat mit über 30 Programmen auf die Bedürfnisse aller aufgeteilt oder basisdemokratisch das Wochenende geplant werden soll.

Kleine Notausstiege

Die Empfehlungen der Zeitratgeber müssten, soll man sich nicht in den Tücken des Zeitparadoxons verfangen, dazu genutzt werden, für sich »Zeitinseln« zu schaffen. In diesem Sinn stellen Friederun Pleterski und Renate Habinger in ihrem wunderschön illustrierten und wohl formulierten Band *Vom natürlichen Umgang mit der Zeit*[6] ohne resignativen Unterton fest: »Niemand kann gegen den Zeitgeist unserer Epoche, die Beschleunigung, ankämpfen, zu stark hat der Strom die großen Städte der Welt erfasst. Doch man kann Nischen finden, Oasen der Ruhe, Kurorte der Zeit. Dorthin sollte man sich zurückziehen, wenn einem danach ist.«[7] In solchen Kurorten der Zeit wird Zeit nicht für irgendeinen fremden Zweck genutzt, sondern sie vergeht einfach nur und bereichert dabei meist sogar das Leben. Das können jene kleinen Fluchten sein, in denen ich mich dem Zwang, am Arbeitsplatz ständig Leistung erbringen zu müssen, entziehe – indem ich aus dem Fenster schaue und vor mich hin döse, indem ich ausgiebig auf die Toilette gehe, indem ich in einer ausgedehnten Kaffeepause meinen Kommunikationsbedürfnissen nachgehe, indem ich meinen Mittagsschlaf im Büro abhalte oder die so genannte »stille Stunde« genieße. Wohlgemerkt: nicht, wie in den Zeitmanagement-Büchern empfohlen, als Mittel der Leistungssteigerung, sondern als Mittel zur Schaffung einer leistungsfreien Zone, die allein der Optimierung des Wohlbefindens dient. Natürlich kann als Nebenprodukt des Wohlbefindens auch die Leistungsbereitschaft und -fähigkeit zunehmen, aber das muss nicht der Fall sein und darf keinesfalls Kriterium für die Wahl dieses Fluchtweges werden. Vielleicht wächst in einer der kleinen Fluchten sogar die Sehnsucht nach der großen Flucht.

Zeitinseln sind auch jene kulturell gewachsenen und gesellschaftlich institutionalisierten, wiederkehrenden größeren Pausen, die zu Fluchtzwecken genutzt werden können: die mehrstündige Siesta, der Feierabend, das Wochenende, die Urlaubszeit und das Sabbatjahr. Neben dem Feierabend, der durch die so genannte Liberalisierung der Ladenschlusszeiten immer mehr aufgeweicht wird, gerät heute bekanntlich vor allem das Wochenende und sein Kern, der Sonntag, zunehmend in Bedrängnis.

Der Wirtschafts- und Sozialwissenschaftler Jürgen Rinderspacher hat deutlich gemacht, welche Bedeutung der Sonntag in der christlich-abendländischen Tradition hat. Sie würde verloren gehen, wenn an die Stelle des Sonntags individuell unterschiedliche freie Wochentage träten. Am ehesten könne noch die Schutzfunktion des Sonntags, der Schutz vor Fremd- und Selbstausbeutung, durch einen anderen, individuell gewählten arbeitsfreien Tag ersetzt werden. Der Sonntag habe aber, so Rinderspacher weiter, auch eine Entlastungsfunktion, weil man sich an diesem Tag keine Gedanken zu machen brauche, ob heute Arbeit oder Freizeit angesagt sei. Und der Sonntag habe eine Animationsfunktion, weil er die ganze Gesellschaft auffordere, an diesem Tag etwas anderes als gewöhnlich zu tun. Dieses andere diene dabei der Integration der Kultur und Gesellschaft, weil es an diesem Tag leichter als an jedem anderen Tag möglich sei, dass die gesamte Familie etwas gemeinsam unternehme oder dass sie sich mit anderen Familien und Freunden treffe. So stifte der Sonntag in ganz besonderem Maße das Gefühl der Zusammengehörigkeit und zeige gleichzeitig, dass auch andere kulturelle Gruppen vergleichbare Einrichtungen haben und es insofern kulturübergreifende Schutzräume zu verteidigen gilt. Die zentrale Botschaft eines solchen Tages, an dem wir gemeinsam innehalten, laute, »dass Wirtschaft und Leistung im Leben eines Menschen und der Gesellschaft nicht alles sein dürfen ... Am Wochenende soll Zeit dann gerade nicht Geld sein – Zeit bleibt Zeit. Kein Individuum ist allein so stark, diese Umkehrung der Sichtweise auf Dauer für sich allein zu beschließen und durchzuhalten.«[8]

Jeder weiß, wie groß die Gefahr ist, dass Zeitinseln zeitökonomisch instrumentalisiert werden – zur Erledigung von allerlei lästigen Aufgaben, zu denen man sonst nicht kommt: zur Erfüllung gesellschaftlicher Verpflichtungen, zur Erhöhung der beruflichen Qualifikation usw. Gefährlich ist es auch, sich vom

Strom der ruhelos Konsumierenden mitreißen zu lassen, von einem Event zum nächsten zu hetzen, sich im Konsumstress zu verlieren. Wie wäre es, diese Pausen einmal anders als gewohnt zu nutzen, auf das evolutionäre Prinzip von Variation und Selektion zu setzen und zu experimentieren: am Feierabend nicht als Erstes den Fernseher anzuknipsen, am Wochenende und im Urlaub das Auto in der Garage zu lassen usw.? Das im ersten Kapitel im Zusammenhang mit dem Leben im Hamsterrad erwähnte Buch *Affluenza* gibt eine Menge Anregungen, wie wir unseren Bedarf an Konsumgütern zurückschrauben können: Selbstdiagnose des Kauf- und Konsumverhaltens, Information über die Folgen des Konsums, Rückeroberung der Sinne durch Abrüstung des Technikkonsums, Abschottung gegenüber der Werbung, Einführung eines »Kauf-nix-Tages«, »Safer Shopping« mithilfe eines »Kreditkarten-Kondoms« usw.[9]

Nehmen wir zum Beispiel die Gestaltung des Urlaubs: Wir könnten uns mit dem Fahrrad oder gar zu Fuß auf den Weg machen, könnten bei solchen Experimenten mit langsameren Formen der Fortbewegung entdecken, dass mit der Reduktion der Reisegeschwindigkeit eine Intensivierung der Sinneseindrücke und damit der Sinnlichkeit des Reisens einhergeht, dass man beim Radeln und erst recht beim Wandern unendlich mehr sieht, hört, riecht und schmeckt als im Auto, Zug oder Flugzeug. Mit sanfteren Bewegungstechniken ergeben sich in der Regel auch ganz neue Formen der Begegnung mit Menschen und Tieren am Wegesrand. Vielleicht könnten wir am eigenen Leib erleben, was in der Psychologie der Zeitwahrnehmung schon lange bekannt ist: Mit der Intensivierung der Sinnlichkeit vergeht zwar die Zeit wie im Fluge, im Nachhinein aber glaubt man, sehr viel mehr Zeit sei vergangen, weil die Dichte der Erlebnisse, an die man sich erinnert, gemeinhin nur in sehr viel längeren Zeiträumen möglich ist. Vor ein paar Jahren war ich drei Wochen mit dem Fahrrad in Südfrankreich unterwegs – in der Erinnerung erscheint mir das wie ein langer südfranzösischer Sommer. Ein Kosten sparender Weg zur Verlängerung des Urlaubs!

Die größte Zeitinsel ist das Sabbatjahr oder *Sabbatical*. Am Anfang steht meist der Wunsch, »einmal« viel Zeit zu haben, »einmal« in den Tag hineinleben zu können, »einmal« nicht ständig zu »müssen«. Entscheidend für die Lebensplanung ist, dass mit dem Sabbatical persönliche Interessen und Projekte bereits vor Erreichung des Ruhestands eine Chance auf Realisierung erhalten. Diese Auszeit kann mitten im Erwerbsleben genommen werden, anschließend wird das Erwerbsleben im selben Unternehmen, wenn auch nicht immer am selben Arbeitsplatz, wieder fortgeführt. Finanzieren muss jeder sein Sabbatjahr selbst: Ein paar Jahre lang wird durch volle Arbeitszeit bei gleichzeitigem Teilzeitlohn Zeit angespart, die man sich dann im Sabbatical kompakt auszahlen lässt. In einigen Bereichen des öffentlichen Diensts und in vielen Großbetrieben ist das Sabbatjahr bereits möglich und wird auch vereinzelt praktiziert.

Die Sozialwissenschaftlerin Barbara Siemers hat die Motive und Erfahrungen von Menschen, die sich für einen Ausstieg auf Zeit entschieden haben, untersucht: Sie wollten in diesem Jahr meist nicht nur einfach mal aus der »Mühle« raus, sondern auch kleinere und größere Projekte anpacken: Fotos ordnen, Möbel restaurieren, das Haus renovieren, den Garten neu anlegen, eine lang ersehnte Reise machen, eine Fernbeziehung auf Alltagstauglichkeit hin prüfen, die Vaterrolle ernst nehmen, eine berufliche Umorientierung vorbereiten usw. »Die Pause«, so Siemers, »verspricht in doppelter Hinsicht Vorteile, denn sie wirkt frühzeitig beruflichen Verschleißerscheinungen entgegen und schafft Inspiration und Motivation.«[10] Für die insgesamt positive Bilanz der befragten Auszeitler sind vor allem ihre neuen Zeit- und Selbsterfahrungen verantwortlich.

Der große Notausstieg

Im Urlaub suchen viele Menschen für ein paar Wochen den ganz kleinen Ausstieg: das einfache Leben ohne technischen Schnickschnack, in einer kleinen Hütte, am besten in den Bergen oder am Meer. Im oberschwäbischen Bad Schussenried hat sich die 54-jährige Anne Donath diesen Lebensstil als Dauerzustand eingerichtet. Sie lebt in einer guten Wohngegend mit jeder Menge Doppelgaragen. Sie wohnt dort in einer Holzhütte mit nur einem Zimmer, ohne Strom und Gas, ohne Telefon und Fernseher und natürlich ohne Auto. Sie ernährt sich vor allem von selbst angebautem Gemüse aus ihrem großen Garten, strickt ihre Pullover selbst und fährt einmal im Jahr mit dem Fahrrad nach Griechenland. Die Krankenschwester arbeitet nur so viel, wie sie unbedingt zum Leben braucht: einen Tag pro Woche, meist kompakt als Urlaubsvertretung im Sommer. 370 Euro pro Monat braucht sie zum Leben, zuzüglich 100 Euro für Kranken- und Altersvorsorge. »Aus vier Tagen Geldverdienen sind bei Anne Donath vier Tage Zeithaben geworden«, fasst der Reporter seinen Besuch bei der Frau, »die einfach nur lebt«, zusammen.[11] Weil sie unter dem Existenzminimum lebt, zahlt sie keine Steuern. Was wäre, wenn das alle machen würden, fragen viele im Ort.

Eine andere, ebenfalls radikal erscheinende Form der Flucht aus dem Hamsterrad schlägt das amerikanische Autorenpaar Joe Dominguez und Vicki Robin vor. Unter dem Titel *Your Money or Your Life*[12] entwickeln sie ein detailliertes Programm für die Neugewichtung des Verhältnisses von Geld und Zeit, an dessen Ende die finanzielle Unabhängigkeit stehe. Während Bücher, die sich als Geldratgeber anpreisen, oft den Umgang mit Geld vom übrigen Leben isolierten, wollen die beiden Autoren die Zusammenhänge zwischen dem Verdienen, dem Ausgeben, dem Sparen und Investieren von Geld einerseits und der Lebenszeit, in der all dies stattfindet, andererseits detailliert herausarbeiten. Dabei geht es den Autoren um die Zufriedenheit und Erfüllung, »die wir aus unserer Verbindung mit der Familie, der Gemeinschaft und dem Planeten erhalten«.[13] Ziel des aus dieser Analyse entwickelten Programms sei es, vom Leben für die Arbeit über den Zwischenschritt des Arbeitens für das Leben schließlich zum Leben ohne Arbeit zu kommen – Arbeit natürlich als Erwerbsarbeit begriffen.

Die Grundidee des Ratgebers ist einfach: Bisher verbringen wir einen Großteil unserer Lebenszeit nicht nur mit Arbeit, sondern auch mit dem Konsumieren von Gütern und Diensten, die einen direkten Bezug zur Arbeit aufweisen. Wir fahren zur Arbeit und wieder nach Hause. Wir kaufen Garderobe speziell für den Arbeitsplatz. Wir treffen uns zu Arbeitsessen und bezahlen diese auch noch selbst. Wir entschädigen uns für die Entbehrungen des Arbeitslebens durch kompensatorische Formen des Konsums. Wir regenerieren unsere Arbeitskraft durch aufwändige Wochenend- und Urlaubsaktivitäten. Wir bilden uns fort usw. Die Autoren rechnen detailliert vor, wie viel Zeit und Geld pro Woche allein für die Funktionstüchtigkeit im Job investiert werden muss. Das Resultat: Es sind 30 Zusatzstunden, die wir eigentlich zu den regulären 40 Arbeitsstunden pro Woche dazuzählen müssten.[14] Indem wir diese Aufwendungen von Zeit und Geld schrittweise zurückfahren, befreien wir unser Leben von den direkten und indirekten Zwängen der Arbeitswelt. Allerdings: Gleichzeitig mit dem Zurückschrauben der arbeitsbezogenen Zeit- und Geldausgaben müsse, so die Autoren, privates Kapital aufgebaut werden. Am Ende soll die dauerhafte finanzielle Unabhängigkeit stehen. So wird der Arbeiter durch eisernes Sparen am Ende zum Kapitalisten – wie der Tellerwäscher, der zum Millionär wird.

In Deutschland gibt es seit einigen Jahren ähnliche Vorschläge. In dem Buch *Die Kunst weniger zu arbeiten*[15] rechnen Axel Braig und Ulrich Renz dem Leser Folgendes vor: Würde ein durchschnittlicher deutscher Erwerbstätiger sich mit einem etwas bescheideneren Fuhrpark, der etwa an den französischen Standard angelehnt sein könnte, zufrieden geben, bräuchte er rein rechnerisch zweieinhalb Wochen weniger zu arbeiten und könnte seinen Urlaub um diesen Zeitraum verlängern. Um das Leben nicht sinnlos für die Arbeit zu opfern, sollten wir, so das Plädoyer von Braig und Renz, auf Karrierechancen verzichten, alle Möglichkeiten der Teilzeitarbeit und der beruflichen Auszeiten nutzen, die Segnungen des Sozialstaats so gut wie möglich ausschöpfen. Im letzten Kapitel führen die Autoren die »Antihelden« der Leistungsgesellschaft vor: den Privatier, der sich nicht durch seine materielle, sondern seine geistige Unabhängigkeit definiert. Den Dilettanten und Amateur, der einen Großteil seiner Bedürfnisse mit eigener Hände Arbeit befriedigt, sich seinen »breiten Zugang zum Leben« nicht von Experten »versperren« lässt und so seine Ganzheit als Mensch zu retten versucht. Den Spaziergänger, für den der Weg das Ziel ist und der sich nicht von seinem Eigentempo abbringen lässt. Und schließlich den Müßiggänger, der das Nichts-Tun kultiviert.

Jeder ist seines Glückes Schmied?

Als kleines Zwischenfazit kann festgehalten werden: Das Hamsterrad ist mit diversen Notausgängen ausgerüstet, mit kleineren und größeren. Wie wäre es also, so können wir fragen, wenn wir versuchten, diese zu nutzen, und zwar bevor wir allzu erschöpft dafür sind? Wer diese Gelegenheit nicht ergreift, so könnte man denken, der ist selber schuld. Jeder ist seines Glückes Schmied, heißt es doch so schön. Ich möchte zeigen, dass es mit der Flucht aus dem Hamsterrad genauso wie mit anderen Notausstiegen auch ist: Je mehr Menschen sie nutzen wollen, desto enger werden sie. Wenn in einer Diskothek oder einem Kino ein Feuer ausbricht und eine geordnete Evakuierung nicht möglich ist, können die Ausgänge schnell zur tödlichen Falle werden, weil es zum bekannten Flaschenhalseffekt kommt. Und es soll ferner deutlich werden, dass man über diese Notausgänge obendrein auch nur einem Teil der Gefahren entfliehen kann, so wie auch die erfolgreiche Flucht aus einem brennenden Saal nicht vor solchen Gefahren schützt, die den Flüchtenden schon vor Beginn der Flucht unbemerkt geschädigt haben oder die ihn draußen erwarten.

Noch am ehesten können die kleinen Zeitinseln vor der Erschöpfung retten. Die Beschränkung des Konsums, die Neugestaltung des Feierabends, des Wochenendes und der Ferien setzen meist keine besonderen finanziellen Mittel voraus, manchmal kann man dabei sogar Geld sparen. Wer diesen Weg wählt, der muss zunächst lediglich willens und fähig sein, sich gegen den Strom zu stellen. Sabbatjahre und Teilzeit hingegen sind Ausstiege, die erstens nur im privilegierten Norden der Welt und zweitens dort wiederum nur für eine Minderheit möglich sind: für Menschen, die auf größere Erbschaften zurückgreifen können oder die überdurchschnittlich gut verdienen und die zudem um ihre berufliche Laufbahn und die Sicherheit ihres Arbeitsplatzes nicht fürchten müssen. Dies gilt erst recht für den Versuch, statt selbst zu arbeiten, Geld für sich arbeiten zu lassen. In einschlägigen Ausstiegs-Ratgebern wimmelt es denn auch von Großerben, Zahnärzten oder auch von Journalisten, die allerdings während ihrer Auszeiten oft bereits fleißig am nächsten Karrieresprung basteln.

Fassen wir nun in einem Gedankenexperiment so unterschiedliche Gruppen wie grün angehauchte Konsumverweigerer, erfolgreiche Vermögensspekulanten, geizige Kleinsparer und Freunde der sozialstaatlichen Hängematte einmal zusammen: Wie wäre es, so könnte man weiter fragen, wenn Menschen in großen Massen zu diesen Notausstiegen hindrängen würden, ohne dass sich das Tempo des Hamsterrades ändert? Im Klartext: Wäre es denkbar, dass wir einfach alle langsamer oder weniger arbeiten, ohne dass die allgemeinen Bedingungen von Arbeit, Geld, Konsum etc. angetastet werden? Könnten wir also einfach anders spielen, ohne die Spielregeln neu zu definieren?

Betrachtet man zunächst nur einen isolierten Bereich bzw. Markt, so scheint diese Strategie Erfolg versprechend: Wenn in einer geschlossenen Volkswirtschaft die Arbeitnehmer weniger Arbeit anbieten, müssen die Arbeitgeber für die Arbeit mehr zahlen, um die Produktion aufrechterhalten zu können. Problematisch wird diese Strategie jedoch, sobald der Blick auf weitere Bereiche bzw. Märkte gerichtet wird. Welche Folgen hat ein Rückgang des Arbeitsangebots in Hinblick auf Konsumgütermärkte? Je weniger in einer geschlossenen Volkswirtschaft aufgrund von Teilzeitarbeit und Auszeiten gearbeitet wird, je weniger Geld also für den Konsum zur Verfügung steht, je mehr zudem der materielle Konsum aus anderen Gründen zurückgefahren wird, desto größer wird – wenn sonst alles beim Alten bleibt – die Gefahr einer wirtschaftlichen Rezession mit massenhaften Arbeitsplatzverlusten. So führt die Nutzung des Notausstiegs durch einige wenige Marktteilnehmer dazu, dass für die anderen die Lage schwieriger wird.

Es geht weiter mit dem Verhältnis von Kapital und Arbeit: Je mehr Menschen auf die Idee kommen, statt selbst zu arbeiten, ihr Geld für sich arbeiten zu lassen, desto mehr Geld wird einerseits den Unternehmern zur Verfügung gestellt, und desto billiger wird dieses Geld dann, desto knapper und teurer wird

aber auf der anderen Seite das Arbeitsangebot. Damit steigt aber
– wenn sonst alles beim Alten bleibt – die Gefahr, dass die Unternehmer das billige Kapital nutzen, um die teuren Arbeitsplätze wegzurationalisieren. So wird durch größere Fluchtbewegun-
gen aus dem Hamsterrad die generelle Kluft zwischen Arbeitenden und Arbeitslosen sowie vermutlich auch die zwischen Arbeit und Kapital noch weiter aufgerissen.[16]

Und schließlich zum Sozialstaat: Je mehr der Sozialstaat beansprucht wird, desto schneller kommt dieser – wenn sonst
alles beim Alten bleibt – an seine finanziellen Grenzen, die in
der Regel die Armen und Ärmsten am meisten zu spüren bekommen.

Auch wenn die Konsequenzen individueller Fluchtstrategien
im Detail nicht vorhersehbar sind, so soll hier zumindest festgehalten werden: Ihr Ausgang ist ungewiss. Dies gilt erst recht,
wenn unser Gedankenexperiment die geschlossene Volkswirtschaft verlässt und den Blick für die Weiten der Weltwirtschaft
öffnet. Denn ein geordnetes Bremsen des Hamsterrades kann in
einem Marktsystem weder von den einzelnen privaten Akteu-
ren einer Volkswirtschaft noch von den Nationalstaaten einer
Weltwirtschaft garantiert werden, da die komplexen wechselseitigen Abhängigkeiten dies nicht zulassen. In vielen Fällen findet
nur eine Verlagerung der Belastungen statt. Das ist zum Beispiel
der Fall, wenn junge und gesunde Arbeitnehmer aus den öffentlichen Krankenkassen in Betriebs- und Privatkassen wechseln. Und dies ist der Fall, wenn Unternehmen und Nationalstaaten bei wirtschaftlichen Schwierigkeiten ihre Umweltstan-
dards zurückfahren und so die Lasten auf die Schultern nach-
folgender Generationen abwälzen. Es muss also insgesamt stark
befürchtet werden, dass mit steigender Zahl der Hamsterrad-
Flüchtlinge die Situation für die Gebliebenen immer unerträg-
licher wird. Da das Tempo des Hamsterrades offenbar irgendwie

von außen vorgegeben wird, müssen die nicht Geflohenen die Geflohenen ersetzen und deshalb umso härter strampeln. Wie diese Vorgabe des Tempos genau aussieht und wie sie zustande kommt, bleibt allerdings noch zu klären (vgl. Kapitel 4 und 5).

Hoch entwickelte Industriegesellschaften sind hoch komplexe Gebilde. Dies hat insgesamt zur Konsequenz, dass diejenigen, die aus dem Hamsterrad des Lernens, Arbeitens und Konsumierens erfolgreich ausgestiegen sind, keineswegs wirklich rundum sicher vor den Fernwirkungen des Tempos sind. Auch die erfolgreichen Aussteiger können sich nicht vor jenen Gewalten schützen, die durch Erschöpfungskatastrophen in der sozialen Mitwelt und in der natürlichen Umwelt bedingt sind. Dies hat das Attentat auf das World Trade Center augenfällig gezeigt. Terrorismus und Krieg, Flut- und Klimakatastrophen können alle treffen. Privilegierte mögen sich privat beispielsweise gegen kriminelle Gewaltübergriffe manchmal besser absichern können als andere, müssen andererseits aber in Zukunft vermehrt damit rechnen, gerade wegen ihrer privilegierten Stellung zur Zielscheibe zu werden.

Organisierte Unverantwortlichkeit

Nehmen wir den Spruch »Jeder ist seines Glückes Schmied« einmal ganz ernst und fragen weiter: Können diejenigen, die im Innern des Hamsterrades bleiben müssen, wenigstens ansatzweise ihr Glück selber schmieden, sprich: auf das Tempo und den Grad der Erschöpfung Einfluss nehmen? Was das Lernen betrifft, so ist tausendmal wiederholt worden: Natürlich überfordern viele Lehrer ihre Schüler durch ein zu hohes Tempo, natürlich überfordern viele Eltern ihre Kinder durch eine zu ehrgeizige Schulwahl, und natürlich überfordern Schul- und Bildungspolitiker die Schule, weil sie sie mit Aufgaben überlasten und gleichzeitig nicht ausreichend mit jenen Mitteln versorgen, die zu deren Erfüllung erforderlich wären. Aber warum tun sie das? Lehrer denken in der Regel vor allem daran, dass ihre Schüler sich erfolgreich bewerben können oder den Numerus clausus schaffen sollen. Eltern denken in der Regel vor allem daran, dass die Chancen ihrer Kinder auf dem Ausbildungs- und Arbeitsmarkt mit einem höheren Bildungsabschluss auch entsprechend besser sind. Und Bildungspolitiker müssen in der Regel zum Zweck der Sicherung des »Rohstoffs Bildung« im Wettbewerb mit Gesundheits-, Familien-, Sozial-, Wirtschafts- und Umweltpolitikern um jene knappen Haushaltsmittel kämpfen, die der Staat dem Wirtschaftskreislauf zu entziehen wagt. Das sind alles gute Gründe für das fleißige Weiterstrampeln im Hamsterrad.

In Bezug auf das Arbeiten sind es zwar bekanntlich zunächst die Arbeitgeber, die die Arbeitsbedingungen bestimmen. Aber auch sie haben gute Gründe für das, was sie tun. Sie müssen sich dabei nicht nur an den in Betriebs- und Personalräten organisierten Mitwirkungsrechten der Arbeitnehmer orientieren. Da Arbeitgeber wie Arbeitnehmer abhängig von diversen Märkten sind, befinden sich beide in mancherlei Hinsicht tatsächlich im selben Boot – wenn auch die Ersteren auf weicheren Sitzen Platz genommen haben. Beide werden sie von derselben Strömung fortgetrieben. Und wer ist schließlich verantwortlich für den Stress, den viele Menschen in ihrer Freizeit bei der Bewältigung der Konsumangebote empfinden, wenn Eltern ohnmächtig den Konsumwünschen ihrer Kinder gegenüberstehen oder wenn sie selbst konsumsüchtig sind?

Der Eindruck, dass alle irgendwie ihr Bestes geben und dafür gute Gründe haben, aber dennoch niemand für die unerwünschten Folgen verantwortlich gemacht werden kann, verstärkt sich, wenn man die Erschöpfungsprozesse in der sozialen Mitwelt und in der natürlichen Umwelt genauer unter die Lupe nimmt. Zunächst zur sozialen Spaltung: Wer ist schuld an der wachsenden Kluft zwischen den Hochproduktiv-Schnellen und den Niedrigproduktiv-Langsamen, zwischen Siegern und Verlierern? Hier gibt es unterschiedliche Argumentationsmuster. Die einen machen die Verlierer selbst verantwortlich: Die Verlierer seien es, die zu wenig Leistungsbereitschaft zeigten, die die Anforderungen der Zukunft nicht wahrhaben wollten. Andere räumen ein, dass auch die Sieger einen Anteil am Auseinanderdriften von Reich und Arm hätten: Sie verweisen auf die Unterschiedlichkeit der Startchancen und die Notwendigkeit, dass der Stärkere dem Schwächeren zumindest am Anfang des Rennens zur Seite stünde. Offen bleibt freilich bei dieser sanften Version, wie viel Hilfe nötig und wie lange die Hilfe angebracht sei und wer sie bezahlen müsse. Insgesamt wird hier keine überzeugende Perspektive für die Überwindung der sozialen Kluft erkennbar.

Und wer ist eigentlich schuld an der Erschöpfung der natürlichen Quellen und Senken unserer wirtschaftlichen Aktivitäten? Spätestens seit 1972, als der Club of Rome mit seinem Buch *Die Grenzen des Wachstums* die Welt auf die Erschöpfbarkeit der Natur aufmerksam gemacht hat, müsste es zumindest in den hoch entwickelten Ländern des Nordens hinreichend bekannt sein, wie es um das Raumschiff Erde steht. Dennoch münden Umweltdiskussionen mit großer Regelmäßigkeit in eine deprimierende Zwickmühle: »Vergiftet oder arbeitslos«. Wenn Konsumenten und Produzenten, Staatsbürger und Regierende in ihrer täglichen Praxis auf die ökologischen Belastungen kaum Rücksicht nehmen, zum Beispiel den Regenwald wie eh und je abholzen und dafür oft noch gute Gründe haben, bleibt auch unter wissenschaftlichen Experten meist Ratlosigkeit zurück.

Die Erschöpfung der Innenwelt, der Mitwelt und der Umwelt ist irgendwie das Werk aller. Wenn aber irgendwie alle schuld sind, dann ist keiner so richtig schuld. Dann kann mit Fug und Recht, wie der Münchner Soziologe Ulrich Beck vorgeschlagen hat, von »organisierter Unverantwortlichkeit«[17] gesprochen werden: »organisiert«, weil wir ja nur Spielregeln folgen. Und »Unverantwortlichkeit«, weil in diesem Spiel erstens moralische und ethische Erwägungen und Motive nicht zählen und zweitens der Beitrag des Einzelnen zur Katastrophe im Nachhinein angesichts der Komplexität der Wechselwirkungen nicht mehr identifiziert werden kann. Die Begriffe »Schuld« und »Verantwortung«, die im Zusammenhang mit der individuell erzeugten Hetze und Erschöpfung entstanden und hier auch zum Teil sinnvoll sind, versagen im Zusammenhang mit kollektiv erzeugten Beschleunigungsfolgen ihren Dienst.

Wir sind alle Gefangene

Unabhängig davon, ob man den Blick auf das Lernen und Arbeiten, das Konsumieren, das Managen und Regieren oder die gesamte individuelle Lebensplanung im Hamsterrad richtet, zeigt sich dasselbe Bild: Im Kampf um Zensuren, Geld, Anerkennung, Aufmerksamkeit, Macht und Lebenschancen entstehen am laufenden Band Zwangslagen, in denen jeder genau das tut, was allen – ihn selbst eingeschlossen – letztlich schadet.

Die Situation im Hamsterrad kann mit der Situation zweier Gefangener verglichen werden. Dieser Vergleich ist in der mathematischen Spieltheorie und in den Wirtschaftswissenschaften als »Gefangenendilemma« bekannt. Zwei Häftlinge sitzen in je einer Zelle in einem Gefängnis, ohne miteinander kommunizieren zu können. Sie werden verdächtigt, einen schweren

Diebstahl begangen zu haben. Aber da man ihnen bisher nichts nachweisen kann, hofft man auf ihre Geständnisse. Es werden getrennte Verhöre durchgeführt. Man bietet demjenigen, der gesteht, ein reduziertes Strafmaß von fünf Jahren an. Der andere, den der Geständige durch sein Geständnis verpfeift, muss dann die ganze Strafe von zehn Jahren absitzen. Wenn keiner dieses Angebot wahrnimmt, bleiben die beiden nur für eine relativ kurze Zeit in Untersuchungshaft und müssen dann mangels Beweisen frei gelassen werden. Wie werden sich die beiden Häftlinge verhalten? Vermutlich wird jeder, aus Angst, vom anderen verpfiffen zu werden, gestehen. So werden sie insgesamt zehn Jahre in den Knast kommen. Könnten sie sich jedoch untereinander absprechen, würden sie sich selbstverständlich auf die Strategie des Leugnens einigen und kämen kurz darauf frei. Die Konkurrenzsituation führt also zu schlechteren Ergebnissen, als wenn beide miteinander kooperieren könnten.

So geht es auch denen, die im Hamsterrad gefangen sind und sich nicht gemeinsam auf jenes Tempo einigen können, das ihnen gut tut. Bezogen auf das menschliche Rennen um Zensuren, Geld, Anerkennung, Aufmerksamkeit, Macht und Lebenschancen: Weil jeder Angst hat, dass er, sobald er zurückfällt, erst recht in Zeitnot und Bedrängnis gerät, wird er das höchstmögliche Tempo aus sich herausholen. Wir sind alle Gefangene, weil die auf Konkurrenz basierenden Spielregeln unseres Zusammenlebens uns dazu zwingen, uns mehr zu schaden, als eigentlich bei vernünftiger Kooperation nötig wäre.

Die Ideologie von der Klugheit und Fairness des Marktes

Nun gut, könnte man sagen: Die Notausstiege reichen bei weitem nicht aus und schützen auch keineswegs vor allen Gefahren. Aber ich habe es wenigstens selbst in der Hand, ob ich zu den wenigen Glücklichen gehöre oder nicht. Stimmt das wirklich? Um dies zu beantworten, muss im Folgenden gefragt werden, wie in unserer Gesellschaft Chancen verteilt werden und welchen Einfluss der Einzelne auf diese Verteilung hat. Wie kommt man in die glückliche Lage, seine Kinder in reformpädagogisch ausgerichtete Privatschulen schicken zu können? Wie schafft man es, Beruf und Arbeitsplatz danach ausrichten zu können, ob sie den Respekt vor Eigenzeiten, zum Beispiel für die Verbindung von Familie und Beruf, ermöglichen. Wie kann es einem Unternehmer gelingen, seine Mitarbeiter und auch die natürlichen Ressourcen konsequent zu schonen und dennoch am Markt erfolgreich zu sein? Wer sich mit der Situation des Gefangenendilemmas nicht abfinden will, der muss die Spielregeln noch etwas genauer unter die Lupe nehmen, die bestimmen, wer welche Chancen erhält und wer nicht.

Das macht einen kleinen Exkurs in jene Denkwelt nötig, die seit rund 250 Jahren die Gesellschafts- und Wirtschaftswissenschaft zunächst Europas, dann Nordamerikas und heute schließlich nahezu der ganzen Welt beherrscht.[18] Dieses Denken entstand zu einer Zeit, als die überwiegende Mehrzahl der Menschen in Europa auf dem Lande lebte, große feudale Landeigentümer über ihre abhängigen Bauern eine Art Kommandowirtschaft ausübten, der Rest der Bevölkerung als Handwerker und Händler nicht weniger autoritär von Zünften verwaltet wurde und auch der absolute Fürst den Staat und seine Untertanen als sein persönliches Eigentum behandelte.

Hemmungslos

Dies alles war der ideale Nährboden für eine revolutionäre Idee, die der schottische Moralphilosoph und Nationalökonom Adam Smith in seinem 1776 erschienenen Werk *Über die Ursachen des Wohlstands der Nationen* als Erster prägnant formulierte: Allein aus dem Egoismus des *Einzelnen,* der für sich auf dem Markt das Beste herausholen wolle, entstehe für die *Allgemeinheit* das Beste. Jeder biete auf dem Markt an, was er am besten produzieren könne, und frage nach, was er am dringendsten brauche. Der Preismechanismus sorge dann als »unsichtbare Hand« dafür, dass Angebot und Nachfrage immer wieder zum Ausgleich gebracht würden. Dieser anonyme Mechanismus sei klüger, als es der klügste Planer je sein könnte. Die freie Entfaltung von Angebot und Nachfrage, im nationalen wie im internationalen Handel, führe quasi zum Paradies auf Erden. Deshalb müsse sich der Staat aus der Wirtschaft so weit wie möglich heraushalten, andernfalls würde er dieses freie Spiel der Kräfte nur durcheinander bringen. Als »Nachtwächter« müsse er nur dafür sorgen, dass keiner das Eigentum des anderen antaste und dass einmal geschlossene Verträge und erlassene Gesetze auch eingehalten würden.

Diese Lehre bestimmt bis zum heutigen Tag die Schul- und Studienbücher und wird in nahezu allen Diskussionen über wirtschaftliche Themen stets von neuem nachgebetet. Die Marktwirtschaft, so ist es im viel zitierten Lehrbuch des amerikanischen Wirtschaftsnobelpreisträgers Anthony P. Samuelson nachzulesen, sei deshalb die demokratischste Form des Wirtschaftens, weil der Konsument mit seinen Dollarstimmen festlege, was produziert werde und was nicht und wer das Produzierte bekomme und wer nicht.[19] Die Versorgung mit Nahrung, Kleidung, Wohnung, aber auch mit Gesundheit und Bildung – alles könne im Prinzip durch den Markt gesteuert werden, und zwar besser als durch jede andere Form der Steuerung. Bezogen auf unser Hamsterrad: Auch die Verteilung von Fluchtchancen erfolgt gemäß dieser liberalen Wirtschaftstheorie durch den Markt.

Wie sonderbar diese Vorstellung vom Fundament unserer Ökonomie ist, zeigt sich bereits, wenn man nur einen flüchtigen Vergleich mit den realen Verhältnissen anstellt. Man denke nur an den gewaltigen Umfang an Subventionen. Allein für die Landwirtschaft pumpen die Industriestaaten zusammen 350 Milliarden Dollar pro Jahr in den Markt hinein, fast siebenmal so viel wie für Entwicklungshilfe.[20] Auch das Erbrecht, durch das Jahr für Jahr allein in Deutschland Vermögen von über 50 Milliarden Euro ohne Gegenleistung übertragen werden, widerspricht der Grundidee der Marktwirtschaft. Und wer sich die gewaltigen Anstrengungen ansieht, welche die Staaten des Nordens der Welt auf sich nehmen, um den freien Zugang von Arbeitskräften aus dem Süden der Welt zu unterbinden, der kann sofort die Verlogenheit bei der Durchsetzung der Marktidee erkennen.

Wenn man die Ideologie von der Klugheit und Fairness des Marktes jedoch etwas genauer unter die Lupe nimmt und auch nach der inneren Logik des Marktes fragt, kann man weitere Entdeckungen mit weit reichenden Konsequenzen machen. Fragen wir also ganz naiv: Welche menschlichen Bedürfnisse können Märkte eigentlich registrieren? Wofür haben sie einen Sinn und wofür sind sie blind? Schaut man sich die Funktionsweise von Märkten genauer an, so zeigt sich, dass Märkte von der Fülle der menschlichen Bedürfnisse vermutlich nur einen winzigen Teil tatsächlich wahrnehmen können. Es ist kein Geringerer als Papst Johannes Paul II. gewesen, der sich zu einer solchen radikalen Marktkritik bekannt hat: »Es gibt ... unzählige menschliche Bedürfnisse, die keinen Zugang zum Markt haben. Es ist strenge Pflicht der Gerechtigkeit und der Wahrheit zu verhindern, dass die fundamentalen menschlichen Bedürfnisse unbefriedigt bleiben und dass die davon betroffenen Menschen zugrunde gehen.«[21]

Erstens: Milliarden Menschen haben existenzielle Bedürfnisse nach Wasser, Nahrung, Medikamenten etc. Weil sie aber kein Geld haben, existieren diese Bedürfnisse auf den Märkten nicht. Denn Märkte behandeln zunächst alle Nachfrager bzw. Güter gleich, unabhängig davon, ob es sich um lebensnotwendige oder überflüssige Waren handelt. Märkte registrieren nur jene Bedürfnisse, die mit einer entsprechenden Kaufkraft ausgestattet sind. Dies gesteht die Markttheorie auch selbst ein. Wenn die einen sich Milch für ihre Hunde, die anderen nicht einmal für ihre Kinder leisten können, dann würde die »unsichtbare Hand«, wenn sie denn sprechen könnte, zu Letzteren nur eines sagen: »Pech gehabt!«

Zweitens: Milliarden Menschen, auch in der nördlichen Hemisphäre, haben Bedürfnisse nach sauberem Wasser und sauberer Luft, einer lärmfreien und möglichst naturnahen Umwelt, nach einem sicheren Arbeitsplatz bzw. einer zuverlässig verfügbaren Einkommensquelle. Sie haben das Bedürfnis danach, Beruf und Familie gut miteinander vereinbaren und die Flexibilitäts- und Mobilitätszumutungen auf ein erträgliches Maß reduzieren zu können. Weil es für die Bereitstellung solcher Infrastrukturbedingungen aber keine privaten Anbieter gibt und zum Teil auch nicht geben kann, bleiben diese Bedürfnisse unberücksichtigt. Denn Märkte registrieren keine Bedürfnisse nach allgemeinen Rahmenbedingungen wie vor allem nach Ruhe und Sicherheit, sondern nur Bedürfnisse nach individuell konsumierbaren und bezahlbaren Gütern und Dienstleistungen.

Drittens: Viele Menschen haben das vage Gefühl, dass die Güter und Dienstleistungen, die ihnen heute zur Verfügung stehen, nicht wirklich geeignet sind, ihr Bedürfnis nach einer Verbesserung der Lebensqualität zu befriedigen, und dass technische Innovationen eher in anderen Bereichen wie zum Beispiel im Gesundheits-, Bildungs-, Umwelt- und Energiebereich nötig wären. Weil dies aber Güter sind, die die heute Lebenden erst morgen brauchen, hat der Markt kein Wahrnehmungsorgan für sie. Denn Märkte registrieren nur Bedürfnisse nach Gütern und Diensten, die es bereits in der Gegenwart gibt, also keine Zukunftsgüter. Ob Marktforschung und Marketing solche Zukunftsbedürfnisse aufdecken und ernst nehmen, hängt mehr von den Verwertungskalkülen der Unternehmen, von den Strategien ihrer Marketing- und letztlich Finanzabteilungen ab als von der Dringlichkeit der Wünsche der Konsumenten.

Viertens: Bei einer rasch zunehmenden Zahl von Gütern und Diensten, wie zum Beispiel bei der Versorgung mit fossiler Energie oder der Entsorgung von atomarem Müll, ist die erdrückende Mehrzahl der Nachfrager, die ebenfalls auf gut gefüllte Erdölvorräte und sicher abgeschirmte Mülldeponien angewiesen sind, noch gar nicht geboren. Sind schon, wie soeben dargelegt, unsere eigenen Zukunftsbedürfnisse für den Markt nicht existent, so gilt dies umso mehr für die Bedürfnisse der nachfolgenden Generationen. Denn Märkte registrieren nur Bedürfnisse der gegenwärtigen Generation. Wie zukünftige Generationen mit dem Problem der räumlichen Mobilität verfahren wollen, ob sie auf High- oder Low-Tech-Verkehrsmittel setzen oder gar den Weg der Verkehrsvermeidung vorziehen werden, das spielt für das heutige Marktgeschehen keine Rolle.

Es gibt noch ein weiteres Argument für die These von der Blindheit bzw. Borniertheit des Marktes. Auf dieses Argument weisen die Anhänger der Arbeiterbewegung und des Sozialismus seit 200 Jahren hin: Die Marktwirtschaft ist keineswegs unparteiisch gegenüber den beiden Hauptparteien, den Arbeitnehmern und Arbeitgebern. Zwar begegnen sich auf den Arbeitsmärkten Arbeitnehmer und Arbeitgeber als freie und gleichberechtigte Vertragspartner und beide haben theoretisch die gleichen Chancen, ihre Bedürfnisse bei der Vertragsgestaltung zur Geltung zu bringen. Aber jeder weiß, dass die Praxis anders aussieht.

Dies hat einen zweifachen Grund: Selbst wenn sich Arbeitnehmer zu Gewerkschaften zusammenschließen, haben sie gegenüber den Arbeitgebern in Arbeitskämpfen immer noch den entscheidenden Nachteil, dass sie auf den Verkauf ihrer Arbeitskraft angewiesen sind, weil ihr Lohn bzw. Gehalt in der Regel ihre einzige Einkommensquelle ist. Arbeitgeber hingegen haben immer noch eine zweite Option: Wenn sie aus irgendeinem Grund die fremde Arbeitskraft nicht einkaufen, können sie immer noch ihre eigene verkaufen – samt den Produktionsanlagen, die ihnen ja ebenfalls gehören und ein gewisses Sicherheitspolster verleihen. Übrigens: Ähnlich unfair wie im Verhältnis zwischen Arbeitgebern und Arbeitnehmern ist der Markt, wenn es um den Interessenausgleich zwischen Männern und Frauen geht.[22] Noch deutlicher zeigt sich die Benachteiligung der Arbeitnehmer durch einen Blick auf die 200-jährige Geschichte der Marktwirtschaft: Während viele Märkte tatsächlich, so wie es die Theoretiker der Marktwirtschaft erwartet hatten, immer wieder einen Ausgleich von Angebot und Nachfrage aufwiesen, brachten die Marktkräfte auf den Arbeitsmärkten in aller Regel nur dauerhafte Ungleichgewichte zustande, und zwar fast immer in eine Richtung: Es gab und gibt mehr Arbeitskräfte als Arbeitsplätze. Das freilich kann nicht verwundern, weil durch den ständigen technischen Fortschritt, hervorgerufen durch das Bestreben der Arbeitgeber, Arbeitskosten einzusparen, ständig lebendige Arbeit von Menschen durch geronnene Arbeit von Maschinen ersetzt wird.[23]

Insgesamt stellte sich im Laufe der Geschichte der Marktwirtschaft zweierlei heraus. *Erstens:* Aufgrund der immer komplexeren Vernetzungen entstehen auch immer mehr Effekte, die den Marktmechanismus sprengen. Solche Effekte bestehen zum Beispiel in der immer weiter reichenden Einbeziehung von Kollektivgütern wie Luft, die die Markttheorie großzügig als »freie« Güter aus ihrem Gegenstandsbereich ausblendet. Obwohl diese Effekte an allen Ecken und Enden den Marktmechanismus immer mehr stören, hofft die herrschende Wirtschaftstheorie bis heute, dass sie durch zusätzliche Spielregeln immer wieder in den Markt eingebunden werden können. Und *zweitens:* Die Marktakteure sind nicht nur zufällig, sondern strukturell mit ungleichen Potenzialen ausgestattet. Indem der Markt alle – Arbeitgeber wie Arbeitnehmer, Männer wie Frauen – gleich behandelt und damit diese Ungleichheit noch verstärkt, beweist er, wie parteilich er in Wirklichkeit ist. Die Vertreter der Markttheorie, teilweise verliebt in die mathematische Eleganz ihrer Modelle, halten jedoch beharrlich an ihrer Modellwelt fest.[24]

Weil Märkte ziemlich rücksichtslos gegenüber einer erdrückenden Vielfalt von Bedürfnissen und zudem unfair sind, ist es auch absurd, vom Markt eine kluge und unparteiliche Verteilung von Chancen zu erwarten. Das Vertrauen auf die Steuerungsfähigkeit des Marktes beruht eher auf einer quasi religiösen Glaubensüberzeugung als auf wissenschaftlich fundierter Erkenntnis. Auf das Hamsterrad übertragen: Die Markttheorie vermag keine plausible Erklärung dafür abzugeben, warum der eine über die nötigen Mittel zur Flucht aus dem Hamsterrad verfügt, der andere nicht. Nach der Markttheorie ist jeder letztlich selbst schuld, wenn er sich zu Tode hetzen lässt. Die Markttheorie sagt einfach: »Dumm gelaufen! Wärst du vorher gerannt, hättest du also auf dem Markt etwas Ordentliches geleistet, könntest du dir jetzt auch leisten, rechtzeitig auszusteigen.«

Der Mythos vom Leistungsprinzip

Die Ideologie von der Klugheit und Fairness des Marktes tritt in der Regel mit Begleitmusik auf: dem Mythos von der Leistungsgesellschaft. Auch er muss zurückgewiesen werden. Der Begriff »Leistungsgesellschaft« ist eine Leerformel, weil der Leistungsbegriff alles Mögliche bezeichnen kann – die Nachtwache der Krankenschwester auf der Intensivstation am Bett eines Sterbenden genauso wie die erfolgreiche Spekulation eines Börsenmaklers auf die Gewinnexplosion eines Börsenpapiers. Es sind die so genannten Leistungsträger der Gesellschaft, die auch das Belohnungssystem gestalten und verwalten und so selbst definieren, was als Leistung gilt und was nicht. Der Begriff »Leistungsgesellschaft« ist außerdem eine Verschleierungsformel, weil er die Ungleichheiten in den Startchancen zudeckt. Diese Ungleichheit hat natürliche, kulturelle und soziale Ursachen: natürliche, weil die Startchancen allein schon wegen der natürlichen Gegebenheiten des Ortes, an dem man geboren wird, und wegen der natürlichen Eigenschaften, mit denen man auf die Welt kommt, unterschiedlich sind. Kulturelle, weil kulturelle Gegebenheiten, mit denen wir vom ersten Tag unseres Lebens an konfrontiert werden, unsere Startchancen bestimmen. Wenn zum Beispiel der eine in einem religiösen Umfeld aufwächst, in dem die Rücksichtnahme auf Mit- und Umwelt selbstverständlich ist, der andere nicht, wird dies das wirtschaftliche Handeln entsprechend beeinflussen. Und soziale Ursachen, weil zum Beispiel Erbschaften oder Milieus, die man in die Wiege gelegt bekommt, den weiteren Lebensweg und die Möglichkeiten, Leistungen zu erbringen, entscheidend prägen.[25] Der Begriff »Leistungsgesellschaft« dient letztlich der Rechtfertigung von Ungleichheiten, die vom Menschen gemacht und deshalb auch verändert werden können.

Kurz: Es gibt vermutlich mindestens so viele gesellschaftliche Belohnungen, die nichts mit vorausgegangenen Leistungen zu tun haben, wie Leistungen, die nicht belohnt werden. Die Rede von der Leistungsgesellschaft soll ihrerseits freilich eine wichtige Manipulationsleistung erbringen: Sie soll sicherstellen, dass diejenigen, die von der derzeitigen Verteilung der Chancen profitieren, von Ansprüchen derjenigen, die das Nachsehen haben, verschont bleiben. Indem die Vorstellung von der marktgesteuerten Leistungsgesellschaft den Menschen vorgaukelt, dass jeder seines eigenen Glückes Schmied sei, müssen die Menschen den Eindruck bekommen, dass derjenige, der kein Glück hat, auch nicht an ihm geschmiedet habe.

Du hast fast keine Chance, aber nutze sie!

Am Ende unseres Blicks auf die individuellen Fluchtwege und ihre Sackgassen kann festgehalten werden:

Erstens: Ein kluges Zeitmanagement kann dort, wo wir selbst Herr unserer Zeit sind, helfen, überflüssigen Zeitdruck abzubauen. Aber wir müssen uns vor den Tücken des Zeit-Paradoxons in Acht nehmen.

Zweitens: Zwar mag für einige wenige eine erfolgreiche Flucht vor einigen Gefahren des Hamsterrads möglich sein, für die überwiegende Mehrzahl der Menschen und einen großen Teil der Gefahren scheint die individuelle Rettungsstrategie jedoch ziemlich aussichtslos. Zwar kann das Leben auf kleinen und großen Zeitinseln im günstigsten Fall vor Selbsterschöpfung schützen, kaum aber vor jenen Gefahren, die aus der Erschöpfung der sozialen Mitwelt und der natürlichen Umwelt resultieren. Es besteht die Gefahr, dass die Mauern, mit denen die Privilegierten dieser Welt sich die Wut der Verlierer und die Rache der Natur vom Leibe halten wollen, auf Dauer brüchig werden und dann das ausgesperrte Gewaltpotenzial umso verheerender sein wird.

Drittens: Fragt man nach Schuldigen und Verantwortlichen, so drängt sich das Gesamtbild der »organisierten Unverantwortlichkeit« auf. Es ist der geschichtlich gewachsene kollektive Rahmen, der die Vorstellung von der individuellen Schuld und Verantwortung immer fragwürdiger werden lässt. Der Versuch, diesen Rahmen wissenschaftlich mithilfe der 250 Jahre alten Markttheorie und ihrer Begleitmusik, des individuellen Leistungsethos, beschreiben und gleichzeitig rechtfertigen zu wollen, kann nicht überzeugen. Die Zwangslogik der Konkurrenz und die systematische Ungleichheit der Startchancen sprechen dagegen.

Und *viertens:* Wer an der Beschleunigungskrankheit leidet und etwas dagegen unternehmen will, der ist darauf angewiesen, Notausstiege individuell, so gut es geht, zu nutzen – allein um Kraft und Zeit zu gewinnen. Aber die Hoffnung, dadurch dem Hamsterrad und dem Erschöpfungstod zu entkommen, ist trügerisch.

Teil II

DIE BESCHLEUNIGUNGSKRANKHEIT

Diagnose und Entstehungsgeschichte

Kapitel 4
Die Suche nach dem Motor
Was treibt uns eigentlich so?

Nur wenn wir wissen, wie die hinter den Symptomen und Prognosen liegende Störung genau beschaffen ist und wie sie ihre heutige Gestalt ausgebildet hat, können wir uns der Therapie und Prävention der Beschleunigungskrankheit zuwenden. In den folgenden drei Kapiteln geht es deshalb um die Diagnose und die Entstehungsgeschichte der Krankheit. Das vorausgegangene Kapitel hat gezeigt, dass wir unseren Glauben an den Markt aufgeben müssen, dass das Leistungsethos allzu oft nicht mehr trägt. Deshalb sind wir mit unserem Latein aber keineswegs am Ende. Wer die Natur des Wassers ergründen will, darf nicht die Fische fragen.[1] Und wer das Wesen der Beschleunigungskrankheit begreifen will, darf nicht von den Einpeitschern selbst tiefere Einsichten erwarten. Wenn uns der individuelle Weg aus dem Hamsterrad in eine Sackgasse führt, bleibt immer noch ein zweiter: ein kollektiver Weg. Im Bild des Hamsterrades: Als Menschen haben wir eine Möglichkeit, welche den Hamstern verschlossen ist: Wir können prüfen, ob wir das Rad nicht gemeinsam und koordiniert verlassen und so die rasende Fahrt in die globale Erschöpfung beenden können. Diese Prüfung erfordert einige Fragen: Wer hat uns das Hamsterrad eigentlich hingestellt? Gott? Die Natur? Bestimmte Mitmenschen, die uns keine Ruhe gönnen? Haben wir es uns gar selbst gebastelt? Oder unmetaphorisch: Eine nicht individualistische Analyse muss nach den Rahmenbedingungen unseres Verhaltens, nach dem Zusammenhang einerseits *zwischen* den Menschen und andererseits *zwischen* den Menschen und der sie umgebenden Natur fragen. Im folgenden Kapitel werden dazu einige Antworten vorgestellt – aus unterschiedlichen wissenschaftlichen Perspektiven.

Die Macht der Gene

Ein erster Blick auf die wissenschaftliche Diskussion über das Beschleunigungsphänomen zeigt bereits, wie stark die Betrachtungsweisen vom Standpunkt der Betrachter abhängig sind. Naturwissenschaftler zum Beispiel neigen dazu, die Welt so weit wie möglich aus Gesetzmäßigkeiten der Natur heraus zu erklären. So verweisen Biologen gern auf die Beschleunigungstendenz, die bereits in der Evolution des Lebens angelegt ist. Was hat sich seit rund 5 Milliarden Jahren, seit es die Erde gibt, auf ihr abgespielt? Beeindruckend ist immer wieder die Übertragung der Schöpfungsgeschichte auf den Maßstab eines Jahres. 1. Januar: Nachdem die Sonne längst existiert, hat sich nun die Erde gebildet. März/April: Die ersten Lebewesen entstehen im Meer. November: Die ersten Tiere betreten das Land. 31. Dezember am frühen Morgen: Die meisten der heute existierenden Arten haben das Licht der Welt erblickt. Ab Mittag: Menschenähnliche Säugetiere treten auf. Eine Minute vor Jahresende: Die ersten Kulturen entstehen. 20 Sekunden vor Jahresende: Jesus wird geboren. 10 Sekunden vor Jahresende: Karl der Große. Eine Sekunde vor dem Jahreswechsel: Otto von Bismarck. Silvesterknall: heute.[2]

Wir sehen: Je mehr Zeit vergangen ist, desto dichter folgen die Neuerungen, desto komplexer werden die Geschöpfe. Der entscheidende evolutionäre Sprung findet mit dem Auftreten des Menschen statt, mit dem Übergang von der ausschließlich genetischen zur im Wesentlichen sprachlichen Weitergabe von Erfahrung an die Nachkommen. Dadurch wird die Evolution nochmals um Dimensionen beschleunigt, es geht um Sekunden, Millisekunden und Nanosekunden. So könnten Kulturwissenschaftler die Reihe fortsetzen: Vor 50 000 Jahren entstand die Sprache, vor 5000 Jahren die Schrift, vor 500 Jahren der Buchdruck, vor rund 50 Jahren der Computer und vor rund 10 Jahren das Internet.

Aus der Perspektive des Biologen ergeben sich die Beschleunigungsprobleme daraus, dass der Mensch von seiner genetischen Ausstattung her für die von ihm selbst verursachte Geschwindigkeit nicht vorbereitet ist. Im Inneren die Gene der urzeitlichen Ahnen, in der Hand die Atombombe, so wird die Situation des heutigen Menschen von Biologen und Verhaltensforschern vielfach charakterisiert. Seine genetische Ausstattung hat der Mensch im Wesentlichen von seinen pflanzlichen und tierischen Vorfahren geerbt. Wenn Algen Licht brauchen und Organismen Nahrung, dann spielt Schnelligkeit im Wettbewerb um knappe Ressourcen eine wichtige Rolle. Während seiner Zeit als Jäger und Sammler, also während rund 98 Prozent seiner Geschichte, hat der Mensch dieses ererbte Überlebensprogramm der Pflanzen und Tiere nur noch etwas verfeinert.

In diesem riesigen Zeitraum ist der Mensch auf den »Wettlauf im Hier und Jetzt« konditioniert worden. Dabei sei er jedoch in eine Falle getappt, meint der Verhaltensbiologe Irenäus Eibl-Eibesfeldt in seinem Buch *In der Falle des Kurzzeitdenkens*.[3] Dieses Verhaltensprogramm habe sich damals zwar bewährt: Der Jagderfolg und die Ausschüttung von Glückshormonen hätten die Sieger immer wieder von neuem belohnt und damit ihr Verhalten stabilisiert. Und dieses Verhaltensprogramm, in dem die Kurzsichtigkeit fest integriert sei, habe damals auch keine großen Schäden an Natur und Kultur anrichten können, weil es nur wenige Menschen gab und weil deren Eingriffsmöglichkeiten in Natur und Kultur höchst begrenzt waren. Erst als zum Beispiel die Prärieindianer Nordamerikas vom weißen Mann lernten, Bisons anstatt mit Pfeil und Bogen mit Feuerwaffen zu jagen, seien ihre Lebensgrundlagen in Gefahr geraten.

Bei der heutigen Bevölkerungszahl und -dichte und bei den heutigen technischen Möglichkeiten werde jedoch genau diese stammesgeschichtliche Programmierung zu einer gigantischen Erblast, die unsere Lebensgrundlagen immer mehr in existenzielle Gefahr bringe. Aber es gebe noch eine weitere genetisch angelegte Fähigkeit, die dem Menschen bei der Entwicklung eines zeitgemäßen Überlebensethos hilfreich werden könne: seine »prosozialen« Anlagen, die sich darin zeigten, dass ihm die Zukunft seiner Kinder wichtig sei und er auch die Natur lieben könne. Aus diesen Fähigkeiten müsse der Rettungsanker der Menschheit gebastelt, der Beschleunigung Einhalt geboten und ein neues Langzeitdenken begründet werden. Die »traditionelle bäuerliche Ethik« und die soziale Marktwirtschaft, so die Hoffnung des Biologen, könnten uns den Weg weisen.

Der Verlust Gottes

Stellen wir unsere Frage nach den Wurzeln der Beschleunigung nun der Konkurrenzdisziplin. Wie erklären Geisteswissenschaftler die moderne Beschleunigung? Aus dieser Perspektive kommt als Erstes in den Blick, dass die Rahmenbedingungen, die den Umgang der Menschen miteinander und mit der Natur definieren, von Ort zu Ort recht unterschiedlich sein können und dass diese Unterschiede offenbar recht viel mit dem jeweiligen »Zeitgeist« zu tun haben. Ältere Großstädter ziehen zum Beispiel aufs Land, weil es dort ruhiger und beschaulicher ist. Europäer verbringen ihren Urlaub auf Mittelmeerinseln und genießen es, dass sich dort die Menschen für alles viel mehr Zeit lassen. Und Anthropologen, die aus Afrika, Lateinamerika und Südostasien zurückkommen, erzählen von ganz anderen Zeitauffassungen. Dort könne zum Beispiel der Satz »Time is money« durchaus als »Uhren kosten Geld« verstanden werden. Eine Analyse der geistigen, kulturellen und sozialen Rahmenbedingungen, in die unser selbstverständlich gewordenes Zeitbewusstsein und unsere unhinterfragte Zeitpraxis einprogrammiert sind, ist aus dieser Wissenschaftsperspektive die Grundvoraussetzung für jeden Eingriff in diesen Rahmen.

Ausgangspunkt einer geisteswissenschaftlichen Diagnose und Ätiologie der Beschleunigungskrankheit ist in der Regel die Zeitauffassung traditionaler Gesellschaften. In ihnen galt die Zeit des Menschen als etwas, das zutiefst in die Zeit der Natur eingebettet und zyklisch strukturiert ist. Die Bewohner der Trobriandinseln in der Südsee orientieren sich heute noch an den Kreisläufen der Gartenbauwirtschaft: Das Kind ist auf die Welt gekommen, »als das Gestrüpp geschnitten wurde«, es konnte laufen »zur Zeit des Pflanzens«, es konnte reden, »als man die überschüssigen Knollen verzog«.[4] Neben den natürlichen Kreisläufen gab es in traditionalen Gesellschaften kulturell festgelegte Zyklen, definiert vor allem durch religiöse Inhalte. Der zyklische Charakter des Lebens kommt unter anderem im Glauben an ein Leben nach dem Tod zum Ausdruck – am deutlichsten in der Wiedergeburtslehre asiatischer Kulturen. Im europäischen Mittelalter war das Kirchenjahr mit seiner regelmäßigen Wiederkehr der Feiertage maßgeblich für das Zeitbewusstsein. Dass solchen natürlichen oder kulturellen Zyklen des Lebens ein Beschleunigungsprogramm eigen sein könnte, wodurch sich das Leben praktisch immer schneller selbst verbraucht, ist vor diesem Hintergrund eine geradezu abwegige Vorstellung.

Ins Wanken geriet das traditionelle Zeitempfinden und -bewusstsein in Europa durch den Zusammenbruch der mittelalterlichen Weltordnung. Diese war bekanntlich durch ihre Ausrichtung auf Gott und den göttlichen Stellvertreter auf Erden, den Papst und seine Kirche, gekennzeichnet. Der zunehmende Autoritätsverlust von Religion und Kirche deutete sich bereits im Hoch- und Spätmittelalter an. Hervorgerufen wurde er durch innerkirchliche Streitereien, durch die Verweltlichung des Klerus, durch die Blamage kirchlicher Lehrmeinungen angesichts geografischer und wissenschaftlicher Entdeckungen und schließlich durch die Gefangenschaft der Päpste in Avignon. Dieser Autoritätsverlust eskalierte im 16. Jahrhundert in der Kirchenspaltung und in europaweiten Religionskriegen, die schließlich nach Ende des Dreißigjährigen Kriegs weltliche Ordnungsmächte auf den Plan riefen: absolutistische Fürsten und ihre Sympathisanten und Kritiker – die Aufklärungsphilosophen.

Die Erziehungswissenschaftlerin Marianne Gronemeyer hat sich mit diesem Prozess und vor allem mit dem Umbruch des Zeitbewusstseins in ihrem Buch *Das Leben als letzte Gelegenheit*[5] ausführlich befasst. Als wesentlichen Auslöser für die völlige Zerrüttung der auf Gott gegründeten Ordnung sieht Gronemeyer die große Pest 1347 bis 1352, die 30 bis 50 Prozent der europäischen Bevölkerung das Leben gekostet hat. Die Pest habe damals, so Gronemeyer, einige Fragen aufgeworfen: Wie kann ein gütiger Gott so etwas zulassen? Wie kann der Tod weiterhin als Übergang zum eigentlichen Leben begriffen werden? Und wie ist es möglich, weiterhin an ein Jüngstes Gericht zu glauben? Ab der zweiten Hälfte des 14. Jahrhunderts habe sich im europäischen Bewusstsein die Vorstellung ausgebreitet, dass der Tod ein endgültiges Ende bedeuten könne. Man habe zwar noch versucht, diese unerträgliche Ahnung durch eine immer zaghafter und kleinlauter werdende Jenseitshoffnung zu

Der »Triumph der Zeit« (Kupferstich von 1574)

mildern. Aber das Faktum sei geblieben: Die im Pestinferno entstandene, neuartige Todeserfahrung habe das Lebensgefühl der Moderne entscheidend geprägt.

Wenn die Anstrengungen für das Jenseits überflüssig würden, müssten sich die Energien auf das Diesseits, auf die Verbesserung des Lebens in dieser Welt richten. Das Ziel des Lebens habe fortan darin bestanden, die begrenzte Lebenszeit des Menschen zu sichern. Während der mittelalterliche Mensch die kurze Zeit zwischen seiner Geburt und seinem Tod eingebettet gesehen habe in die lange Zeit zwischen der Erschaffung der Welt und dem Jüngsten Tag, sei jetzt nur noch die Lebenszeit selbst von Interesse gewesen. Der spätmittelalterlich-frühneuzeitliche Mensch habe sich daran gemacht, Natur und Kultur diesem neuen Bedürfnis entsprechend zu unterwerfen. Und damit sei, so Gronemeyers Pointe, ein bis dahin unbekanntes Gefühl – das Gefühl von der Knappheit der Zeit – entstanden. Leben und Zeit, so habe man seitdem zu fühlen begonnen, flössen dahin wie Wasser und versiegten nach ein paar Jahrzehnten. Um die eigene Lebensspanne zu sichern, müssten Leben und Zeit entsprechend unter Kontrolle gebracht werden. »Was dem Leben an Länge abgeht, soll durch Schnelligkeit wettgemacht werden.«[6]

Die Beschleunigung habe aber, so Gronemeyers Analyse, sofort zu einem fundamentalen Widerspruch geführt: Alle Mittel, die zur besseren Kontrolle der Zeit ersonnen würden, erhöhten nicht nur das Lebenstempo, sondern gleichzeitig die Vorstellung davon, was im Leben alles möglich sein könnte. Die Ansprüche an das Leben seien mindestens ebenso oder sogar noch mehr gestiegen. Man habe nun quasi gleich mehrere Leben leben wollen, denn das Angebot der Welt habe sich gewaltig ausgeweitet. In die Sprache der Philosophie übersetzt: Die Lebenszeit, d. h. das im Leben Erreichbare, und die Weltzeit, d. h. das in der Welt Mögliche, seien für den spätmittelalterlich-frühneuzeitlichen Menschen immer weiter auseinander geklafft. Kurz: Je schneller der Mensch renne, desto weiter weg schwebe sein Ziel. Während der Rennhund, dem man eine Wurst vor die Nase bindet, um ihn durch ihren verführerischen Duft zu Höchstleistungen anzuspornen, sein Ziel zumindest sicher vor Augen und Nase habe, entschwinde es dem Menschen immer mehr.

In ihrem neuen Buch *Immer wieder neu oder ewig das Gleiche*[7] zeigt Marianne Gronemeyer, wie weit uns die »teuflische Eile« mittlerweile gebracht hat. Weil sich der Wettlauf mit der Zeit nicht gewinnen lasse, sondern den Menschen im Gegenteil immer mehr zurückwerfe, sei er seit einigen Jahrzehnten auf eine andere Idee verfallen: Statt immer mehr in ein und dasselbe Leben hineinzupressen und dieses Leben schrittweise zu verlängern, könnte man es ja insgesamt wiederholen, verdoppeln, klonen. Die erste Phase des Klonens bewerkstellige der Computer mit seinen virtuellen Parallelwelten, in denen wir gleichzeitig auch noch leben können. Die zweite Phase geschehe in der

Realwelt selbst, nämlich durch Gentechnik. So seien wir heute von Innovationsfieber und Wiederholungszwang gleichermaßen befallen.

Gronemeyers Argumentation hat insgesamt etwas Apokalyptisches an sich: Der Mensch sei bemüht, all seine innovativen Energien auf die Perfektionierung der Wiederholung zu lenken, jede Abweichung vom Original gelte es auszumerzen. So schüfen wir eine Welt, die nicht nur immer eintöniger, geistloser, steriler werde, sondern die auch in letzter Konsequenz das Lebendige, das in der je individuellen Einbettung und in der dadurch bedingten Einzigartigkeit gründe, selbst zerstöre. Der Mensch, der so in seinem Perfektionismus alle äußeren Zusammenhänge auflöse, löse sich auch selbst aus allen Zusammenhängen heraus, isoliere sich von Vergangenheit und Zukunft. So verliere er Individualität und Entwicklungsfähigkeit und feiere die pure Flexibilität, die dumpfe Anpassung an die Umwelt als höchstes Ziel. In seinem Unterbewusstsein aber sehne er sich nach einer Rückkehr in den Uterus, in den Urschleim; in seinem Innersten sei er vom Todeswunsch beherrscht. Ein Entschleunigungsappell müsse angesichts dieser dramatischen Ausweglosigkeit ohnmächtig bleiben. Wenn es überhaupt eine Rettung gebe, so Gronemeyers unausgesprochene Alternative, so läge sie in der Rückkehr des Menschen in den Schoß Gottes.

Die Maßlosigkeit von Geld und Kapital

Reichen der biologische und der geisteswissenschaftliche Ansatz zur Erklärung der modernen Beschleunigung wirklich aus? Es mag ja zutreffen, dass einerseits unser genetisch verankertes Kurzzeitdenken, andererseits der Verlust des Jenseitsglaubens und damit das neuzeitliche Gefühl der Zeitknappheit und des

Orientierungsverlusts zur Beschleunigung beitragen. Aber wie können die beiden dargestellten Ansätze eine Beschleunigungserfahrung erklären, die heute von Hunderten von Millionen Menschen gemacht wird? Ich meine vor allem die seit ein paar Jahrzehnten sich dramatisch verändernde Welt der Arbeit in allen Industriegesellschaften und die nicht weniger rasanten Veränderungen im »Rest« der Welt im Zeichen der weit fortgeschrittenen Globalisierung. Hier hilft der Verweis auf Gene oder Gott nicht weiter. Und mit einem Vorgriff auf die Frage nach der Therapie: Ein anderer Erklärungsansatz ist auch deshalb nötig, weil die Auswege, die sich aus den beiden Theorien von Eibl-Eibesfeldt und Gronemeyer ergeben, alles andere als überzeugend sind. Die Hoffnung auf die Neubegründung eines Überlebensethos innerhalb einer Welt, die nach wie vor nach den herrschenden Spielregeln spielt, ist kein realistisches Praxiskonzept. Und erst recht nicht die Empfehlung, sich doch wieder mehr um das Jenseitige des Lebens zu kümmern.

Eine Nürnberger Krankenhausärztin hat mir vor einiger Zeit recht anschaulich erzählt, was sich auf ihrer Station seit der Privatisierung des Klinikums verändert hat: Früher, also unter der Regie der Stadtverwaltung, hatte die Ärztin noch Zeit für die Patienten. Die Bedürfnisse der Patienten und das ärztliche Ethos bildeten das Zentrum ihrer Arbeit. Oft saß sie am Bett eines Kranken und hörte ihm einfach nur zu. Heute hingegen gehe es fast nur noch darum, mit der Arbeit irgendwie fertig zu werden, damit nach Beendigung der Schicht den Nachfolgern nichts Unerledigtes aufgelastet werde. Ähnliche Berichte von der Privatisierungsfront, von Bediensteten bei Post und Bahn, bei kommunalen Versorgungseinrichtungen und auch von Arbeitnehmern ehemals volkseigener Betriebe in den neuen Bundesländern illustrieren immer wieder dasselbe: Mit dem Einzug der betriebswirtschaftlichen Logik der Unternehmensführung ver-

»Tempo« lautete eine typische Parole der Jahrhundertwende

mehrt sich der Druck auf die Arbeitnehmer, und dies zeigt sich vor allem in einer enormen Zunahme der Zeitknappheit.

Die Vermutung, dass der Umgang der Menschen mit sich selbst und seinesgleichen eng mit einem ökonomischen Faktor zusammenhängt, ist mindestens zweieinhalbtausend Jahre alt. Deshalb muss im Zusammenhang mit der Suche nach dem Motor der Beschleunigung die Geschichte des menschlichen Wirtschaftens näher beleuchtet und zugleich an jene Kritik erinnert werden, die seitdem nicht mehr verstummen will. Diese Kritik hat als einer der Ersten der griechische Philosoph Aristoteles im 4. Jahrhundert v. Chr. formuliert, von dem Marx und viele andere Kapitalismuskritiker eine Menge gelernt haben. Im krassen Gegensatz zu jener Markttheorie, die der Liberalismus im Anschluss an Adam Smith bis heute vertritt (Kapitel 3), sehen diese Kritiker in Geld und Kapital keine bloß technischen Instrumente, die sich dem Willen der Menschen beugen müssen, sondern historische Errungenschaften, die zwar vom Menschen ge-

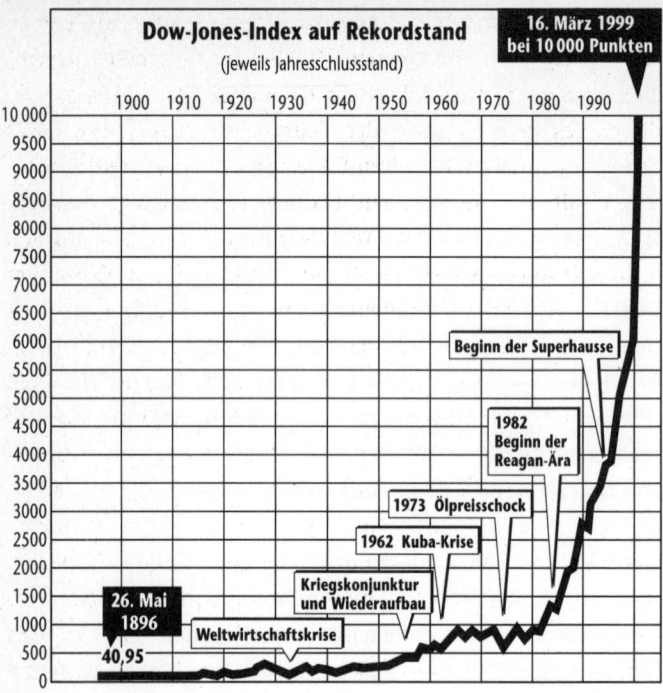

Dow-Jones-Index auf Rekordstand
(jeweils Jahresschlussstand)

16. März 1999
bei 10 000 Punkten

Beginn der Superhausse

1982
Beginn der
Reagan-Ära

1973 Ölpreisschock

1962 Kuba-Krise

Kriegskonjunktur
und Wiederaufbau

26. Mai
1896

Weltwirtschaftskrise

40,95

schaffen wurden, um ihm das Leben zu erleichtern, dann aber eine eigene Dynamik entwickelt haben, die nun mit aller Macht gegen die Menschen zurückschlägt.

Die Geschichte der Kritik der Geld- und Kapitalwirtschaft begann zu einer Zeit, als die Frühformen dieser Wirtschaftsweise sich in Ansätzen in den städtischen Zentren der Antike bemerkbar machten. Aristoteles hat vor allem auf einen fundamentalen Unterschied in der Verwendung des Geldes aufmerksam gemacht:[8] Solange Geld als Mittel verwendet werde, um Gebrauchswerte einzutauschen, sei Geld nicht nur harmlos, sondern auch hilfreich, weil es den Tausch erleichtere. Wenn Geld hingegen zum Selbstzweck werde, wenn Geld ausgegeben werde, um dafür mehr Geld einzunehmen, wenn also Geld gegen Zinsen – oder heute auch Dividenden – verliehen werde, dann verändere sich dabei sein Charakter. Denn solange der Zweck des Tauschhandels der Gebrauchswert sei, führe jeder Tausch zu einem natürlichen Ende – der Versorgung des Menschen mit dem, was er zur Bedürfnisbefriedigung brauche. Wenn jemand genug Brot, Wein, Schuhe etc. habe, seien weitere Tauschaktionen ziemlich sinnlos, es sei denn, der Betreffende sei krankhaft unzufrieden und gierig. Werde hingegen das Geld zum Zweck des Tauschens gegen mehr Geld ausgegeben, so würden Unzufriedenheit und Gier zum Prinzip erhoben. Während Gebrauchswerte ihr Maß in sich selbst hätten, sei der Tauschwert Geld im Prinzip maßlos. Man könne nie genug davon bekommen, weil man mit jedem Geldstück im Prinzip alles kaufen könne, wenn man nur genug solcher Stücke habe.[9] Das Geld, so die moralphilosophische Quintessenz des Aristoteles, mache die Menschen maßlos und unglücklich. Die Geldwirtschaft führe dazu, dass jede Gemeinschaft auf Dauer in Schuldner und Gläubiger auseinander falle und sich selbst zerstöre. Deshalb sei das »Kapitalerwerbwesen«, also das Verleihen von Geld gegen Zinsen, diejenige Form des Wirtschaftens, die »am meisten der Natur zuwiderläuft«.[10] Dies ist auch der Grund, warum in vielen großen Weltreligionen das Verleihen von Geld gegen Zins verboten war und teils noch immer ist.

Wer Schweine erzieht, ist produktiv; wer Kinder erzieht, nicht

In dem Maße, so die Fortsetzung der aristotelischen Kritik bei modernen Geld- und Kapitalismuskritikern, wie die Geldwirtschaft entgegen allen Widerständen die Welt erobert hat, gelang es ihr, die Art und Weise, wie der Mensch die Mittel für das Leben erwirtschaftet, völlig umzupolen: Für 99,9 Prozent der bisherigen Generationen war der Zweck des Wirtschaftens die Befriedigung von Bedürfnissen. Menschen wollten satt werden, ein Dach über den Kopf bekommen; Tiere, Gärten und Felder sollten versorgt und gepflegt, aber auch Kirchen und Schlösser gebaut und Kriege geführt werden. Ziel der Produktion war dabei im Prinzip immer die Reproduktion, das Erhalten des Gegebenen, von Familien, Dörfern, Städten und Herrschern samt ihren Herrschafts- und Ausbeutungssystemen. Wenn dabei bisweilen auch viel zerstört wurde, so kann dies, wie zum Beispiel die Abholzung des Apennin in der Antike zeigt, doch eher als Betriebsunfall eingeordnet werden, bedingt durch ein Zusammentreffen aus menschlicher Unwissenheit und nicht vorhergesehenen natürlichen Veränderungen.[11]

Erst seit wenigen Generationen, so diese klassische Kapitalismuskritik weiter, wird nun das Prinzip des Wirtschaftens umgekehrt: Im Zentrum steht nicht mehr das Bestreben des Erhaltens, sondern der Veränderung – die Zerstörung des Alten, die Hervorbringung von Neuem. Dahinter steht als Triebkraft das Interesse an der Vermehrung von Geld. »Produktion für die Produktion« hat Marx dies immer wieder genannt. Dass dabei als Nebeneffekt auch vieles erhalten, gepflegt, erneuert, also reproduziert wird, ist selbstverständlich. Die Reproduktion dient aber immer nur als Mittel, um hinterher Geld umso besser – und das heißt schneller – vermehren zu können. Um welche konkreten Dinge, um welche Qualitäten es also bei Produktion und Reproduktion geht, ist dabei prinzipiell gleichgültig. In dieser Logik zählt nur die Quantität des Wertes, der nicht nur erhalten, sondern vor allem vermehrt werden muss. Wie mache ich aus einer Mark, einem Dollar, einem Euro usw. möglichst schnell zwei? Das ist die einzige wirklich wichtige Frage.[12]

Angesichts dieser Zentrierung auf die Produktion kann nicht verwundern, dass diese Wirtschaftsweise die Reproduktion systematisch vernachlässigt.[13] Dies war nach Auffassung der klassischen Kapitalismuskritik in den Anfangszeiten der Geld- und Kapitalwirtschaft noch relativ unbedeutend, weil das Veränderungs- und Zerstörungspotenzial aufgrund des technischen Standes noch wenig entwickelt war und die Menschen noch stark in vorkapitalistischen und vorindustriellen Traditionen verankert waren, die sie zur Pflege des Gegebenen, der Traditionen, der Schöpfung verpflichteten. Im Notfall konnte man damals relativ sicher sein, dass die Kirche, die Familie oder der Einzelne, auf dessen moralisches Gewissen man noch zählen konnte, schon einspringen würden, wenn Elend und Zerstörung ein kritisches Maß überschritten. Und auch das Verhältnis der Geschlechter zueinander war geregelt: Für die Erhaltung der Arbeitskraft des Mannes und das Nachwachsen neuer Arbeitskräfte waren »selbstverständlich« die Frauen zuständig. Auch wenn sich daran heute viel geändert hat, so gilt die zugrunde liegende ökonomische Logik, die der Nationalökonom Friedrich List vor rund 150 Jahren pointiert formuliert hat, weiterhin: »Wer Schweine erzieht, ist ein produktives, wer Menschen erzieht, ein unproduktives Mitglied der Gesellschaft.«[14]

Der Zwang zur Gier und die Zinseszinsschraube

Neben der Tatsache, dass Geld zum Selbstzweck wird und die Menschen gierig macht, und der anderen Tatsache, dass um der Produktion von Geld willen gewirtschaftet wird und die Reproduktion systematisch zu kurz kommt, gibt es noch eine dritte Eigenheit der auf Geld und Kapital aufbauenden Wirtschaftsordnung, die der klassischen Kapitalismuskritik zufolge zur Beschleunigung des Wirtschaftens beiträgt. Wir wissen alle, dass man im Handel mit Geld umso mehr Geld bekommt, je mehr man bereits hat. Wer viel Geld hat, ist kreditwürdiger als der, der wenig hat. Wer kreditwürdiger ist, der kann weiteres Geld billiger besorgen als der, der weniger kreditwürdig ist. Dies zwingt jeden, der sich auf Geldgeschäfte einlässt, dazu, möglichst viel Geld zu erwirtschaften und darin nicht nachzulassen. Marx und andere haben auf die Grundlage solcher Geldanhäufungszwänge hingewiesen: die ständige Erweiterung der Produktion von Gütern und Dienstleistungen, durch deren Verkauf erst die Bemühungen um Geldvermehrung zu ihrem Ziel führen können. Mit anderen Worten: Der Kapitalismus wird durch die ständige Rückkoppelung von Gewinn und Investition angetrieben. Wem diese Rückkoppelung nur einmal misslingt, der hat in der nächsten Runde bereits einen schlechteren Startplatz und fällt im Rennen zurück.

Was für die Geldbeschaffung gilt, gilt vermutlich für viele andere Voraussetzungen der Produktion: Je größer meine Firma im Vergleich zur Konkurrenz ist, desto geringere Kosten habe ich, desto mehr kann ich für Marketing, Entwicklung und Forschung aufwenden und desto besser kann ich konjunkturelle Durstphasen durchstehen. Die Vergrößerung des Betriebs zum Zwecke der Beschleunigung der Geldvermehrung wird so zum Gebot der Stunde. Um Kapital zu vermehren bzw. einen Betrieb zu vergrößern, gibt es nach Marx und anderen genau zwei Möglichkeiten: Entweder man lässt die Arbeiter länger oder aber intensiver arbeiten, und das bedeutet schneller. Dahinter steht die Grundüberzeugung, dass die Arbeit die einzige Quelle von Wert sei und dieser Wert an der gesellschaftlich durchschnittlich notwendigen Arbeitszeit gemessen werde. Marx sagt: »Die Zeit ist alles, der Mensch ist nichts mehr, er ist höchstens noch die Verkörperung der Zeit.«[15]

Zeit ist Geld?
Geld ist Zeit?
Ist Zeit Geld?
Ist Geld Zeit?

Die Zeit ist kein Geld,
aber dem einen nimmt
das Geld die Zeit
und dem anderen
die Zeit das Geld.

Ron Kritzfeld

Seit Aristoteles und Marx gibt es viele Versuche, das Wesen der herrschenden Wirtschaftsordnung auf die Rolle von Geld und Kapital zurückzuführen und die Konsequenzen in Hinblick auf den Umgang mit Zeit deutlich zu machen.[16] Zentral ist dabei immer wieder die Dynamik der Zinseszinsschraube, die den Schuldner von Geld in die Knechtschaft, den Gläubiger ins Schlaraffenland führt. Dort erfährt Letzterer die Segnungen der leistungslosen und beschleunigt steigenden Einkommen. Immer wieder beeindruckend ist die Geschichte vom Josefspfennig: Wenn zur Zeit von Christi Geburt Josef einen Pfennig zu einem Zinssatz von fünf Prozent angelegt hätte, hätte die Anlage im Jahr 1446 einen Wert erreicht, der dem einer Kugel Gold von der Größe der Erde entspräche. Bis 1990 hätten sich die Zinsen auf einen Wert von 134 Milliarden Erdkugeln Gold summiert.[17]

Bernard A. Lietaer, ehemals führender Bankier der Belgischen Zentralbank und Mitbegründer der europäischen Währungseinheit, zählt in seinem Buch *Das Geld der Zukunft* die Konsequenzen des Zinseszinsmechanismus auf und fasst damit die aktuelle Brisanz einer auf Geld und Kapital gegründeten Wirtschaftsordnung zusammen[18]: Zinsen führen *erstens* zu einem knallharten Wettbewerb ums Geld, weil jeder, der Zinsen kassieren will, dies nur tun kann, weil woanders jemand Zinsen bezahlen muss. In diesem Konkurrenzkampf ums Geld bleiben die Schwachen auf der Strecke, die Starken überleben. Zinsen führen *zweitens* zu einem unbegrenzten Wachstum, weil jeder, der Zinsen für einen Kredit bezahlen muss, zur Ausdehnung seiner wirtschaftlichen Tätigkeit gezwungen ist. Je mehr Zinsen in einer Volks- oder Weltwirtschaft bezahlt und kassiert werden, desto mehr muss eine solche Wirtschaft ihr Produktionsvolumen ausdehnen und natürlich auch menschliche Arbeit und Naturressourcen verbrauchen. Und Zinsen führen *drittens* zur Konzentration von Reichtum, weil durch sie ständig Geld von der breiten Mehrheit auf eine kleine Minderheit übertragen wird.

Was also treibt uns so an? Was steckt hinter dem Hamsterradzirkus? Unsere Kurzreise durch die Welt der Wissenschaften hat ergeben: *erstens* die genetisch bedingte Neigung des Menschen zum Kurzzeitdenken. *Zweitens* die mit dem geistigen Umbruch der Neuzeit einhergehende Konzentration auf das diesseitige Leben, in das möglichst viel hineingepackt werden muss, weil danach wahrscheinlich alles aus ist. Und *drittens* kommt als meines Erachtens entscheidender Antreiber die Besonderheit der modernen Wirtschaft dazu: Die Verselbstständigung des Geldes macht die Menschen maßlos, die Produktion für die Produktion lässt die Reproduktion zu kurz kommen, und die Zinseszinsschraube spornt Schuldner und Gläubiger zu immer weiteren Höchstleistungen an.

Kapitel 5

Die Zeithierarchie der Märkte
Wie wir die »Sach«-Zwänge selbst erzeugen

»Die Kapital- und Finanzströme umkreisen den Erdball auf der Datenautobahn – und die Menschen hetzen hinterher. So schnelle Füße wie das Kapital hat kein Mensch. Mal nimmt das Kapital da Platz, mal dort; und die Menschen hopsen im Gefolge des Kapitals atemlos von Job zu Job: globale Mobilmachung.«[1] Mit diesem Zitat könnte die Suche nach dem Antreiber eigentlich abgeschlossen werden: Die Maßlosigkeit des Geldes, das Produzieren um der Produktion willen und die Zinseszinsschraube haben uns am Beginn des 21. Jahrhunderts eine »globale Mobilmachung« beschert. Das Zitat stammt nicht von einem Kommunisten, sondern von einem Christdemokraten – von Norbert Blüm, 1982 bis 1998 Bundesminister für Arbeit und Soziales in der Bundesrepublik Deutschland. Wer auf der Suche nach griffigen Erklärungen für wirtschaftliche Sachverhalte Marktideologie und Leistungsethos als Mythos erkannt hat, musste noch vor wenigen Jahren in die Kiste der 68er-Generation greifen oder Marx und Engels bemühen, um dann meist von seinem Diskussionspartner prompt »hinüber« geschickt zu werden, wo Marx und Engels angeblich an der Macht waren. Heute hat er es einfacher. Heute sind es engagierte konservative Politiker oder Manager, die glasklar sagen, was läuft – meist allerdings erst nach ihrer Pensionierung. Angesichts dieser treffenden Analyse des Zusammenhangs von Finanzkapital, Zeit und Lebensbedingungen bleiben im Grunde nur mehr zwei Fragen zu klären. *Erstens:* Wie konnte es geschehen, dass in hoch entwickelten Marktwirtschaften mit einer Vielfalt unterschiedlicher Märkte ein Markt, nämlich der Kapitalmarkt, derart das Kommando über die restliche Wirtschaft übernimmt? Und *zweitens:* Wie wirkt sich diese Fähigkeit des Kapitals auf den Umgang mit Zeit systematisch aus?

Globale Mobilmachung im Zeichen des Shareholder Value

Blüm benennt in seinem brillanten Artikel auch die Konsequenzen dieser Mobilmachung: »Eine solche flexibel-mobile Welt muss … auf einiges verzichten. Heimat, Nachbarschaft – Ehe und Freundschaft haben eingebaute Mobilitätshemmnisse. Ein Ehepartner setzt sich mobil nach Nord in Bewegung, der andere nach Süd. Ein Kind nach West, ein Kind nach Ost, die Großeltern bleiben zu Hause. Diese Windrose führt nach Nirwana.« Und mit Bezug auf die gesetzliche Regelung der Zuwanderung ausländischer Arbeitnehmer fährt Blüm fort, der Mensch werde immer mehr auf den »Faktor Arbeitskraft« reduziert. »Die Menschen folgen den Arbeitsplätzen wie die Zugschwalben der Sonne. Das ist der letzte Schrei der Verwirtschaftung der Gesellschaft.« Und schließlich: Die »Menschenverachtung« dieser Ökonomie »maskiert sich als Liberalisierung: Befreiung von allen dauerhaften Bindungen«. In dieser Ökonomie gilt allein »der Augenblick«.[2]

Blüm beschreibt genau das, was der seit rund zehn Jahren gebräuchliche Begriff des »Shareholder Value« meint: eine Unternehmenspolitik, die vor allem an den Interessen der Anteilseigner ausgerichtet ist, also bei Aktiengesellschaften auf die Steigerung der Börsennotierung der Aktie zielt. Alle anderen wirtschaftlichen Interessen müssen im Shareholder-Value-System

vor den Interessen der Aktionäre zurückstecken. Es gehe, so sagte Ulrich Hartmann, ehemaliger Chef des VEBA-Konzerns, bereits Ende der 90er-Jahre, den Global Players schon lang nicht
mehr um die Versorgung der Menschen mit Gütern und Diensten, sondern einzig und allein um die Steigerung des Firmen-
werts, der Notierung ihrer Aktien an den Börsen in New York,
Tokio, London und Frankfurt.[3]

Die Dominanz der Shareholder-Interessen hat zunächst unmittelbare Auswirkungen für die Geschäftsführung der Unternehmen selbst, die im Börsenjargon »Stickholder« genannt werden: »Die Kapitalmärkte diktieren unsere Entlohnung«, so
brachte Robert J. Koehler, Vorstandsvorsitzender der SGL Car-
bon AG, die Folgen der Shareholder-Logik für die Manager auf
den Punkt.[4] Konsequenterweise setzen Manager alles daran, eine gute Börsennotierung zu sichern, und dies hat wiederum gra-
vierende Auswirkungen auf die Arbeitnehmer: Die Geschäfts-
führungen entlassen Arbeitnehmer, verlagern Produktionsstät-
ten, stoßen Produktionszweige ab, die nicht mehr ganz so ren-
tabel arbeiten wie die Aushängeschilder der Konzerne. Häufig
können Unternehmen allein durch die Ankündigung von Entlassungen ihren Börsenwert steigern. Denn der Wille zur rigoro-
sen Verschlankung von Belegschaften gilt als untrügerisches
Anzeichen für die konsequente Verfolgung der Shareholder-
Interessen. Außer den Managern und den Belegschaften in Aktiengesellschaften sind auch mittelständische Unternehmen bereits stark von der Logik des Shareholder-Value-Denkens betroffen, und zwar indirekt: Kleinere Unternehmen, die sich nur un-
genügend finanzieren können, sehen sich dazu gezwungen,
entweder selbst an die Börse zu gehen oder sich im Falle der
Bankfinanzierung an jenen Renditen messen zu lassen, die die
Global Players vorgeben. Die Shareholder-Value-Ökonomie erzeugt so einen gigantischen Strudeleffekt.

Nun gibt es renommierte Wirtschaftsberater wie zum Beispiel Bernhard von Mutius, für die das Shareholder-Value-Modell nur eine vorübergehende Fehlentwicklung ist. Von Mutius kennzeichnet in einem *Zeit*-Interview die Shareholder-Ökonomie einerseits zwar als »Doktrin mit nahezu totalitärem Charakter«, räumt aber andererseits ein, sie sei ursprünglich in dem berechtigten Interesse entwickelt worden, den Unternehmen ein stabiles und langfristiges Wachstum zu verschaffen und »schläfrige Firmenlenker« »anzufeuern«.[5] Mit der Zeit sei aber die Balance zwischen den Shareholdern und den Stickholdern verloren gegangen, das Modell wurde »von den Aktienmärkten dankbar aufgegriffen, gemäß ihren Spielregeln kurzfristig interpretiert und immer weiter reduziert. Zum Schluss zählten nur noch der Quartalsbericht und das Urteil 27-jähriger Analysten.« Zur Korrektur dieser »unglaublichen Vereinfachungen« plädiert von Mutius dafür, bei der Beurteilung von Unternehmen wieder einen längeren Zeithorizont zugrunde zu legen und sich an die Bedeutung des Faktors »Vertrauen« zu erinnern. »Vertrauen hat ... etwas mit Zeit zu tun: mit Geduld und Langfristigkeit. Diese Tugenden standen zuletzt niedrig im Kurs. Aber gerade in einer Epoche der permanenten Beschleunigung gilt: Wer der Schnellste sein will, muss sich viel Zeit nehmen, es zu werden.« Zwei »handlungsleitende Gebote« sollen den Anlegern und ihren Beratern dabei helfen: »Achte darauf, dass die Firmenleitung auf die Qualität der Beziehungen (zu Kunden und Mitarbeitern, *der Autor*) ebenso viel Wert legt wie auf die Quantität der Bezüge!« Und: »Forsche nach, ob die Taten den Reden entsprechen!« So könne »die Moral in die Kostenrechnung« Eingang finden.

Eine solche Argumentation mutet wie Gesundbeterei oder gar wie der Versuch zur Fernheilung an. Die »unglaubliche Vereinfachung« nach den Spielregeln der Aktienmärkte ist nichts

Zufälliges, sondern hat System: Natürlich wollen die Anleger wissen, was im Unternehmen langfristig läuft, und deshalb ist »Vertrauen« als strategisch-taktisches Mittel auch hilfreich. Aber das Vertrauen, von dem Bernhard von Mutius spricht, gilt nur in eine Richtung: die Shareholder sollen den Stickholdern vertrauen können, und dieses Vertrauenskapital sollen sich die Stickholder erarbeiten. Genau hierfür mögen die aufgestellten Gebote auch hilfreich sein. Nur: Echte Vertrauensbeziehungen sind wechselseitig. Wie aber sollen die Stickholder den Shareholdern vertrauen können, wie können sich die Shareholder dieses Vertrauenskapital erarbeiten? Die Geschäftsführung kann keineswegs damit rechnen, dass die Anleger ebenso ihre Pläne offen legen, wie es von ihnen selbst erwartet wird. Welche Beziehungsqualität und welche Übereinstimmung von Worten und Taten sollten bei den Anlegern eigentlich als Gütestandard genommen werden? Das Plädoyer für eine Korrektur der Kurzfristigkeit im Shareholder-Konzept muss an der strukturellen Asymmetrie zwischen Shareholdern und Stickholdern abprallen: Der eine ist hoch beweglich und nahezu unsichtbar, der andere fest eingewurzelt, hat Namen und Adresse und jede Menge Verpflichtungen für die Menschen, die Kommune, die Region.

Wo bleibt die »unsichtbare Hand«?

Wie passt nun das Shareholder-Value-Modell zu der von Adam Smith begründeten Markttheorie (Kapitel 3)? Diese hatte ja behauptet, in der Marktwirtschaft richte sich alles nach dem Konsumenten, er sitze quasi am Manual der Wirtschaftsorgel und spiele die Musik. Nun aber sollen auf einmal alle nach den Aktionären tanzen? Um diesen Widerspruch zwischen der klassischen liberalen Theorie und der heute herrschenden Praxis zu klären, muss man sich als Erstes vergegenwärtigen, dass die behauptete Leistungsfähigkeit des Marktmechanismus in der ökonomischen Theorie an bestimmte Voraussetzungen gebunden war. Ob diese Voraussetzungen aber faktisch vorliegen, darum kümmerten sich die Vertreter dieser Theorie und erst recht die marktwirtschaftlichen Praktiker kaum. Sie glaubten einfach, dass das Marktmodell schon irgendwie auf die Realität passe.

So machte man sich zum Beispiel auch wenig Gedanken darüber, dass in der Theorie immer nur einzelne, isolierte Märkte abgebildet wurden, faktisch jedoch offenbar enorme Wechselwirkungen zwischen den Märkten existieren. Das Marktkonzept hatte und hat auch keine überzeugende Antwort auf die Frage, wie eigentlich die einzelnen Märkte miteinander verkoppelt sind und welche Konsequenzen diese Verkoppelung auf die Leistungsfähigkeit der Märkte bei der Koordination der Wünsche der Konsumenten hat. Konkreter: Wie kann in einem Marktsystem ohne Zutun des Staates verhindert werden, dass ein Ungleichgewicht auf einem der Märkte auch andere Märkte aus dem Gleichgewicht bringt? Wie reagiert die Wirtschaft zum Beispiel, wenn ein Überangebot auf den Gütermärkten entsteht, Unternehmer ihre Güter nicht mehr alle absetzen können und Arbeitskräfte entlassen müssen? Gibt es einen Mechanismus im Marktsystem, der verhindert, dass ein Markt den anderen hinunterzieht? Solche Überschwapp-Effekte waren in der Theorie nicht vorgesehen.[6] Deshalb waren die liberalen Theoretiker auch immer recht ratlos, wenn neue Konjunkturkrisen ausbrachen, die dann stets nur über staatliche Eingriffe bewältigt werden konnten.

Es gibt, so meine Vermutung, auch einen Überschwapp-Effekt, der mit dem zeitlichen Zusammenspiel unterschiedlicher Märkte zusammenhängt. Er ist in der Markttheorie genauso wenig berücksichtigt wie andere Wechselwirkungen zwischen Märkten. Solche zeitbedingten Beeinträchtigungen eines Marktes durch einen anderen können in der traditionellen Markttheorie deshalb nicht berücksichtigt werden, weil diese Theorie die Zeitdimension des Marktgeschehens absichtlich ausklammert. Sie behauptet nämlich, Preise würden sich an Mengen »unendlich schnell« anpassen. Diese Behauptung gilt ihr zwar nur als rein theoretische Annahme, die für eine elegante mathematische Darstellung des Marktgeschehens nötig sei, sie prägt jedoch das gesamte Marktmodell in seinem innersten Kern.

Die Zeitblindheit der Markttheorie ist dafür verantwortlich, dass die Wichtigkeit, die die auf Märkten bewegten Waren für das Leben der Menschen tatsächlich haben, keine Rolle spielt. In der Realität jedoch sind Waren für den Menschen umso wichtiger, je mehr die Menschen auf diese Waren angewiesen sind und je weniger sie diese Waren durch andere ersetzen können. Bekanntlich gibt es Waren, die im Falle der Verknappung bzw. Verteuerung des Angebots für den Nachfrager leicht und das heißt schnell ersetzbar sind, wie zum Beispiel Sheba- durch Whiskas-Dosen. Andererseits gibt es Waren, die für den Nachfrager schwer bzw. langsam oder oft überhaupt nicht ersetzbar sind, wie zum Beispiel Wasser, Wissen, Geld oder Arbeitsplätze.[7] In der Modellwelt des Marktes kann der Nachfrager im Prinzip genauso leicht Arbeits- durch Geldeinkommen ersetzen wie Sheba- durch Whiskas-Dosen, wenn sich an den Preisen etwas ändern sollte. Die Modellwelt des Marktes interessiert sich nämlich nicht für die Inhalte der auf den Märkten gehandelten Waren und erst recht nicht für die Menschen, die diese Waren brauchen. In der Modellwelt des Marktes kommt es allein auf die abstrakten Preis-Mengen-Relationen der isoliert gedachten Waren an.

Die Zeithierarchie der Märkte

Hinter dem in der abstrakten Markttheorie ausgeblendeten zeitlichen Zusammenspiel der Märkte liegt das verborgen, was ich im Folgenden »Zeithierarchie« der Märkte nenne. Was heißt das? Unterscheidet man Märkte zunächst nur danach, was auf ihnen gehandelt wird, so gibt es, grob gesehen, vier Arten von Märkten: *erstens* Märkte für Ressourcen, die von der Natur gratis bereitgestellt sind, vom Menschen allerdings erst erschlossen werden müssen. *Zweitens* Märkte für Arbeitskräfte. *Drittens* Märkte für Produkte, also durch den Einsatz von Arbeit – in lebendiger oder geronnener, also maschineller Form – bearbeitete Gegenstände, die entweder dem Konsum oder der weiteren Produktion dienen. Und *viertens* Märkte für Geld, das dem Zwecke der Geldvermehrung für den Kauf von Ressourcen, Arbeitskräften und Maschinen dient und deshalb gemeinhin Kapital genannt wird.

Der Witz bei dieser Unterscheidung, so meine Kernthese, besteht darin, dass von den Ressourcen- über die Arbeits- und Güter- bis hin zu den Geld- bzw. Kapitalmärkten im Hinblick auf die von der herrschenden ökonomischen Theorie ausgeblendete Zeitdimension sich etwas Entscheidendes verändert: Die Zeit, die die Anbieter von Waren benötigen, um im Falle einer Veränderung der Nachfrage zu reagieren, nimmt drastisch ab. Oder anders formuliert: Die Geschwindigkeit des Marktgeschehens nimmt drastisch zu. Dieser Sachverhalt kann als »Geschwindigkeitshierarchie« oder – genereller – als »Zeithierarchie« der Märkte bezeichnet werden.

Die Zeithierarchie der Märkte hat zwei Aspekte: Zum *Ersten* hängt die Reaktionsgeschwindigkeit der Märkte von der räumlichen Mobilität der Waren ab. Ressourcenmärkte sind in dieser Hinsicht die langsamsten, weil viele Ressourcen an ihrem Ort eingewurzelt sind und auf Veränderungen der Nachfrage hin nicht beweglich gemacht werden können. Man denke zum Beispiel an Bodenschätze im Erdinneren oder an klimaabhängige Pflanzen. Arbeitsmärkte sind schon etwas schneller, weil Menschen auf Nachfrageveränderungen hin durchaus ihren angestammten Ort verlassen können, wobei sie freilich durch ihre Sprache, ihre Kultur, ihre Familie, ihre Ausbildung etc. in ihrer Flexibilität mehr oder minder stark begrenzt sind. Gütermärkte sind schon wesentlich schneller, weil die meisten Güter mithilfe der modernen Transporttechnik in relativ kurzer Zeit von A nach B transportiert werden können und es in der Regel ein Leichtes ist, Werbung und Vertrieb auf den jeweiligen Ort einzustimmen. Kapitalmärkte aber sind ohne jeden Zweifel die schnellsten: Es dauert bekanntlich nur Sekunden, um gigantische Summen rund um den Globus zu dirigieren. Bereits Mitte der 90er-Jahre schätzte man, dass pro Tag zwei Billionen Dollar auf den weltweiten Kapitalmärkten umgesetzt wurden – davon übrigens nur ein verschwindender Anteil zum Zwecke der Abwicklung des Außenhandels.[8] Der »Rest« zum Spekulieren.

Die unterschiedlichen Reaktionszeiten hängen zum *Zweiten*

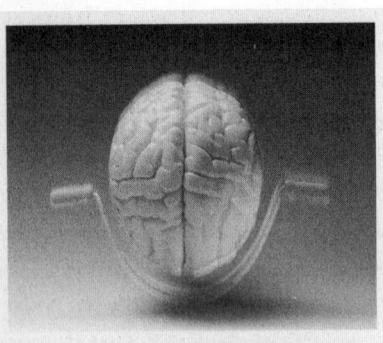

davon ab, wie schnell an einem gegebenen Ort die nachgefragten Waren vermehrt werden können. Ressourcen sind teils nicht, teils nur sehr langsam vermehrbar. Selbst regenerierbare Ressourcen wie Pflanzen und Tiere reagieren oft nur sehr begrenzt und träge, weil die Natur meist nicht so schnell ist, wie die Nachfrager dies wünschen. Arbeitskräfte sind oft schon etwas schneller. Bei ihnen hängt die Reaktionsgeschwindigkeit vor allem vom Erwerb ihrer Qualifikationen ab. Güter können in der Regel ziemlich schnell nachproduziert werden, wenn die technischen Voraussetzungen bereits vorliegen. Geld bzw. Kapital aber kann in Sekunden vermehrt werden, allein durch einen Willensentschluss – bei Staaten als Ausgabe neuer Geldscheine, bei Banken als Ausgabe von Krediten, bei Privaten als Kauf- bzw. Zahlungsversprechen. Zwar funktionieren diese Formen der Geldvermehrung nur, wenn hinter ihnen auch eine gewisse Glaubwürdigkeit steckt – aber diese lässt sich in der Praxis offenbar relativ leicht herstellen.

Wen kann es also wundern, dass es angesichts dieser systematischen Abstufung der Reaktionszeiten in der weltweiten Marktwirtschaft die Kapitalmärkte sind, die den Takt schlagen und das Tempo bestimmen? Die Kapitalmärkte dominieren die Wechselbeziehungen zu den anderen Märkten. Die anderen Märkte werden dabei ständig überrollt und an die Wand gespielt. Nicht nur, dass eine Geldüberweisung oder eine telefonische Bestellung schneller geht als der Bau eines Hauses, sondern dass die Bereitstellung des Geldes allein von der Geschwindigkeit seines Rückflusses mit Zins und Zinseszins abhängt, das ist der Punkt, um den es hier geht. Wie dringend der Hausbau ist und wie lange er dauert, spielt dabei keinerlei Rolle. Während in der vom Kapitalismus noch nicht durchdrungenen Welt, in der es auf Qualität *und* Quantität ankam und ankommt, das Schnellere keineswegs immer das Dominierende ist, während also zum Beispiel Taifune und Hurrikane keineswegs das Klima, Geparde keineswegs die gesamte Tierwelt und Nervenbahnen keineswegs den gesamten Menschen dominieren, kann durch die Verwandlung aller sinnlichen Qualitäten in reine Quantitäten, nämlich in die Quantitäten des Geldes, eine klare Hierarchie hergestellt werden: Die sinnliche Welt zählt nur so viel, wie sie zur Vermehrung von Geld beitragen kann.[9]

Die Beseitigung aller Hindernisse

Die von Aristoteles festgestellte Maßlosigkeit des Geldes, die, wie Marx und andere später diagnostizieren, zur Produktion um der Produktion willen antreibt, zeigt sich heute als Zeitdiktat der Kapitalmärkte über alle anderen Märkte. Nicht der Konsument gibt den Ton an, sondern das Kapital macht die Musik, indem es den Takt für den »Rest« des Wirtschaftsgeschehens schlägt.

Die überlegene Schnelligkeit des Geldes treibt den Menschen dazu, alle Hindernisse, die der Geldvermehrung entgegenstehen, zu beseitigen. Dieses Niederwalzen von Hindernissen findet statt, seit es Geld gibt. Aber mit der Weiterentwicklung von Arbeitsteilung und Austausch, die dem Geld erst seinen zentralen Stellenwert gab, und der Entwicklung der Produktivkräfte, die zu immer tieferen Eingriffen in die Natur führte, nimmt dieses Niederwalzen dramatische Formen an. Die Beseitigung aller Hindernisse geht einher mit der Verselbstständigung der Ökonomie gegenüber den natürlichen Lebensgrundlagen, den kulturellen und sozialen Traditionen und Institutionen, den individuellen Bedürfnissen. Damit werden auf allen Ebenen evolutionär entstandene System- und Eigenzeiten durch ökonomische Programmzeiten überlagert, vergewaltigt, zerstört. Parallel dazu entwickelte sich seit Beginn der modernen Wirtschaftsweise vor 250 Jahren übrigens auch die Wirtschaftswissenschaft als selbstständige wissenschaftliche Disziplin, die sich fortan ausschließlich um die Effizienzsteigerung des Wirtschaftens kümmerte. Soziale und moralische Fragen nach dem guten Leben überließ sie anderen Disziplinen, der Soziologie und der Ethik – und ihre Vertreter waren noch dazu stolz darauf.

Das Geld regiert die Welt, heißt es lapidar. Was bedeutet dies in Bezug auf den Umgang mit der Natur, mit der Kultur und Gesellschaft sowie mit dem einzelnen Menschen? *Erstens* zum Umgang des Geldes mit der den Menschen umgebenden Natur: Die unvergleichliche Schnelligkeit des Geldes sorgte in den vergangenen zwei bis drei Jahrhunderten in bis dahin unvorstellbarem Ausmaß für die Einebnung und Befestigung der Erdoberfläche überall dort, wo Berge, Täler, Sümpfe und Wiesen den Transport von Ressourcen, Waren und Arbeitskräften behinderten. Und diese Planierung geht weiter. Die Schnelligkeit des Geldes sorgte dafür, dass Flüsse begradigt, ihre Fließgeschwindigkeit erhöht und ihre Ufer eingegrenzt wurden, um aus alledem Nutzen für Produktion, Transport und Lagerung von Waren zu ziehen, die Geld bringen sollten. Auch hier ist in weiten Teilen der Welt keine Umkehr in Sicht. Die Schnelligkeit des Geldes sorgte dafür, dass die »unterirdischen Wälder«, also die fossilen Energieträger, die im Laufe von Jahrmillionen gewachsen waren, schneller als zuvor der oberirdische Wald »abgeholzt« wurden. Auch dieser Raubbau geht unvermindert weiter. Die Schnelligkeit des Geldes sorgte dafür, dass »Nutz«-Pflanzen und -Tiere um ein Vielfaches schneller wachsen, als die Evolution dies vorgesehen hatte. Und heute wundert man sich, wenn zum Beispiel Tiere, die sich nach dem evolutionären Programm eigentlich von Pflanzen ernähren, nach ihrer Mästung mit Tierknochenmehl wahnsinnig werden – und die Menschen ebenso, wenn sie dieses Tierfleisch anschließend essen. Und die Schnelligkeit des Geldes ist nun auf dem Sprung, auch die genetische Ausstattung des Menschen den Bedürfnissen der Ökonomie nach maximaler Leistungsbereitschaft, Leistungsfähigkeit und Berechenbarkeit anzupassen. Die genetisch bewerkstelligte optimale Rundum-Verwertung des Menschen dürfte eines der größten technologischen und ökonomischen Zukunftsprojekte des Turbokapitalismus sein.

Die entfesselte Geldlogik macht sich *zweitens* daran, einen neuen Menschen zu schaffen – ein arbeitendes und konsumierendes Wesen: Während es im Mittelalter in Europa weit über hundert allgemeine Feiertage im Jahr gab,[10] jeder Ort noch etliche lokale Feiertage zusätzlich hatte und es dazu noch den so genannten blauen Montag gab, machte und macht die kapitalistische Wirtschaft mit all dieser Faulenzerei ein für allemal Schluss. Zwar gelang der Gewerkschaftsbewegung, die mit der kapitalistischen Industrialisierung gewaltig gestiegene Arbeitszeit etwas zurückzudrängen, aber dafür wächst nun der Zwang zur allzeitigen Verfügbarkeit der Arbeitskraft. Die Arbeitszeitverkürzung war außerdem auch im langfristigen Interesse der Kapitaleigentümer, die nicht nur dem vorzeitigen Arbeitskräfteverschleiß Einhalt gebieten wollten, sondern mit gestiegener Produktivität nunmehr die zweite Anpassungsrichtung ins Zentrum stellten – die Konditionierung des Menschen zum konsumierenden Wesen. Die Lebenszeit des Menschen sollte möglichst lückenlos als Arbeits- und als Konsumzeit bewirtschaftet werden, d. h. der Geldverwertungslogik nutzbar gemacht werden. Deshalb wird nun systematische Bedürfnisweckung betrieben. Auch eine Jahrtausende alte Pausenkultur fiel dem Verwertungszwang menschlicher Zeit zum Opfer. Genügsamkeit in Bezug auf den Konsum galt von nun an als genauso schädlich wie Faulheit in Bezug auf die Arbeit.

Und *drittens* werden auch Kultur und Gesellschaft von der

Logik der entfesselten Geldproduktion systematisch danach durchforstet, welche Aktivitäten und welche Menschen wirtschaftlich wertvoll sind und welche nicht. Alles Langsame droht dabei als Ballast abgestoßen zu werden, man nennt dies heute verharmlosend »Verschlankung«. Je schlanker, desto schneller, je schneller, desto schlanker! So die Grundformel im Wettbewerb der Betriebe und der Standorte. Das bekommen auch die mittelständischen Unternehmen zu spüren. Oben war von einem Strudel die Rede, in den sie hineingerissen werden. In ihrer ohnmächtigen Verzweiflung schlagen die Mittelständler dann oft besonders heftig auf jene ein, die ihnen das Leben aus ihrer Perspektive eigentlich so schwer machen, nämlich die Gewerkschaften. Aus einer objektiveren Perspektive ist die Situation des Mittelstands durch seine spezifische Lage innerhalb der Zeithierarchie der Märkte gekennzeichnet: Eingezwängt zwischen dem hoch dynamischen und anonymen Geldmarkt einerseits und dem weniger dynamischen Arbeitsmarkt – samt dem Ballast oft sehr persönlicher Verpflichtungen für die Lebenswelt der Arbeitnehmer – andererseits, muss dem Mittelstand als Erstem die Luft ausgehen. Das gilt erst recht für jene Mittelstandsbetriebe, die in arbeitsintensiven Branchen, wie im Handwerk, ganz besonders auf kooperationswillige Arbeitnehmer angewiesen sind.

Und wohin lenkt das Geld fast alle Potenziale – Energie und Materie, Erfahrung und Kreativität von Natur und Mensch? Wo die Logik von Geld und Kapital frei schalten und walten kann, wo also das Produzieren um der Produktion willen ungebremst stattfindet, werden fast alle Potenziale dorthin gelenkt, wo sowieso schon am meisten Potenziale konzentriert sind und sich schon alles am schnellsten entwickelt. Noch etwa um 1600 war in allen damaligen Hochkulturen der Welt, in China, Afrika, Amerika und Europa, die Produktivität im damals dominierenden Sektor, der Landwirtschaft, in etwa gleich weit entwickelt.[11] Heute, also nur 400 Jahre später, klaffen in Landwirtschaft, Industrie und Dienstleistung Welten zwischen den ökonomisch Fortgeschrittenen und den ökonomisch Zurückgebliebenen.

Für das reichste Fünftel der Menschen geben beispielsweise Autokonzerne Jahr für Jahr zig Milliarden Euro, Dollar oder Yen aus, um immer wieder neue Modellreihen zu entwickeln, die sich von den alten nur mehr in Nuancen unterscheiden. Für das ärmste Fünftel fehlt es an einfachsten Transportmitteln. Bei uns werden gigantische Anstrengungen in die Entwicklung von hoch veredelten Nahrungsmitteln, virtuellen Medienwelten, High-Tech-Medizin, Hochgeschwindigkeitsfahrzeugen und Hochhäusern gesteckt. Dort aber, wo Steinzeit und Mittelalter stehen geblieben sind, fehlt es am Allernötigsten: an Trinkwasser und Brot, an der Fähigkeit zum Lesen und Schreiben, an der medizinischen Grundversorgung, an begeh- und befahrbaren Straßen und an einfachem Regenschutz und Trinkwasserzufuhr für die Wohnungen der Menschen. Parallel dazu verkürzen sich auf den Wohlstandsinseln der Welt die Nutzungszyklen, die besser Wegwerfzyklen heißen sollten, in rasender Geschwindigkeit: Bei Autos sind es derzeit rund zehn Jahre, bei Computern vier Jahre, bei Handys 15 Monate.

Ein gutes Beispiel für die Art und Weise, wie der Turbokapitalismus die Potenziale lenkt, liefert Adidas.[12] Der Konzern ist stolz darauf, dass er neue Kollektionen manchmal im Zwei-Monats-Rhythmus auf den Markt werfen kann. Adidas plant, die Zeit von der Idee bis zur Marktreife von derzeit 18 Monaten auf neun Monate zu verkürzen. Ein neues Planungssystem soll dabei unliebsame Überraschungen minimieren, indem es für jeden Artikel die erwarteten Verkaufsmengen im Voraus kalkuliert. So kann es nicht wundern, dass bei einer solchen Art des Wirtschaftens der Großteil des Ladenpreises der Finanzierung von Werbung, Marketing und Entwicklung dient und nur ein kleiner Rest von einigen Cent den Arbeitnehmern, zumeist in Dritte-Welt-Ländern, zugute kommt.

Schlimmer noch: Diese Wirtschaftsordnung bemüht sich auch noch mit wachsendem Einsatz, bei den Übersatten und Überversorgten ständig neue Bedürfnisse zu wecken, damit sie das bereits Konsumierte nur ja schnell genug wieder wegwerfen und erneut Geld locker machen für die nächste Runde im großen Fressen. Die kapitalistische Weltökonomie ist eine einzige gigantische Bulimie: Sie bringt die Menschen systematisch dazu, das soeben Verspeiste sofort wieder herauszukotzen. Dahinter steckt eine ganz bestimmte Form der Rückkoppelung – die Rückkoppelung von Gewinn und Investition: Wo der größte Gewinn gemacht wird, dort kann am meisten investiert werden. So müssen die Reichen immer reicher werden, die Schnellen immer schneller. Und so müssen die Armen und Langsamen zwangsläufig immer mehr zurückbleiben. Das ist wohl das größte Verbrechen, das die kapitalistische Geldwirtschaft an der Menschheit begeht, ohne dass dafür bestimmte Personen oder auch Institutionen zur Rechenschaft gezogen werden könnten. Die Geldlogik arbeitet mit einer eigentümlichen Form von Gewalt, die von Soziologen als »strukturell« charakterisiert wird – die freilich plötzlich, wie am 11. September 2001 in New York geschehen, in personelle Gewalt umschlagen kann.

Die Formierung der Welt I: die Technologien

Ein Großteil der technischen Revolutionen der letzten beiden Jahrhunderte diente *erstens* der Beschleunigung der Produktion, des Transports und des Konsums von Waren und Diensten. Zu diesem Zweck wurden, wie oben bereits skizziert, die

Außen- und die Innenwelt des Menschen gleichermaßen der Verwertungslogik entsprechend umgeformt. Das Produktdesign und die Designerdroge, Internet und Gentechnik sind Zwillingsschwestern, sie sollen den konsumierenden und arbeitenden Menschen schneller machen.

Die Kunst der technologischen Entwicklung bestand und besteht *zweitens* darin, dass die Entwicklung von Produktions-, Transport- und Konsumbeschleunigern auch selbst beschleunigt werden musste und muss. Deshalb darf der Entwicklungsprozess von neuen Technologien nicht zu lange dauern. Gründlichkeit und Sorgfalt bei der Technologieentwicklung, zum Beispiel in Gestalt ausführlicher Abschätzung der Risikofolgen und ausgiebiger Tests, sind tendenziell unbezahlbar und gelten bisweilen als Relikte altmodischer Handwerkstugenden. Solche Tugendhaftigkeit wird auf dem Markt auch prompt bestraft – durch Entzug oder zumindest Verteuerung von Kapital. Deshalb gibt es so viele Pannen und Rückrufaktionen bei neuen Produkten, und deshalb haben es auch so genannte »sanfte« Technologien auf dem Markt so schwer und können in der Regel nur durch massive staatliche Unterstützung überhaupt ins Leben gerufen und am Leben erhalten werden.

Und *drittens* verbietet sich ein zu hohes Maß an Dauerhaftigkeit der Resultate dieses Entwicklungsprozesses, weil sich das investierte Kapital ja möglichst schnell amortisieren muss. Sollbruchstellen aller Art und ein möglichst schnell veraltendes Design sorgen dafür, dass alles schnell wieder auf dem Schrottplatz landet. Indem also Technologien in die Formierung der Welt nach der Logik des Geldes einbezogen werden, werden sie Opfer und Täter zugleich: Die Technikentwicklung fügt sich den ökonomischen Zwecken und unterstützt diese gleichzeitig.

Die Formierung der Welt II: Staat und Politik

Vergleichbares gilt für die Entwicklung von politischen Institutionen und die Festschreibung von staatlichen Normen. Der Zeitdruck bei der Entwicklung von Institutionen wird besonders in politischen Umbruchsituationen deutlich: Unmittelbar nach dem Ersten und nach dem Zweiten Weltkrieg stellte sich aus nahe liegenden Gründen auch in Deutschland die Frage nach einer möglichen Korrektur des Wirtschaftssystems. So hieß es 1947 im Ahlener Wirtschaftsprogramm der CDU, der Kapitalismus sei den »Interessen des deutschen Volkes« nicht gerecht geworden. Aber schon kurz nach solchen historischen Katastrophen und Zäsuren ging man immer wieder schnell zur wirtschaftlichen Tagesordnung über. Die Mark musste wieder rollen, weil ja auch der Dollar rollte. Also »keine Experimente!« – so lautete das bekannte Motto der Adenauer-Regierung. Ähnlich in Eile war man bei der Wiedervereinigung Deutschlands. Und auch beim Betrieb der Institutionen wird mit Zeit geknausert und ein zu weiter Zeithorizont als schädlich für den Wirtschaftsstandort vermieden. So soll sich Europa zum Beispiel integrieren, ob die Europäer reif dafür sind oder nicht. Auch Fragen der politischen Mitwirkung, der gerechten Chancenverteilung oder der Verantwortbarkeit von Entscheidungen werden regelmäßig den wirtschaftlichen Wachstumserfordernissen untergeordnet.[13]

Wie die Technik, so wird auch der Staat gleichzeitig zum Opfer und Täter des Turbokapitalismus geformt. Als Täter unterstützt er die Fortsetzung dieser Formierung durch Bereitstellung verbesserter Beschleunigungs- und Formierungsmittel. So wie die Technik Autobahnen, Hochgeschwindigkeitszüge und Datennetze hervorbringt, die Genstruktur von Pflanze, Tier und Mensch verändert, so versucht der Staat, dies alles in halbwegs geordneten Bahnen zu halten. An der grundsätzlichen Richtung will und kann er wenig ändern. Wenn heute fast alle Parteien nahezu einstimmig nach der Verkürzung der Schul- und Studienzeiten, nach dem Abbau des Kündigungsschutzes und der Lohnnebenkosten und nach der Verlängerung der Lebensarbeitszeit rufen, zeigt dies nur, wie übermächtig der Zwang zur Verwertung der menschlichen Arbeitskraft im Interesse der Selbstverwertung des Geldes ist. Konsequenterweise setzen auch fast alle Vorschläge zur Reformierung des Sozialstaats auf der Ausgabenseite und bei den einfachen Bürgern an, dort also, wo sich die Leidtragenden solcher Vorschläge den Folgen nicht so leicht entziehen können. Ein gutes Beispiel für einen solchen Ansatz ist das Buch *Einspruch! Wider den organisierten Staatsbankrott* des grünen Haushaltspolitikers Oswald Metzger, der das Heil in der Begrenzung der Staatsverschuldung und in der Vereinfachung des Systems der Einkommenssteuer sieht, aber sich offenbar an die großen Vermögens- und Geldbesitzer nicht herantraut.[14] Würde man sie mehr zur Kasse bitten, würden sich diese schnell aus dem Staube machen. Insofern sind zum Beispiel die Gewerkschaften, die an Vermögens-, Erbschafts-, Kapitalertrags- und ähnliche Steuern erinnern, in der Tat »Blockierer«: Sie fordern zur Schließung der Fluchtwege des Geldes auf und behindern so die asozialen Machenschaften einer Minderheit unter den Bürgern.[15]

Als Inhaber des Gewaltmonopols ist der Staat gegenüber allen anderen Institutionen herausgehoben: Er muss eigentlich das letzte Wort haben, so steht es in der Verfassung der Bundesrepublik Deutschland und fast aller anderen modernen Staaten. Wie aber ist das Verhältnis von Staat und Wirtschaft tatsächlich beschaffen? Wenn sich Vertreter von Wirtschaft und Staat in Verhandlungen gegenübersitzen, dann kann schon eine oberflächliche Betrachtung deutlich machen, dass es sich um recht ungleiche Partner handelt. Man vergleiche die Spitzenvertreter von Wirtschaft und Staat nur einmal mithilfe jenes Kriteriums, das in der Geldgesellschaft die Köpfe und Herzen der Menschen bei der Beurteilung anderer so sehr bestimmt – das Einkommen.

Regierungschefs, Minister und Abgeordnete sind »arme Schlucker« im Vergleich zu den ihnen gegenübersitzenden Wirtschaftsleuten. Peter Glotz, SPD-Politiker und Kommunikationswissenschaftler, fragt zum Beispiel: Was sind schon die 165 138 Euro, die ein Bundesminister, oder die 82 536 Euro, die ein Bundestagsabgeordneter jährlich verdient, im Vergleich zu den 8,4 Millionen Euro des Vorstandsvorsitzenden der Deutschen Bank?[16] Wenn stimmen würde, was das Glaubensbekenntnis der Leistungsgesellschaft behauptet, dass nämlich die Leistungsbesten auch am besten belohnt werden, dann müssten diejenigen, die in der Wirtschaft tätig sind, auch die Besten sein. Wer also in der Politik gelandet ist, der wäre demnach von vornherein schon zweite, dritte oder vierte Wahl. Oder ist die Wirtschaft das Aktionsfeld der Realisten, die Politik das Feld für Idealisten und Psychopathen?

Eine etwas tiefer gehende Betrachtung des Verhältnisses von Wirtschaft und Staat könnte an den oft zitierten Befund vom privaten Reichtum und der öffentlichen Armut anknüpfen. Egal, welche Ebene der Politik und welcher Aspekt der Staatsgewalt betrachtet wird: Die räumlich gebundenen und relativ schwerfälligen demokratischen Willensbildungsprozesse können mit der globalen und ungleich schnelleren Ökonomie nicht mithalten. So wird der Bürger zur Geisel des Kapitals. »Anleger müssen sich nicht mehr nach den Anlagemöglichkeiten richten, die ihnen die Regierung einräumt, vielmehr müssen sich die Regierungen nach den Wünschen der Anleger richten«, stellt der ehemalige Chef der Deutschen Bank Rolf Ernst Breuer fest.[17] Wenn gegenwärtig alle Parteien das Sozialversicherungssystem reformieren wollen, versuchen sie, das Geld wiederum bei den Langsamsten zu holen: Nicht die Pharmakonzerne sollen ihre Gewinne reduzieren, sondern die Versicherten sollen ihr Verhalten ändern. Erstere können sich halt schneller als Letztere aus dem System verabschieden.

Am deutlichsten aber wird die Strangulierung des Staates bei der Steuerpolitik. Obwohl der Stellenwert des Produktionsfaktors Kapital im Vergleich zum Produktionsfaktor Arbeit seit Beginn der Industrialisierung immer mehr zunimmt, tragen die Abgaben und Steuern des Kapitals zur Finanzierung des Staates einen immer kleineren Anteil bei. Das Geld hat vielfach längst das Weite gesucht, ehe es vom Staat erfasst ist und sozial verpflichtet werden könnte. Die Arbeitskraft hingegen bleibt greifbar, weil sie am Menschen mit seiner Familie, seinen Freunden, seiner Heimat hängt. Der Politik bleibt oft gar nichts anderes übrig, als die Großen und Schnellen mit Steuern zu verschonen, wie zum Beispiel die Fluggesellschaften beim Flugbenzin, oder sie sogar zu subventionieren, wie zum Beispiel große von Insolvenz bedrohte Unternehmen wie die Kirch-Gruppe oder den Holzmann-Konzern. Die Kleinen und Langsamen, der Mofafahrer und der Schreiner um die Ecke, müssen dafür geradestehen. Die Zeithierarchie der Märkte hat also ihre Entsprechung in der Zeithierarchie der Einspar- und Steuerpolitik.

Die unwürdige Jagd demokratisch verfasster Staaten nach jener Voraussetzung, ohne die sie nicht existieren können, nämlich nach Geld, beherrscht auch die internationale Politik. Staaten, allen voran die USA, versuchen ihre Interessen dadurch zu sichern, dass sie über immer weitere räumliche Distanzen und mit immer höheren Geschwindigkeiten sowohl Informationen als auch Materialien und Energien aus der ganzen Welt heranschaffen und ihrer Volkswirtschaft nutzbar machen. Dabei setzen sie sich, wie jüngst die Politik der USA gegenüber dem Irak gezeigt hat, über verfassungs- und völkerrechtliche Skrupel hinweg. Sie beziehen den Krieg als Fortsetzung der Politik mit anderen Mitteln immer umstandsloser in ihre Außenpolitik mit ein – offiziell gerechtfertigt als Kampf gegen den internationalen Terrorismus.

Die Kommune als Lernort der Demokratie

Am stärksten betroffen von dieser Zeithierarchie der Politik ist deren Fundament: die Kommune. Die Städte stehen vor dem Ruin, verkündete der Vorsitzende des Bayerischen Städtetags, der Landshuter Oberbürgermeister Josef Deimer, engagierter CSU-Lokalpolitiker, im Sommer 2002. Schuld ist ein drastischer Einbruch der Gewerbesteuer, der Deimer zufolge weniger auf eine schlechte Ertragslage der Unternehmen zurückzuführen ist als vielmehr darauf, dass Konzerne und Kapitalgesellschaften Verluste, die sie in irgendeiner Niederlassung gemacht haben, bei lokalen Steuererklärungen steuermindernd geltend machen können. »In Landshut zahlt von BMW bis Telekom keiner auch nur einen Euro Steuer.«[18] Es kommen sogar noch Rückzahlungsforderungen auf die Kommunen zu. Aus München und anderen Großstädten war Ähnliches zu hören. Drastischer noch zeigt sich die Lage in so genannten strukturschwachen Gebieten, wo ganze Städte oft von einer Hand voll Unternehmen abhängig sind.

Als zum Beispiel in Neustadt bei Coburg die Firma Inge-Glas im Frühjahr 2002 trotz gefüllter Auftragsbücher Insolvenz anmelden musste, weil die Dresdner Bank angeblich ihr Finanzierungskonzept nicht mehr aufrechterhalten konnte, sprach der Neustadter Oberbürgermeister Frank Rebhan von »Firmenmord«[19]. Die Steuereinnahmen von Neustadt waren bereits auf einen Bruchteil des Vorjahres gesunken. Die Dresdner Bank und andere Banken berufen sich bei ihrer zurückhaltenden Kreditpolitik auf jene Regeln, welche die Bank für Internationalen Zahlungsausgleich in Basel zur weltweiten Stabilisierung des Finanzsystems erlassen hat. Nach diesen Regeln, »Basel I« und »Basel II« genannt, darf Firmen, deren Eigenkapital eine bestimmte Grenze unterschreitet, kein Kredit mehr gewährt werden.

Eigentlich sollte die Kommune ja der Ort sein, an dem die demokratische Ordnung unseres Gemeinwesens am unmittelbarsten erfahren und gelernt werden kann. Tatsächlich wird sie immer häufiger zum Ort der besonders anschaulichen Erpressung der Bürger durch das Kapital. Streng juristisch handelt es sich dabei allerdings meist nur um »Vorteilsnahme«. Das Muster dieser erpresserischen Vorteilsnahme ist immer wieder das gleiche: Die Dynamik geht von hoch flexiblen und superschnellen Großkonzernen aus. Zuerst bauen sie mit öffentlicher Unterstützung Kapazitäten auf, die sie bald darauf in andere Regionen mit günstigeren Kosten verlagern. Dies verringert die private Kaufkraft und die Einnahmen der öffentlichen Hand in der ursprünglichen Region. Dadurch bekommt der handwerkliche und gewerbliche Mittelstand Probleme. Diese zwingen zu Kurzarbeit, Entlassungen und Kürzungen bei der freiwilligen Kultur- und Sportförderung. Dies begünstigt die Entstehung sozialer Brandherde.

Am Ende muss die Kommune mit ihren schwindenden Mitteln all diese Belastungen auffangen – durch verstärkte Jugendhilfe, erhöhte Sozialhilfeausgaben, zusätzliche Aufwendungen für Freizeitangebote und öffentliche Sicherheit. Unter den herrschenden Bedingungen gibt es zudem kaum Hoffnung auf eine Änderung. Vielmehr fehlen der Kommune durch solche Zusatzaufgaben genau dort die Mittel, wo sie dringend gebraucht werden. Kommunen, die einmal der Ruf ereilt hat, unattraktiv zu sein, werden auch bei zukünftigen Investitionsentscheidungen schnell übergangen. So entsteht ein klassischer Teufelskreis.

Was für Kommunen gilt, gilt modifiziert auch für Regionen, Bundesländer, Bundesstaaten: Sie müssen sich immer häufiger einem Wettbewerb der Besten unterziehen, sich auf so genannten Ranking- oder Ratinglisten einordnen lassen. Wer auf einer solchen Liste recht weit unten landet, um den machen Investoren einen weiten Bogen. Zudem werden in solchen Regionen, Ländern und Staaten die politisch Verantwortlichen mit einer Verschlechterung der Bedingungen bei der Kreditfinanzierung der öffentlichen Aufgaben bestraft. Wehe, wenn einer der großen Industriestaaten das begehrte »Triple A«, also die Bestnote »AAA« verliert, wie dies Japan geschehen ist und der Bundesrepublik heute droht, weil Wachstum und Produktivität über längere Zeit rückläufig waren. Wehe, wenn einer der Mitgliedsstaaten der Europäischen Union, wie die Bundesrepublik im Herbst 2002, von der Europäischen Kommission zur Zahlung einer Strafgebühr verurteilt wird, weil sie die Stabilitätskriterien des EU-Vertrags nicht einhalten kann.

Wenn man das Zusammenspiel von Kommune, Land, Bundesstaat und Europa vor dem Hintergrund der Hierarchie der Märkte betrachtet, so zeigt sich insgesamt eine zur ökonomischen analoge politische Hierarchie: *Einerseits* bewirken die ökonomischen Zwänge, dass von unten nach oben immer mehr politische Institutionen geschaffen und mit Kompetenzen und Ressourcen ausgestattet werden müssen. *Andererseits* versuchen die höheren Institutionen, die Lasten an die jeweils unteren abzuwälzen. Auch dieser Verschiebebahnhof hat die Kommunen in die gegenwärtige Lage gebracht. Weil die Kommunen in der Lebenswelt der Menschen verwurzelt sind und auf vielfältige Weise auf Mensch, Kultur und Natur Rücksicht nehmen müssen, sind sie hundertmal unbeweglicher als etwa die Europäische Kommission, die Gelder nach Maßgabe ökonomischer Kennziffern verschiebt und von den konkreten Konsequenzen bei den Betroffenen wenig mitbekommt. Die EU kann sich aus bestimmten Projekten einfach zurückziehen, die Kommune nicht. Die EU-Repräsentanten können viele Entscheidungen ohne Mitwirkung derer, die sie repräsentieren und die von den Entscheidungen betroffen sind, fällen, die Stadtväter meist nicht. Parallel zur Zeithierarchie der Märkte gibt es also eine Zeithierarchie der Zuständigkeiten und Verantwortlichkeiten von Staat und Politik.[20]

Schlussverkauf

Den Letzten, die Kommunen also, beißen die Hunde. In dieser beklemmenden Situation werden dann recht merkwürdige Ideen geboren: Kommunen verkaufen Schwimmbäder, Schulen und gar ihr Rathaus an amerikanische Leasinggesellschaften und leasen diese Gebäude anschließend wieder zurück, um Geld zu sparen. Ökonomisch relativ gut gestellte Bundesländer wie zum Beispiel Bayern lassen sich von Unternehmensberatungsfirmen auf ihre wirtschaftliche Fitness hin testen. Auf deren Empfehlung hin erwägen sie dann neben einer weit reichenden Privatisierungsoffensive in Ländern und Kommunen, welche die Wasserversorgung, den öffentlichen Verkehr und die Universitäten betreffen soll, sogar die Einrichtung von Sonderwirtschaftszonen, wie sie bisher nur aus Schwellenländern und aus Ostdeutschland bekannt waren. Diese dienen bekanntlich der beschleunigten Gewerbeansiedlung unter Umgehung der üblichen rechtsstaatlichen Prozeduren. Und Landräte, Bürgermeister und Gemeinderäte sollen sich nach einem Vorschlag des vom Freistaat Bayern in Auftrag gegebenen McKinsey-Gut-achtens in Zukunft in einer neu zu gründenden »Bayerischen School of Government« für ihre neuen Aufgaben »trainieren« lassen.[21]

Fit gemacht sollen die demokratisch gewählten Vertreter des Gemeinwesens nicht zuletzt dafür werden, dass sie möglichst schnell und effektiv das Eigentum dieses Gemeinwesens ver-scherbeln. Die seit Jahren massiv betriebene Privatisierung des öffentlichen Eigentums hat zwei einfache Gründe, die sich gegenseitig bedingen und verstärken: *erstens* die zunehmende öffentliche Armut, *zweitens* den zunehmenden privaten Reich-tum. Der Münchner Wirtschaftswissenschaftler Franz Garnrei-ter hat überzeugend dargelegt, wie durch beständige Umvertei-lung von Vermögen in den letzten Jahrzehnten in den Händen einiger weniger Konzerne und Einzelpersonen ungeheure freie Kapitalmassen entstanden sind, die nach Anlagemöglichkeiten suchen. Während die deutschen Unternehmen in den 70er-Jah-ren noch 60 Prozent ihres Nettoeinkommens in ihre Betriebe steckten, um sie zu modernisieren und zu erweitern, ist dieser Betrag mittlerweile auf 25 Prozent gesunken. Drei Viertel ihres Nettoeinkommens schütten die Unternehmen also heute an die Anteilseigner aus oder horten es – ungeheure Geldmengen, »auf der Suche nach profitabler Anlage«. Wie gut, dass just in dieser Zeit Kommunen massenweise insolvent zu werden dro-hen, der Staat in größten Finanzierungsnöten steckt.[22]

An dieser Stelle einige wenige Zahlen zum skandalösen Reichtum in der freien westlichen Welt. Heute verfügen die 447 Milliardäre der Welt über ein Vermögen, das höher als das gesamte Jahreseinkommen von mehr als der Hälfte der Weltbe-völkerung ist.[23] Das Vermögen der drei reichsten Milliardäre der Welt ist größer als das Sozialprodukt der 48 ärmsten Länder der Welt.[24] Und der private Reichtum der Familie Walton aus Arkansas, Eigentümerin der Einzelhandelskette Wal-Mart, die im Geschäftsjahr 2002/2003 einen Rekordgewinn von acht Milliarden Dollar erzielte[25], ist mehr als doppelt so hoch wie das Bruttoinlandsprodukt von Bangladesch, das für 127 Millionen Menschen ausreichen muss.[26] All dieses Geld muss aber erst erwirtschaftet werden, und wenn Geld Zeit ist, dann drängt die Zeit umso mehr, je mehr Geld auf Vermehrung wartet.

Volksherrschaft oder Geldherrschaft?

»Alle Staatsgewalt geht vom Volke aus«, heißt es im Grundgesetz der Bundesrepublik Deutschland. Diese Gewalt droht mittellos zu werden, wenn sich das Geld vom Volk und seinem Staat zurückzieht, genauer: sich auf den Konten einer Minderheit konzentriert. Volksherrschaft und Geldherrschaft gehorchen gegensätzlichen Prinzipien: hier der gleiche Anspruch eines jeden Menschen auf ein Leben in Würde und Glück, dort der gleiche Anspruch eines jeden Euro, Dollar, Yen auf seine Vermehrung. Hier der Grundsatz »Ein Mann – eine Stimme«, dort der Grundsatz »Wer zahlt, schafft an«. Hinter den beiden Herrschaftsauffassungen stehen zwei Menschenbilder: hier der Mensch als Einheit von Leib und Seele, dort der Mensch als Humankapital.

Die geistigen Wurzeln des Systems der privaten Erpressung bzw. Vorteilsnahme gegenüber dem im Staat organisierten Volk werden im Zusammenhang mit dem Menschenbild des auf Humankapital reduzierten Menschen besonders deutlich. In einem von der Deutschen Bank in Auftrag gegebenen Diskussionsbeitrag zur Bildungsdebatte mit dem Untertitel »Wie viel Bildung brauchen wir?« heißt es: Der Mensch ist ein »Wertgegenstand«, der sich aus einem »Gestehungswert« und einer

»Produktionsinvestition« zusammensetzt. Das Humankapital in Deutschland wird mit 230 000 Euro pro Person angegeben. Die Rendite, die aus dieser Summe erzielt werden kann, entspricht dem Arbeitseinkommen der erwerbstätigen Bevölkerung. Deshalb ist es klar, dass alle Bildungsbemühungen und -angebote, die lediglich der Tradierung von Kulturgütern dienen, Unkosten sind und dass der Drang nach persönlicher Entfaltung durch Bildung zu »Fehlkalkulationen« führt und »brachliegendes Humankapital« erzeugen muss.[27] Freie Bildung im Sinne des Humanismus ist so gesehen ein Hindernis, das die Geldlogik stört. Sie muss so gering wie möglich gehalten werden, um die Fließgeschwindigkeit des Kapitals weiter zu erhöhen. »Zu Ende gedacht«, so Thomas Assheuer in der Wochenzeitung *Die Zeit* treffend, hieße das: »Erst dort, wo nichts Altes, nichts Außerökonomisches mehr auffindbar ist, käme die Ökonomie zur vollen Blüte.«[28] Die ökonomisch erzeugte Beschleunigungslogik zielt also auf nichts Geringeres als die Eliminierung des Menschen.

Und wer betreibt das Hamsterrad?

An dieser Stelle kann die Diagnose und Entstehungsgeschichte der Beschleunigungskrankheit abgeschlossen und auch das Bild vom Hamsterrad zu Ende gezeichnet werden. Ich hatte zum Abschluss des zweiten Kapitels im Zusammenhang mit der Hamsterrad-Metapher gefragt, wer dieses Spielzeug für Nagetiere mit seiner eigenartigen Rückkoppelungs-Physik eigentlich aufgestellt habe und an seinem Betrieb interessiert sei. Wenn es überhaupt jemanden gibt, der das ganze Rennen veranstaltet, ohne selbst an ihm teilzunehmen, dann sind es die wenigen Nutznießer des Hamsterrades, die Besitzer der großen Geldvermögen und Aktienpakete. Von ihnen kann am ehesten gesagt werden, dass sie außerhalb sitzen und zuschauen können, wie wir uns abstrampeln. Von ihnen kann auch gesagt werden, dass sie bei dieser Zirkusveranstaltung kräftig abkassieren. Einige von ihnen schließen mit ihren Börsenspekulationen quasi laufend Wetten ab, welche Hamster als Erste aufgeben und welche am längsten durchhalten. Und sie bauen darauf, dass sich das Rad immer schneller dreht und dreht und dreht –, und fürchten insgeheim vielleicht doch, dass es irgendwann zu Ende sein könnte.

Das Ganze funktioniert aber nur, weil wir alle tagtäglich aufs Neue mitstrampeln. Und genau das macht uns beschleunigungskrank. Wie ist es so weit gekommen? Die Evolution des Lebens und des Geistes hat die Grundlage gelegt. Geld und Kapital haben daraus dann das Hamsterrad gemacht, das wir heute kennen. Die Evolution des Lebens als Naturprozess kann vom Menschen nicht beeinflusst werden, wohl aber die Evolution des Geistes und die Ordnung des Wirtschaftens. Was im Laufe der letzten Jahrhunderte, verstärkt aber in den letzten Jahrzehnten, von den Menschen als kollektiven Wesen geschaffen worden ist, kann nur von den Menschen selbst, und zwar wiederum nur kollektiv, verändert werden. Der Mensch ist und bleibt ein gesellschaftliches Wesen, wie Aristoteles vor zweieinhalb Jahrtausenden festgestellt hat, daran kann auch die neoliberale Markttheologie nicht rütteln.

Die unverzichtbare Voraussetzung einer Entschleunigung und zugleich ihr erster Schritt besteht darin, sich genau diese Grundtatsache bewusst zu machen. Hören wir also damit auf, immer nur einzelnen Menschen individuell Schuld und Verantwortung für den Zustand der Welt zuzuschreiben! Und hören wir damit auf, uns dann zu wundern, wenn die Beschuldigten diese Schuld nicht annehmen, sondern sie einfach nur weiter schieben! Nehmen wir statt dessen zur Kenntnis, dass wir immer nur nach bestimmten Regeln spielen können, die uns zwar mehr oder minder große Spielräume lassen, die wir aber grundlegend nur verändern können, wenn wir uns gemeinsam gegen sie auflehnen!

Kapitel 6
Zeitmaße
Welches Tempo tut uns gut?

Wer Zeitdruck und Beschleunigungszwänge kritisiert, braucht deshalb noch lange nicht das Gegenteil zum Allheilmittel zu erheben. Weder Schnelligkeit noch Langsamkeit, weder Beschleunigung noch Entschleunigung sind Werte an sich. Es kommt vielmehr darauf an, die jeweils angemessene Geschwindigkeit herauszufinden. Was uns im Zusammenhang mit dem Verkehr sofort einleuchtet, ist für andere Formen der Bewegung und Veränderung bisher zu wenig ins Bewusstsein vorgedrungen. Obwohl wir eigentlich aus dem Alltag wissen, dass Trödeln und Warten genauso nervig sein können wie das Gegenteil, dass es eben von der jeweiligen Situation abhängt, was uns gut tut. Auch sind die Maßstäbe für angemessene Geschwindigkeiten von Mensch zu Mensch unterschiedlich, manchen wird's leicht zu schnell, anderen kann's nicht schnell genug gehen. Im folgenden Kapitel soll nun grundlegend gefragt werden, welches Tempo angemessen ist. Gibt es dafür aussagekräftige Maßstäbe, die zugleich als Orientierungshilfen für die Therapie und Prävention der Beschleunigungskrankheit dienen können? Ich beginne mit bekannten Alltagserfahrungen, stelle dann den noch wenig bekannten wissenschaftlichen Ansatz der »Ökologie der Zeit« vor und frage schließlich, welche konkreten Zeitmaßstäbe aus ihm abgeleitet werden können – für den Umgang mit der natürlichen Umwelt, der sozialen Mitwelt und uns selbst.

Alltagserfahrungen mit Kairos und Chronos

»Ein jegliches hat seine Zeit: Geborenwerden und Sterben, Pflanzen und Ausrotten, was gepflanzt ist, Töten und Heilen, Zerbrechen und Bauen, Weinen und Lachen, Klagen und Tanzen, Steine zerstreuen und Steine sammeln, ... Behalten und Wegwerfen, Zerreißen und Zunähen, Schweigen und Reden, Lieben und Hassen, Streit und Friede.« (*Die Bibel*, Altes Testament, Prediger 2, 3).

Es ist eine uralte Erfahrung, dass wir zu ganz bestimmten Zeiten ganz bestimmte Dinge tun, weil sie genau jetzt getan werden müssen. Es waren zunächst ungeschriebene, sehr viel später erst geschriebene Gesetze, die festlegten, was wann zu tun und zu lassen ist. Diese Gesetze waren zumeist aus den Notwendigkeiten der Natur oder den Traditionen der Kultur abgeleitet. Sie regelten das Aufstehen und das Schlafengehen, das Sammeln und das Jagen, das Säen und das Ernten, das Arbeiten und das Feiern, das Zeugen der Nachkommen, die Weitergabe des Eigentums usw. Heute können und müssen wir immer häufiger selbst entscheiden, wann was zu tun ist und wann nicht. Diese Zeiterfahrung bzw. Zeitform nannten die alten Griechen *Kairos*. Jeder weiß, wie wichtig die richtige Wahl des Zeitpunkts sein kann: wenn wir die Blumenwiese mähen oder das Blumenbeet jäten wollen, wenn wir eine Grippetablette einnehmen oder den Kindern etwas Neues erschließen wollen, wenn wir mit unserem Partner ein Problem angehen oder in ein neues Projekt investieren wollen usw.

Neben der Erfahrung vom rechten Zeitpunkt gibt es noch eine andere elementare Zeiterfahrung. Vor einigen Jahren habe ich auf einer einwöchigen Fahrradtour quer durch Deutschland eines Morgens versucht, mich an einen vor mir her fahrenden anderen Fernradler »anzuhängen«, der offenbar die Strecke schon besser kannte und nicht ständig auf die Karte sehen und auf Ausschilderung achten musste. Der vorausfahrende Radler fuhr etwa dasselbe Tempo wie ich. Gegen Mittag allerdings war ich so erschöpft, wie gewöhnlich erst am Abend. Warum? Mein Lotse war offenbar doch eine Idee schneller, zunächst kaum merklich, aber auf längere Sicht mit enormen Konsequenzen für meinen Kräftehaushalt. Wichtig für unseren Umgang mit Zeit ist offenbar nicht nur, dass wir den *Kairos* erwischen, sondern auch, dass wir uns darauf einrichten, dass alles seine eigene Geschwindigkeit hat. Die Zeitdauer zur Überwindung einer Strecke lässt sich nicht beliebig verkürzen. Es kommt also auch auf den *Chronos* an, die Zeit, die wir messen können – und die angemessen sein kann oder auch nicht.

Eigenzeiten

Dass es immer eine gewisse Zeit dauert, um von A nach B zu gelangen, die allerdings von vielerlei Umständen abhängt, diese Erfahrung kennen wir nicht nur aus der Fortbewegung von Mensch und Tier, sondern auch aus der unbelebten Natur, aus Bewegungen von Wind und Wasser. Wenn seit einiger Zeit an vielen Orten Bäche und Flüsse wieder renaturiert werden, so ist dies der Einsicht zu verdanken, dass eine naturgemäße, langsamere Fließgeschwindigkeit sowohl für die Flüsse wie für die Lebewesen, die an seinen Ufern leben, besser ist als die ehemals betriebene Kanalisierung von Fließgewässern.

Angemessene Zeiten gibt es außer im Zusammenhang mit Bewegungen, also mit Veränderungen des Ortes, auch bei Veränderungen von Zuständen. Solche Veränderungen werden oft als Prozesse bezeichnet. Das biologische Wachstum von Pflanzen, Tieren und Menschen, das Erlernen der Muttersprache oder von Fremdsprachen, die Lösung von Rechenaufgaben oder die Lektüre eines Buches, die intellektuelle und moralische Entwicklung des Menschen, das Erfinden und Bedienen von Werkzeugen usw. – all dies erfordert seine Zeit. Die Erkenntnisse der natur- und kulturwissenschaftlichen Evolutionsforschung haben uns zudem darüber aufgeklärt, dass unvorstellbar viel Zeit erforderlich war, um all das, was es heute auf der Welt gibt, hervorzubringen. Und wir wissen auch, wie schnell das mühsam Hervorgebrachte wieder zerstört sein kann. Darüber hinaus zeigt uns die Entwicklungsgeschichte von Natur und Kultur, dass sich nichts erzwingen lässt, wenn die Zeit für etwas Neues noch nicht gekommen ist. Frühgeburten sind stets riskant.

Von *Chronos* kann auch in Zusammenhang mit anderen Arten von Zustandsveränderungen gesprochen werden. Dort, wo wir ohne äußeren Zwang etwas tun, wenn wir zum Beispiel am Wochenende kochen, am Feierabend im Garten arbeiten, mit Kindern etwas basteln, können wir, wenn wir Glück haben, die Erfahrung machen, dass wir uns so viel Zeit lassen können, wie wir benötigen, um die Aufgaben abzuschließen. Freilich hat jeder andere Vorstellungen davon, wann er mit dem Resultat seines Tuns zufrieden sein kann. Und natürlich benötigen Menschen auch unterschiedlich viel Zeit, um zu ein und demselben Resultat zu kommen, je nach Alter, Typus, Verfassung und äußeren Umständen. Grundsätzlich gilt jedoch: Entscheidend für das Wohlbefinden ist, ob wir hinterher das Gefühl haben, dass wir etwas genau so wieder tun würden, wenn wir die Möglichkeit dazu hätten.

Radfahren, Kochen, Basteln, Spielen usw. sind in der Sprache der Psychologie und Soziologie Formen menschlichen Handelns. Handeln kann als Verlängerung des menschlichen Organismus verstanden werden. Das zeigt ja schon das Wort »Handlung«: etwas mit der Hand tun. Jeder weiß, wie ärgerlich und auf

Dauer kräftezehrend es ist, wenn unseren Handlungen die erforderliche Zeitdauer nicht zugestanden wird, wenn sie ständig unterbrochen werden müssen – durch das Klingeln des Telefons, durch ein dringendes Anliegen des Kollegen, durch Gedanken, die einem ständig in die Quere kommen. Wie gut tut es dagegen, eine Sache abgeschlossen zu haben, das Ergebnis betrachten zu können und mit seinem Werk zufrieden zu sein. Auch Handlungen als Verlängerungen des Organismus sind also offenbar generell durch eine je eigene Zeitdauer charakterisiert.

Neben den äußeren Handlungen benötigen auch die Veränderungen im menschlichen Organismus selbst, verstanden als Zusammenwirken von Körper und Psyche, eine gewisse Zeit. Wenn der Mensch zum Beispiel frische Luft einatmet und verbrauchte ausatmet, so dauert dieser Austauschprozess im Durchschnitt bei allen Menschen etwa ein bis drei Sekunden. Wenn dieser Prozess durch äußere Gewalteinwirkung, durch physischen oder psychischen Druck gestört wird, sind die Konsequenzen sehr schnell spürbar – als Atemnot, Anspannung, Verkrampfung und Ähnliches. Vergleichbares gilt für die Zeiten des Wachseins und des Schlafens, die Zeiten der Aufnahme von Flüssigkeit und Nahrung und der Verdauung und Ausscheidung, die Zeiten der Bestrahlung der Haut durch die Sonne.

Schließlich hat auch die Bewegung und Haltung des Körpers mehr mit Zeit zu tun, als uns gemeinhin bewusst ist. So sind Bandscheibenprobleme in der Regel die Folge einer meist viele Jahre währenden Missachtung der Eigenzeiten des Rückgrats. Als ich mich nach einem Bandscheibenvorfall einmal etwas mit der Anatomie der menschlichen Wirbelsäule befasste, musste ich erstaunt zur Kenntnis nehmen, auf welche Zeitmaße die Evolution dieses zentrale Organ optimiert hat: 15 bis 20 Minuten Sitzen, 15 bis 20 Minuten Stehen, 15 bis 20 Minuten Gehen – und dann wieder von vorne. Auch die Aufnahme und Verarbeitung von Informationen braucht ihre Zeit, die sich bemerkbar macht, wenn »der Kopf voll« ist oder »der Schädel brummt«. Und schließlich können auch unsere Gefühle »reif« sein für die Begegnung mit einem Menschen oder die Beschäftigung mit einer Sache.

Kurz: Alle Arten von Veränderung, unabhängig davon, ob sie die Lage, die Situation oder die Gestalt betreffen, benötigen ihre Zeit. Auch der Austausch zwischen Menschen und ihren Umwelten – wie natürlich auch zwischen Tieren, Pflanzen, Organen und ihren Umwelten – braucht seine Zeit, ganz gleich, ob dieser Austausch sich als Handlung verselbstständigt hat oder ob er an Austauschmedien wie Luft, Nahrung, physikalische Kräfte oder Informationen gebunden ist. Dieses universelle Phänomen wird seit langem als »Eigenzeit« bezeichnet. Wenn die Eigenzeiten und Rhythmen, die Körper und Psyche innewohnen, ignoriert werden, wenn uns unsere Umwelt also Gewalt antut, kann dies katastrophal enden: In Fesseln kann nicht gehandelt werden. Mit verschnürtem Hals kann nicht geatmet werden. Ohne ausreichendes Tageslicht können viele Menschen nachts nicht mehr schlafen und werden auch tagsüber depressiv. Und ohne geistige Anregungen verkümmert der Mensch emotional und intellektuell.

Zyklus, Dauer und Elastizität

Schauen wir uns die Eigenzeiten bzw. Veränderungen am Beispiel des Handelns, des Körpers und der Psyche genauer an. Sie haben in der Regel zunächst zwei Eigenschaften: Zyklus und Dauer. *Erstens* einen Zyklus, weil im Anschluss an die meisten Verarbeitungsprozesse ein ähnlicher Zustand wiederkehrt wie der, der vorher bestanden hat. Nach der Handlung sind Kopf und Hand wieder frei für Neues, nach dem Ein- und Ausatmen ist der Organismus wieder bereit für einen neuen Atemzyklus usw. Und *zweitens* die Dauer, weil Handlungen, Atemzüge, Essen und Trinken, Sonneneinstrahlung, Informationsverarbeitung usw. eben nicht beliebig beschleunigt oder verzögert werden können.

Mit Kairos und Chronos sind vermutlich diese beiden Dimensionen von Zeit gemeint: erstens der rechte Augenblick, der durch die Wiederkehr des Ähnlichen gekennzeichnet ist, die zu einem ganz bestimmten Zeitpunkt eintritt, wie er beispielhaft im eingangs zitierten Text aus dem Alten Testament gemeint ist. Und zweitens die verrinnende, andauernde, messbare Zeit, um die sich seit dem Anbruch der Moderne fast alles dreht und die deshalb mit stets raffinierteren Zeitmesssystemen erfasst wird. Wenn soeben von der Wiederkehr des Ähnlichen die Rede war, so muss präzisiert werden: Nach einem Zyklus kehrt nie genau dieselbe Situation bzw. derselbe Zustand zurück, nach jedem Durchlauf hat sich auch etwas verändert. Mit jeder Handlung sind wir ein Stück klüger geworden und – manchmal – unseren Fernzielen ein Stück näher gekommen. Mit jedem Atemzug sind wir älter geworden. Und so weiter.

Außer durch Zyklus und Dauer sind Eigenzeiten noch durch etwas *Drittes* charakterisiert: durch Bandbreiten und Elastizitäten. Auch sie sind Produkte evolutionärer Prozesse, stammen also aus der biologischen, kulturellen und sozialen sowie der individuellen Entwicklung. Je nach äußeren und inneren Gegebenheiten sind Eigenzeiten nämlich mal länger, mal kürzer. Wenn wir gut erholt und gut gelaunt sind, gelingt uns vieles nicht nur besser, sondern auch schneller als sonst. Und der Atemrhythmus ist bei hoher körperlicher Belastung bekanntlich schneller, bei hoher psychischer Belastung »stockt« er manchmal sogar. Erst wenn die Elastizitätsgrenze überschritten ist, wenn ein Prozess also die für ihn vorgesehene Bandbreite überschreitet, kommt es zu Überlastungsreaktionen – bei der Überdehnung des Atemzyklus etwa zu Panikattacken. Während der Elastizitätsbegriff die Kraft bezeichnet, mit der Abweichungen vom Gleichgewichtszustand toleriert und bearbeitet werden, bezeichnet der Begriff der Bandbreite die maximal mögliche Entfernung vom Gleichgewichtspunkt.

Ökologie der Zeit

Wie aber hängen Eigenzeiten, Bandbreiten und Elastizitäten miteinander zusammen? Und wie können sie geschützt werden? Um solche Fragen zu klären, sind Anfang der 90er-Jahre Wissenschaftler aus unterschiedlichen Fachdisziplinen auf die Idee gekommen, ein Projekt »Ökologie der Zeit« zu gründen. Das Projekt, das an der Evangelischen Akademie in Tutzing angesiedelt ist, will das Gespräch zwischen den wissenschaftlichen Disziplinen beleben und weiterbringen. Dazu, so die Erwartung der Initiatoren Martin Held, Karlheinz A. Geißler, Klaus Kümmerer und Barbara Adam, ist es sinnvoll, die in vielen Wissenschafts- und Lebensbereichen diskutierten Probleme und Sachverhalte in eine Sprache zu übersetzen, die von allen Wissenschaftsdisziplinen prinzipiell verstanden werden kann. Wie fruchtbar der auf diesem Weg entstandene Ansatz geworden ist, zeigen die vielen Tagungen und Bücher, die das Tutzinger Projekt seitdem hervorgebracht hat.[1] Im Zusammenhang mit der Beschleunigungskrankheit ist nun entscheidend: Die Ökologie der Zeit kann helfen, nicht nur eine Verbindung zwischen den verschiedenen Symptomen und Ebenen herzustellen und die Diagnose begrifflich zu schärfen, sondern auch der Therapie und Prävention die Richtung zu weisen.

Was heißt nun »Ökologie der Zeit«? Ökologie bezeichnet die Lehre vom Haushalten und Zeit ist – neben dem Raum – die elementare Ausdehnung bzw. Dimension, ohne deren Beachtung kluges Haushalten nicht möglich ist. Was aber bedeutet Haushalten?[2] Auf einer sehr grundsätzlichen Analyseebene kann alles, was es gibt, auf zwei Arten von Elementen zurückgeführt werden: auf Energie bzw. Materie einerseits und auf Information andererseits.[3] Wenn Lebewesen oder Organismen in ihren Umwelten haushalten, dann müssen sie folglich immer zweierlei Arten von Problemen lösen.

Erstens: In Bezug auf Energie und Materie geht es darum, die für das Leben erforderlichen Mittel, also Vorräte, Kräfte etc., richtig einzuteilen. Lebewesen und Organismen müssen berücksichtigen, dass Verbrauch und Nachlieferung keine kontinuierlichen, sondern zyklische Prozesse sind, das heißt, dass es beim Umgang mit diesen Mitteln auf den rechten Zeitpunkt ankommt. Dazu müssen sie die für ihr Leben bedeutsamen Kreisläufe genau beobachten, abwarten – und dann zugreifen. Das gilt für die Bereitstellung von Wasser, für die Reifung von Beeren, Gemüse, Obst, die Bewegung von Beutetieren usw. Und Lebewesen und Organismen müssen berücksichtigen, dass diese Quellen des Lebens auf längere Sicht nicht schneller verbraucht werden können, als sie sich erneuern. Dazu müssen sie die Zeit quasi messen und die Geschwindigkeiten des Verbrauchens und des Nachwachsens aufeinander einstellen.

Zweitens: In Bezug auf Informationen geht es darum, dass durch Eingriffe in die Umwelt des Lebewesens oder des Organismus neue Situationen nicht schneller geschaffen werden, als sie geistig verarbeitet werden können. Wenn sich zum Beispiel in der biologischen Evolution nach der Landnahme die Lebensverhältnisse auf dem Land schneller geändert hätten, als die ersten Landtiere sich darauf hätten einstellen können, dann

Systemzeiten und systemare Parameter unterschiedlicher Organisationsebenen

(Kümmerer 1993, in: UWSF – Z. Umweltchem. Ökotox. 9 (3) 1997)

Organisationsebene

Systemzeit	System	Parameter	Beispiel
ORGANISMUS			
Minuten bis Tage	molekulare Ebene	biochemische und Verhaltensänderungen	veränderte Stoffkonzentration im Organismus
Stunden bis Wochen	Zellebene, einfache Organismen	physiologische und morphologische Veränderungen	Absterben, Änderung des Aussehens und des Reaktionsverhaltens
Tage bis Monate	Organismen	Wachstum, Entwicklung, Fortpflanzung	Anzahl der Nachkommen
POPULATION			
Wochen bis Jahre	Abundanz, Verteilung	Altersstruktur	zuviele alte oder junge Organismen
ÖKOSYSTEM			
Monate bis Jahre	Biozönose, Biotop, Bioma, globale Systeme	Struktur, Dynamik, Funktion	Nahrungsnetze
DIE SPHÄREN			
Jahre bis Jahrzehnte		Stoff- und Energieflüsse bzw. -kreisläufe	Temperatur, pH-Wert, Stickstoffkreislauf

gäbe es Leben bis heute nur im Wasser und die Evolution hätte viele Möglichkeiten verspielt. Und wenn sich heute analog in der Entwicklung neuer Technologien die Anforderungen an die Menschen, die mit ihnen umgehen, schneller ändern, als sie bewältigt werden können, dann ist der Fortschritt an diesen Punkten gescheitert.

Um diese zwei Arten von ökologischen bzw. haushälterischen Problemen besser untersuchen zu können, ist es sinnvoll, Lebewesen und Organismen als Systeme zu betrachten. Der Chemiker Klaus Kümmerer hat in seinen Beiträgen zum Projekt »Ökologie der Zeit« gezeigt, welche weit reichenden Erkenntnisse aus einer solchen Systembetrachtung gewonnen werden können. Jedes Lebewesen und jeder Organismus besteht selbst aus einer Vielzahl von Systemen, die ihrerseits wieder in äußere Systeme eingebettet sind. Belebte Systeme sind letztlich in unbelebten Systemen verankert und von diesen existenziell abhängig, organische Veränderungen von anorganischen.

Ein schönes Beispiel bietet der Baum: Das Leben des Baumes ist zunächst selbst Lebensraum für andere Lebewesen – Insekten, Vögel, Menschen. Das Leben eines Baumes ist abhängig von einer unübersehbaren Vielfalt von mikrobiologischen und biochemischen Prozessen, die alle ihre je spezifischen Zeitmuster aufweisen. Das Leben des Baumes ist abhängig vom Tages- und Jahreszyklus, die sich beide in den regelmäßigen Veränderungen von Blüten und Blättern zeigen sowie an den Jahresringen im Holz nachweisen lassen. Darüber hinaus ist das Leben des Baumes angewiesen auf unzählige andere Zyklen, wie zum Beispiel auf Wasser- und Mineralienkreisläufe, mit denen sowohl die Blätter als auch die Wurzeln in Verbindung stehen.

Die Differenz von Eigenzeiten und Systemzeiten

Wichtig für das genauere Verständnis dieser Einbettungsverhältnisse ist die Unterscheidung zwischen Systemzeit und Eigenzeit: Die innere Systemzeit ist jene Zeit, die ein isoliertes System benötigt, um nach einem Anstoß aus seiner Umwelt wieder ungefähr in den ursprünglichen Zustand zurückzukehren. Bezogen auf die Generationenfolge des Menschen kann die durchschnittliche Lebenserwartung eines Menschen, also die Zeit zwischen Geburt und Tod, als Beispiel für eine innere Systemzeit dienen. Da Systeme aber immer in Wechselwirkung mit anderen stehen, ist die innere Systemzeit eine rein theoretische Größe. Die Eigenzeit ist jene Zeit, die ein mit anderen Systemen in Wechselbeziehungen stehendes System tatsächlich benötigt, um wieder in die Gleichgewichtslage zu kommen. Systemzeiten sind also abstrakte, Eigenzeiten konkrete Zeiten. Bezogen auf die Generationenfolge ist die Eigenzeit eines Menschen sein tatsächlich bis zu seinem Tod erreichtes Alter. Von der Differenz zwischen Systemzeit und Eigenzeit, so der bereits zitierte Karlheinz A. Geißler, leben die Versicherungen.

Es ist diese Differenz von Systemzeit und Eigenzeit, welche die Elastizität von Systemen erst ermöglicht. Die existenzielle Bedeutung der Elastizität ist vielleicht die wichtigste Erkenntnis der Ökologie der Zeit. Weil Systeme immer in vielfältigen Wechselbeziehungen stehen und sich in diesen Beziehungen ständig vieles ändern kann, hängen die Stabilität und Entwicklungsfähigkeit der Systeme ganz zentral davon ab, ob sie auch nach größeren Störungen von selbst wieder in ihre ungefähre Ausgangslage zurückfinden können. Solche Systeme, die quasi mit einem starken Gummiband ausgestattet sind, nennt man hoch elastisch. Die Wiederkehr des Ähnlichen bei wenig elastischen Systemen nennt man Takt, bei hoch elastischen Systemen Rhythmus. Maschinentakt und Atemrhythmus sind die Grundmuster. Generell sind lebende Systeme elastischer als tote bzw. mechanische. Wenn man die Stufenleiter des Lebens nach oben steigt, von den Bakterien über die Würmer zu den Menschen, zeigt sich, dass die Lebewesen immer elastischer wurden.

Während die Jäger und Sammler nur wenig elastisch gegenüber den Einflüssen aus der natürlichen Umwelt waren, sich also weitgehend dem Wechsel der Naturgegebenheiten, den Jahreszeiten, dem Tag-Nacht-Wechsel, den Reifungs- und Verrottungsprozessen etc. anpassen mussten, hat es der Mensch der Industriegesellschaft geschafft, sich über solche Gegebenheiten teilweise hinwegzusetzen. Er besiedelt fast alle Winkel der Erde, und er bezieht inzwischen seine Nahrung aus allen Erdteilen. Er macht sich somit von räumlichen Besonderheiten wie Bodenbeschaffenheit und Klima und zeitlichen Gegebenheiten wie den Jahreszeiten weitgehend unabhängig. Die alles entscheidende Frage lautet heute: Haben wir das Gummiband nicht schon gefährlich überdehnt? Wann könnte es reißen?

Fehlerfreundlichkeit – und ihre Gefährdung durch das Große und Schnelle

Um abschätzen zu können, was die Evolution in Zukunft mit dem Menschen vorhat, ist es sinnvoll, sich anzusehen, wie die Evolution in der Vergangenheit für das Fortleben von Arten und die Entwicklung neuer Arten gesorgt hat. Für das Überleben einzelner Arten und für die Fortsetzung der Evolution insgesamt war vermutlich ein Umstand verantwortlich, der als Inbegriff evolutionärer Klugheit gelten kann: die Fehlerfreundlichkeit. Wenn etwas dazwischenkommt, wenn etwas nicht ganz »nach Plan« verläuft, ist dennoch dafür gesorgt, dass sich die Folgen in Grenzen halten, dass es nicht gleich zum Untergang des gesamten Organs, des gesamten Lebewesens oder der gesamten Spezies kommen muss. Deshalb hat die Evolution zum Beispiel einige lebenswichtige Organe des Menschen gleich doppelt ausgebildet, wie zum Beispiel das Auge und das Ohr. Und deshalb ist die Leistungsfähigkeit vieler Organe so ausgelegt, dass beim Ausfall eines Organs ein anderes dessen Funktion übernehmen kann. In der Technik nennt man dies »doppelte Absicherung«.

Genau deshalb, und darauf kommt es hier an, sorgt die Evolution auch für »Vielfalt und Gemächlichkeit«, wie der Münchner Astrophysiker Peter Kafka das evolutionäre Erfolgsgeheimnis nennt.[4] Nur wenn Organismen die Möglichkeit haben, sich zwischen vielfältigen Formen und Zuständen elastisch hin und her zu bewegen, ohne gleich unterzugehen, sind sie einigermaßen gegenüber Fehlern geschützt, können neue Formen und Zustände ausprobieren und testen, ob in ihnen alles besser zusammenpasst als in den alten oder nicht. Das Ausprobieren und Testen setzt aber eine gewisse Gemächlichkeit voraus. Denn wenn der Test vorschnell abgebrochen wird, kann sich das Ergebnis nicht einstellen und können natürlich auch Konsequenzen nicht gezogen werden. Ohne Vielfalt und Gemächlichkeit führt jede Abweichung zum schnellen Untergang.

Dass in der biologischen Evolution Gemächlichkeit belohnt werden kann, hat vor kurzem auch das Max-Planck-Institut für Mathematik in der Naturwissenschaft herausgefunden. Bisher sind Evolutionsbiologen meist davon ausgegangen, dass es für eine Tierart in der Evolution von Vorteil ist, sich im Vergleich zu anderen schneller zu entwickeln, besser anzupassen und rascher zu lernen. Die Leipziger Forschungen zeigen jedoch, dass dies im Fall von Lebensgemeinschaften zwischen unterschiedlichen Arten nicht der Fall ist. Leben zwei Arten in Symbiose zusammen und verfolgen dennoch dabei vor allem ihr eigenes Wohl, entwickelt der schnellere Partner dem Modell zufolge wahrscheinlich bald eine gönnerhafte Haltung, sorgt also für den Langsameren, weil dies für beide Partner zusammen von Vorteil ist. In diesen Beziehungen zahlt es sich aus, »langsamer zu sein, da sich die schneller entwickelnde Art nach und nach an die Bedürfnisse der sich langsam entwickelnden anpassen wird«.[5] Die Durchsetzung der eigenen Schnelligkeit gegenüber dem Symbiosepartner würde, so kann gefolgert werden, die Symbiose auf Dauer unmöglich machen und so die Vielfalt und Elastizität der Welt verringern.

Was lernen wir daraus? So wie die Evolution der Natur sich im Laufe von Jahrmillionen und Jahrmilliarden durch das Zusammenspiel von Versuch und Irrtum nach oben geschraubt hat, so sollte auch der Mensch immer wieder Irrtümer begehen können, ohne dabei existenzielle Gefahren befürchten zu müssen. Fehler sollten sogar provoziert werden, um Neues ausprobieren zu können, denn Variation und Selektion sind seit je die Voraussetzung für Fortschritt gewesen. Wenn wir heute jedoch Techniken, wie zum Beispiel die Gewinnung von Energie durch Kernspaltung, weltweit ausbreiten und in Kauf nehmen oder sogar einplanen, dass diese Techniken sehr leicht alle anderen verdrängen und zudem die Konsequenzen dieser Technik, zum Beispiel der atomare Müll, über Jahrzehntausende bestehen bleiben, wird das Prinzip der Fehlerfreundlichkeit ignoriert. Die Biologin Christine von Weizsäcker macht auf die Existenz einer »kritischen Innovationsgeschwindigkeit« aufmerksam: Nur wenn unsere Kultur mit ihren Neuerungen jeweils wartet, bis sie Wirkungen zeigen, ehe zur nächsten Neuerung vorangeschritten wird, kann sie das Tun des Menschen kontrollieren und bewerten.[6] Der Berliner Sozialphilosoph Bernd Guggenberger fordert deshalb ein »Menschenrecht auf Irrtum«.[7]

Noch etwas ist wichtig, um Fehlerfreundlichkeit zu sichern: Es ist die Erkenntnis der Ökologie der Zeit, dass die großen Systeme, also zum Beispiel der Kohlenstoffkreislauf, deshalb so gefährdet und gefährlich sind, weil sie so lange brauchen, bis ein fehlerhafter Umgang mit ihnen dem Menschen zurückgemeldet wird. Bei kleineren Systemen mit kürzeren Systemzeiten können wir schneller lernen. Außerdem sind die Konsequenzen von Fehlern bei großen und kleinen Systemen sehr unterschiedlich: Große Systeme, wie die globalen Ökokreisläufe, sind für den Menschen nur einmal vorhanden, kleine Systeme, wie zum Beispiel Bakterienkulturen, gibt es fast unbegrenzt. Deshalb sollten wir beim Haushalten das Vorsichtsprinzip beachten und vor allem bei einmaligen und seltenen Vorräten und Kräften auf Fehlerfreundlichkeit achten – in dem Bewusstsein, dass wir keine zweite Erde in der Hinterhand haben. Vorsicht also bei schnellen Lösungen, die sich zudem schnell flächendeckend ausbreiten! Das Große und Schnelle gefährdet die Evolution.

Die Zeiten der Natur

Verlassen wir nun diese relativ abstrakten Überlegungen. Welches Tempo tut uns gut? Das war die Ausgangsfrage. Beginnen wir den Versuch der Konkretisierung bei der Natur. Die ältesten Naturzeiten auf unserer Erde sind die Jahreszeiten und der Tag-Nacht-Wechsel. Die Sonne ist letztlich der einzige Energielieferant der Erde, sie schickt uns jeden Tag 10 000- bis 15 000-mal so viel Energie auf die Erde, wie wir heute weltweit verbrauchen – übrigens kostenlos und im Prinzip für alle.[8] Es folgen die großen Kreisläufe der Ökosysteme: der Steine, des Kohlenstoffs, des Sauerstoffs, des Stickstoffs, des Wassers usw.[9] Für das Leben der Pflanzen, Tiere und Menschen entscheidend ist die Photosynthese, durch die bekanntlich der Grundstoff für die Nahrungsketten gebildet wird. Daran schließt sich die komplexe Vielfalt der Austauschprozesse zwischen den einzelnen Pflanzenarten, den Tierarten und zwischen Pflanzen und Tieren an.

Das Gemeinsame all dieser Austauschprozesse ist aus der Sicht der Ökologie der Zeit: Systeme entnehmen ihren Umwelten sowohl Energie und Materie als auch Informationen, verarbeiten diese auf je spezifische Art und Weise und erhalten sich so am Leben. Dabei müssen die Systeme sich zunächst an ihre Umwelten anpassen. Sie sammeln Erfahrungen, die bei Pflanzen und Tieren genetisch und bei Tieren zusätzlich auch durch Lernprozesse, vor allem durch das Vormachen und Nachahmen, gespeichert und weitergegeben werden.

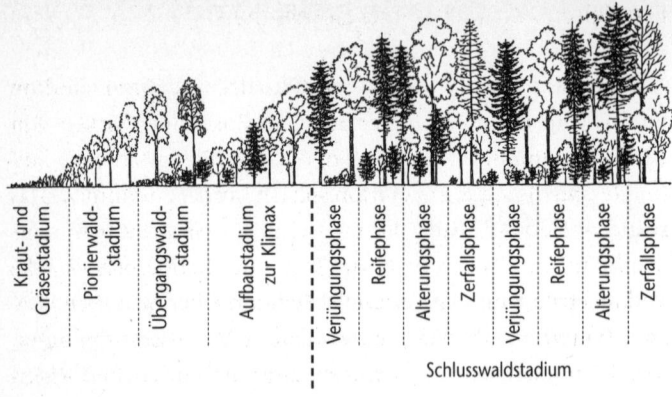

Kraut- und Gräserstadium | Pionierwaldstadium | Übergangswaldstadium | Aufbaustadium zur Klimax | Verjüngungsphase | Reifephase | Alterungsphase | Zerfallsphase | Verjüngungsphase | Reifephase | Alterungsphase | Zerfallsphase

Schlusswaldstadium

Sukzession eines Waldökosystems

Diese Naturzeiten sind die Grundlage für den menschlichen Umgang mit der Natur. Wenn wir sie nicht respektieren, kann uns die Natur auch keine Grundlage für unser Leben bieten. Wer Beeren sammelt, Fische fängt und Wild jagt, wer Getreide anbaut und Vieh hält usw., der hat keine andere Wahl, als sich an den Zeiten der Natur zu orientieren – vom Tag-Nacht-Rhythmus über die Jahreszeiten bis hin zu den relativ kurzen Zeiten, die der Boden benötigt, um sich nach der Ernte wieder zu regenerieren, oder zu den sehr langen Zeiten, die er nach Erosionsprozessen für seine Neubildung braucht. Auch wenn es für den von der unmittelbaren Natur entfremdeten Menschen der hoch industrialisierten Weltregionen noch so schwer sein mag: Er muss wissen, dass für das Leben letztlich nur zwei Quellen verfügbar sind, nämlich die Kraft der Sonne und die Erfahrung der Evolution. Und da beides in den Dimensionen Raum und Zeit existiert, ist der kluge Umgang mit ihnen eine Frage des angemessenen raumzeitlichen Haushaltens.

Die Zeiten von Kultur und Gesellschaft

Als Nächstes zu den Kultur- und Sozialzeiten. Die Evolution von Neuem resultiert immer aus dem Zusammenwirken von Lebewesen und ihren Umwelten, und die biologische, die kulturelle und die soziale Evolution spielen immer zusammen. Das zeigt die Herausbildung der menschlichen Sprache besonders deutlich: Die biologische Entwicklung des Kehlkopfes war die Voraussetzung für die kulturelle Evolution der Sprachen. Die Sprachen waren ihrerseits eine wichtige Voraussetzung dafür, dass Menschen sich nicht nur in ihrer ursprünglichen Kleingruppe, sondern darüber hinaus in einem größeren Umfeld austauschen konnten. Damit war der Grundstein für großflächigere Formen von Arbeitsteilung und Kommunikation gelegt, bis hin zur Weltwirtschaft und zum interkulturellen Austausch.[10]

Seit es Menschen gibt, müssen sie eine doppelte Leistung erbringen: Sie müssen die Natur so umgestalten, dass sie aus ihr die Mittel für ihr eigenes Leben gewinnen können. Und sie müssen sich mit ihresgleichen zusammentun, um sich fortzupflanzen und um sich die Bewältigung der Naturgegebenheiten durch Arbeitsteilung und Spezialisierung zu erleichtern. Die erste Leistung nennt man gemeinhin Kulturleistung, die zweite Gesellschaftsleistung. Damit diese beiden Leistungen erbracht werden können, müssen ebenfalls Austausch- und Verarbeitungsprozesse in Gang gesetzt werden, die ihre Eigenzeiten haben. Hier ist die Ökologie der Zeit noch nicht so weit gediehen, aber sie kann immerhin die Richtung angeben, in der nach Maßstäben für einen angemessenen Umgang mit Zeit gesucht werden sollte. Zu den Kulturzeiten können zum Beispiel die Zeiten des Säens und des Erntens, des Arbeitens und des Feierns, der Entwicklung und der Anwendung neuer Technologien, der

Herausbildung, Tradierung und ständigen Erneuerung der Sprache und anderer Symbolsysteme etc. gezählt werden.

So wie für die Aufrechterhaltung des Lebens ein ständiger Stoff- und Informationsaustausch zwischen Mensch und Natur nötig ist, so muss es auch zwischen den Menschen permanente Austauschprozesse geben, müssen Menschen wechselseitig füreinander sorgen: Wenn der Mensch auf die Welt kommt, ist er zunächst auf Gedeih und Verderb von anderen abhängig, und bevor er die Erde wieder verlässt, oft ebenso. Im langen Zeitraum des mittleren Alters versorgen wir uns in der Arbeitsteilung wechselseitig, um jenes Produktivitätsniveau zu erreichen, das fürs Überleben in der Regel erforderlich ist. Sowohl zwischen den Generationen wie innerhalb einer Generation werden beständig Leistungen ausgetauscht. Wenn der Austausch funktioniert, entsteht und festigt sich gleichzeitig bei den Beteiligten das Vertrauen, dass man das vom Einzelnen Geleistete in irgendeiner Form eines Tages auch wieder zurückbekommt. Über 99 Prozent der bisherigen Geschichte folgte dieser Austausch denn auch dem Prinzip der Wechselseitigkeit, das die Entwicklungssoziologie als »Reziprozitätsprinzip« bezeichnet.[11] Vertrauen braucht Regelmäßigkeit. »Vertrauen braucht Vertrautes«, meint Bernd Guggenberger; der größte »Feind« des Vertrauten ist die »Grenzenlosigkeit«. Und: Vertrauen muss wachsen können. Vertrauen ist also wieder ein gutes Beispiel für das Zusammenwirken von *Kairos* und *Chronos,* von Zyklus und Dauer.

Für den Austausch zwischen den Generationen ist wichtig, dass jede Generation ihre spezifische Perspektive auf die Welt hat und ihre je spezifischen Leistungen erbringen kann: Kinder und Jugendliche ihre Spiel- und Experimentierlust, die Mittelalten ihre fachliche Kompetenz und Disziplin, die Alten ihre Lebenserfahrung. Wer Kindheit dagegen als Vorbereitungszeit auf das Erwachsensein missversteht und das Alter als Wartezeit auf den Tod, der nutzt diese Chancen nicht. Genau deshalb ist der Umgang mit Zeit in der Familie so wichtig, weil dort über das Verhältnis zwischen den Generationen auf das Verhältnis der Menschen innerhalb einer Generation vorbereitet wird: durch feste Rituale – das gemeinsame Essen, das gemeinsame Spiel, die gemeinsame Planung des Wochenendes und des Urlaubs. Aber Kinder brauchen genauso auch Freiräume für ihre Experimente.

Die Bedingungen für die Eigenzeiten des sozialen Austausches können noch weiter präzisiert werden. Für den Austausch innerhalb einer Generation, also zwischen einzelnen Arbeitnehmern, Betrieben, Regionen, Staaten etc., kommt es vermutlich darauf an, dass die Austauschenden in etwa dieselben Chancen haben, produktive Leistungen zu erbringen und dafür soziale Anerkennung zu erhalten. Wie aber soll dies gewährleistet werden?

Einerseits, so meine Vermutung, kommt es auf materielle Bedingungen, auf die produktiven Fähigkeiten an. Auf diesen Aspekt haben unzählige Sozialphilosophen seit Jahrtausenden hingewiesen. Vergleichbare Leistungen erfordern unter den Bedingungen einer hoch arbeitsteiligen Gesellschaft in der Regel auf beiden Seiten einigermaßen gleich entwickelte fachliche Kompetenzen und Technologien. Solange der eine mit dem Dampfhammer, der andere mit dem Laserstrahl antritt, um ein und denselben Produktionsschritt zu bewältigen, solange der eine seine Nachrichten mit der Postkutsche oder dem Eselskarren, der andere über die elektronische Datenautobahn weiterleitet, wird sich kein gleichgewichtiger bzw. nachhaltiger Austausch ergeben.

Andererseits gibt es einen ideellen Aspekt, der die Werte betrifft. Auf diesen Aspekt hat der Frankfurter Soziologe Axel Honneth besonders aufmerksam gemacht.[12] Die Leistungen müssen von den Austauschenden auch als füreinander wertvoll anerkannt werden können. Weil die ausgetauschten Leistungen in hoch arbeitsteiligen Gesellschaften immer auch unterschiedlich sind, benötigen solche Gesellschaften einen allgemeinen Wertehorizont, der so »offen und plural« ist, dass im Prinzip jeder mit seinem Beitrag zum Ganzen Anerkennung finden kann. Nur so sind die Gesellschaftsmitglieder auch bereit, Spielregeln einzuhalten, Konflikte friedlich zu klären und insgesamt fair miteinander umzugehen.

Die Zeiten des Menschen

Welche Zeitmaßstäbe gibt es für den Umgang mit uns selbst? Welche System- und Eigenzeiten haben Körper und Psyche des Einzelnen? In Bezug auf den Körper ist die Antwort relativ einfach. Hierher gehört zunächst alles, was im weitesten Sinn zur »inneren Uhr« des Menschen gezählt werden kann.[13] Zum Beispiel sind allein 150 Rhythmen bekannt, die an den Tag-Nacht-Wechsel gekoppelt sind, wie Körpertemperatur, Blutdruck, Harnausscheidung usw. Auch die Monatszyklen und jahreszeitliche Veränderungen gehören hierher. Neben den oben im Zusammenhang mit unseren Zeiterfahrungen angesprochenen Vorgängen – Atmen, Essen und Verdauen, Wachsein und Schlafen, Anstrengung und Ruhe, Sitzen, Stehen, Gehen usw. – gibt es eine Vielzahl anderer körperlicher Funktionen, die system- und eigenzeitlich strukturiert sind. Dies machen wir uns im Normalfall, also wenn unser Körper problemlos funktioniert, nur nicht bewusst. Herz-Kreislauf-Erkrankungen und Krebs, Allergien, Suchterkrankungen, das Burnout-Syndrom, aber auch die Migräne[14] können als Konsequenzen gestörter Eigenzeiten gedeutet werden.

Noch wenig erforscht ist die Zeitlichkeit unserer Psyche. Hierher gehört der oben angesprochene Zyklus des Handelns. Er beginnt mit einem aus einem Motiv geborenen Handlungsvorsatz und endet mit dem Rückblick auf das Ergebnis und der Überprüfung, ob das Motiv erfüllt ist. Wie aber kommt es zu einem Motiv und einem Handlungsvorsatz? Eine Grundleistung unserer Psyche ist die Fähigkeit, aufmerksam zu sein. Aufmerksamkeit kann als Voraussetzung für alle weiteren psychischen Prozesse verstanden werden: für die Wahrnehmung, Speicherung und Verarbeitung von Informationen, für das Entstehen bestimmter Gefühlslagen, für die Entwicklung von Verhaltensmustern, für die Ausbildung dessen, was man Charakter oder Persönlichkeit nennt. Wenn zutrifft, dass mit der Beschleunigung unseres Lebens sich nicht nur das Tempo erhöht und die Pausen wegfallen, sondern wir zudem immer mehr zu Gleichzeitigkeiten gezwungen werden, um mithalten zu können, dann stellt sich im Zusammenhang mit dem Problem der Aufmerksamkeit die Frage nach der Eigenzeit unserer Psyche mit voller Schärfe.

Der Schweizer Sozialpsychologe Michel Baeriswyl hat sich im Anschluss an die moderne Hirnforschung mit dem Phänomen der menschlichen Aufmerksamkeit näher befasst.[15] Zunächst einmal erfordert das Aufmerksamsein im Hirn ganz bestimmte Stoffwechselprozesse, ähnlich wie andere Aktivitäten auch. Baeriswyl zufolge kann unsere Aufmerksamkeit ferner mit einem Scheinwerfer verglichen werden, der immer auf ganz bestimmte Sachverhalte gerichtet ist. Und die Aufmerksamkeit belegt in unserem psychischen Apparat stets auch ganz bestimmte Sinnes- und Verarbeitungskanäle. Allein aus diesen drei Gründen kann unsere Aufmerksamkeit immer nur begrenzt sein. Wenn man uns zwingt, über lange Zeit aufmerksam zu sein, den Scheinwerfer ständig neu zu justieren oder auf mehrere, ähnliche Sinneseindrücke gleichzeitig zu achten, geraten wir schnell an unsere Grenzen und bezahlen dies mit erhöhtem Kräfteverschleiß. Andererseits sind Menschen bei einem geeigneten Wechsel zwischen steigender und nachlassender Aufmerksamkeit, bei wohl dosierter Richtungsänderung des Scheinwerfers und bei gleichzeitiger Nutzung unterschiedlicher Sinnes- und Verarbeitungskanäle durchaus fähig zur Gleichzeitigkeit – wobei allerdings die Frage offen ist, ob diese Gleichzeitigkeit nicht doch in Wahrheit eine Nachzeitigkeit ist, freilich mit unmerklich kurzen Phasen des Wechsels.

Wer die Eigenzeit des menschlichen Aufmerksamkeitspotenzials ernst nimmt, der darf den Menschen also nicht mit Multitasking-Aufgaben (der gleichzeitigen Arbeit an verschiedenen Aufgaben) überfordern und muss selbst regelmäßig mit »kreativer Ignoranz« auf die Angebote der Multioptionsgesellschaft reagieren. Und wohlgemerkt: Das Gesagte bezieht sich nur auf die Aufmerksamkeit als Voraussetzung komplexerer psychischer Prozesse; auf das Denken, Reden, Fühlen und die charakterliche Reifung des Menschen kann es nach gegenwärtigem Wissensstand nicht angewandt werden. Wir sollten uns also nicht verzetteln. »Wer immer auf dem Sprung sein will«, so Karlheinz A. Geißler, »ist nicht mehr auf dem Laufenden.« Für den Bereich des Psychischen gilt, was für das Physische längst anerkannt ist: Wir sollten uns nicht mehr zuführen, als wir verdauen, und nicht mehr verausgaben, als wir verkraften können.

Zeit für die Seele

Das Wort »Seele« bezeichnet landläufig diejenige Eigenschaft des Menschen, die ihn von den Tieren am meisten unterscheidet: das Nichtkörperliche und Unsterbliche an ihm. Für die moderne Philosophie ist der Mensch gegenüber den Tieren dadurch ausgezeichnet, dass er reflektieren, das heißt zu sich selbst in Distanz gehen und sich selbst korrigieren kann. Statt von »Seele« spricht der Philosoph heute von »Person« oder »Subjekt«. Dieter Sturma[16] hat auf die Frage nach den Eigenzeiten der Person bzw. des Subjekts eine interessante Antwort gegeben: Nur wenn Menschen im Laufe ihres Lebens die Fähigkeit erwerben, den Blick immer wieder zurück in ihre Vergangenheit und nach vorne in ihre Zukunft zu wenden, können sie feste Wertmaßstäbe entwickeln. Denn nur durch das bewusste Heraustreten aus der Gegenwart, durch die Überschreitung des Augenblicks, durch die Fähigkeit zur »Zeitelastizität« kann dem Menschen die Einheit seiner Person bewusst werden. Nur dadurch kann dasjenige entstehen, was die Philosophie als moralische Persönlichkeit oder als moralisches Subjekt bezeichnet. Wer hingegen keinen Wert darauf legt, dass er heute noch derselbe ist, der er gestern war, und dass er morgen noch derselbe sein wird, der er heute ist, der braucht sich auch um feste Wertmaßstäbe nicht zu kümmern. Wer sich dem Diktat des Augenblicks unterwirft und wer sich zu dem Spruch »Nach mir die Sintflut« bekennt, der kann konsequenterweise jegliche ethischen Skrupel fahren lassen und sich bedenkenlos am augenblicklichen Nutzenmaximum orientieren.

Dieser Gedanke kann auch auf die Philosophie als kollektives Bemühen des Menschen um Orientierung übertragen werden. So fordert der Philosoph Rüdiger Safranski angesichts der Diskussion über neue gentechnische Möglichkeiten nicht die Entwicklung einer neuen Moral, sondern das Bewusstmachen der in der alten moralischen Praxis latent vorhandenen Fragestellungen. Safranski: Wir brauchen eine »Verlangsamung des Denkens, die sich dem Problemdruck entzieht«.[17] Es kann ergänzt werden: Nicht nur die Philosophen sollten ihr Denken verlangsamen, die Gesellschaft insgesamt sollte sich mehr Zeit zum Nachdenken lassen, sie sollte also »philosophischer« werden.

Peter Heintel, ebenfalls Philosoph und Begründer des Vereins zur Verzögerung der Zeit (siehe Kapitel 9), spricht in seinem Buch »Innehalten« in diesem Zusammenhang von der »Zeit der Seele«: »Wenn man auf die Eigenzeit der Seele nicht Rücksicht nimmt, verliert man sich allmählich selbst, wird zum Vollzugsorgan außenbestimmter Ereignisfolgen. Die Gefahr dabei ist, dass man mit der Zeit gar nicht mehr so recht weiß, was man tut und vor allem warum man es tut. Man hat das Begründungsverhältnis zu sich selbst verloren.«[18] Einfacher gesagt: Wer sich keine Zeit zum Nachdenken und Einfühlen in seine Innen- und Außenwelt lässt oder lassen kann, der wird zur Marionette, an deren Strippen andere ziehen. Einer solchen Marionettengesellschaft, die ihre Identität verloren hat, ergeht es wie den Insassen eines Flugzeugs, das seinen Piloten verloren hat und blind in den Raum hineinrast.[19]

Die Symphonie des Lebendigen und der Lärm des Geldes

Wie hängen nun die Zeiten der Natur, der Kultur und Gesellschaft und die des einzelnen Menschen samt seiner Seele zusammen? Wir haben es nicht nur mit einem einfachen Einbettungs- und damit Anpassungsverhältnis zu tun, sondern in Bezug auf die Zeitdimension ist ein zweiter Aspekt höchst bemerkenswert: Die Geschwindigkeit der Anpassung bzw. des Lernens nimmt von der Natur über die Kultur und die Gesellschaft bis hin zum einzelnen Menschen jeweils gewaltig zu. Die Natur benötigt Jahrmillionen, um neue Formen hervorzubringen, Unbelebtes und Belebtes zu synchronisieren. Kultur und Gesell-

Johann Mayr

schaft schaffen es bereits in Jahrtausenden, Jahrhunderten oder sogar Jahrzehnten, bis sie neue Techniken und Institutionen hervorgebracht haben. Und der Mensch bringt bisweilen in wenigen Jahren, Monaten, Tagen oder sogar Stunden Neues hervor. Da jeder Mensch zugleich Geschöpf der Natur, der Kultur und Gesellschaft und seiner selbst ist, sind diese unterschiedlichen Zeitschichten oder Zeitschalen in ihm ständig präsent: Sein Individualwesen ist, teilweise vermittelt über das Sozial- und Kulturwesen, in das Naturwesen eingebettet. Die Eigenzeitlichkeit des Menschen wird demzufolge von innen nach außen bestimmt, der Körper ist der letztliche Rhythmusgeber.[20]

Diese abstrakten Feststellungen haben vor allem im Zusammenhang mit Innovationen eine konkrete Bedeutung. Entscheidend bei allen Innovationen ist: Das Neue hat nur Bestand, wenn es mit dem Alten synchronisiert ist bzw. in Resonanz mit dem Alten steht. Nur wenn Natur, Kultur und Gesellschaft und Individuum in einem solchen Gleichklang zueinander stehen, kann der Zusammenhang zwischen ihnen auf Dauer aufrechterhalten werden. Diese Resonanz ist es, welche die Welt im Innersten zusammenhält, sodass auch Leben möglich wird. Resonanz bedeutet »Wiederklingen«, »Zurücktönen«, »Weiterschwingen«. Resonanz, schreibt der Molekularbiologe Friedrich Cramer in seinem Buch *Die Symphonie des Lebendigen*, »ist eine Form der Wechselwirkung, ja, es ist die Form der Wechselwirkung schlechthin, über die alle raumzeitlichen Strukturen miteinander in Beziehung treten können«.[21] Die Bandbreite dieser Schwingungen ist beeindruckend: Der Herzmuskel schwingt einmal in der Sekunde und erzeugt so den Puls als Grundrhythmus, an den andere Rhythmen wie beispielsweise die Gehbewegung (etwa im Verhältnis eins zu eins) und die Atembewegung (etwa im Verhältnis eins zu vier) gekoppelt sind.[22] Eine Schwingung pro Sekunde wird in der Physik als »ein Hertz« definiert. Die kürzesten Schwingungen, die wir kennen, die Quarks, haben eine Frequenz von 10 hoch 20 Hertz, der Mondumlauf dagegen schwingt mit 4 mal 10 hoch minus 7 Hertz.[23] Das Verhältnis zwischen den schnellsten und den langsamsten biologischen Zyklen ist 10 hoch 24. Für Musiker sind das rund 78 Oktaven. »Es ist eine vom Leben selbst zusammengestellte Musik, die sich nicht abstellen lässt, ohne ihm zu schaden«, meint der amerikanische Zeitforscher Julius T. Fraser.[24]

Warum stört nun die Geldlogik diese Musik, warum übertönt ihr Lärm die Symphonie des Lebendigen? Unter der Herrschaft von Geld und Kapital wird die Herstellung des Zusammenhangs zwischen Natur, Kultur und Gesellschaft und dem Menschen ganz der entfesselten Ökonomie des Geldes überlassen. Das Geld, ursprünglich nur Transportmittel, verselbstständigt sich. Die Maßlosigkeit des Geldes, das Produzieren um der Produk tion willen, die zwanghafte Rückkoppelung von Gewinn und Investition – diese vom Menschen gemachten Zwänge erzeugen ganz andere Bewegungs-, Veränderungs- und Wachstumsmuster als diejenigen, die in Natur, Kultur und Gesellschaft und im Menschen durch die Evolution eingebaut sind. Resonanztheoretisch formuliert: Das Geld erzeugt andere Schwingungen, also andere Formen der Übertragung von Energie, Materie und Information, als diejenigen, die im »Rest« der Welt einprogrammiert sind. Man kann diese Unterschiede oder Gegensätze unter drei Aspekten zusammenfassen:

Erstens: Die Richtungen, in die sich Geld und Kapital bewegen, werden von ihnen selbst vorgegeben. Das Prinzip lautet: Wo schon viel ist, dort muss noch mehr hin. Deshalb lenkt die kapitalistische Weltwirtschaft nahezu alle ihre Kräfte und Potenziale in die Erste statt in die Dritte Welt. Das Geld zerstört so die auf Reziprozität und Kompensation aufgebauten zwischenmenschlichen Netze. Unter der Herrschaft des Geldes ist es so weit gekommen, dass vielfach zehn oder gar hundert Arbeitsstunden gegen eine einzige ausgetauscht werden.

Pflanzen, Tiere und Menschen, insofern sie nicht der Geldlogik gehorchen, folgen einem genau gegenteiligen Prinzip: Wenn sie gesättigt sind, werden ihre Aktivitäten eingestellt oder auf andere Ziele gerichtet. Dieses in der Welt überall auffindbare Prinzip ist für Aristoteles die »kosmische Gerechtigkeit«, an der sich das menschliche Handeln insgesamt klugerweise orientieren sollte.

Zweitens: Nicht nur die Richtungen, auch die Geschwindigkeiten der Bewegungen von Geld und Kapital einerseits und des »Rests« der Welt andererseits unterscheiden sich fundamental. Geld und Kapital bewegen sich dank moderner Informationstechnik beinahe unendlich schnell. Und Geld und Kapital wachsen aufgrund des eingebauten Selbstvermehrungsanspruchs ohne Begrenzung in die Höhe. Grafisch dargestellt: Geld und Kapital folgen einer nach oben gekrümmten Bahn, einer Exponentialkurve. Geld macht nicht nur süchtig, es ist die materialisierte, die konkretisierte Sucht. Das Geld produziert einen spezifischen Sozialcharakter: den Menschen, der sich durch das definiert, was er hat, und nicht durch das, was er ist.[25] Ich kaufe, also bin ich – das ist das Motto des Menschen in der Geldgesellschaft. In ihr konzentrieren sich fast alle Bemühungen um Selbst- und Fremdanerkennung auf die Fähigkeit, Geld ausgeben und sich etwas leisten zu können. Der Reichtum des Menschen schrumpft mit dem Reichtum auf seinem Konto. Die Herrschaft des Geldes führt dazu, dass zum Beispiel eine Gloria von Thurn und Taxis durch Heirat eines milliardenschweren Großerben jede Nacht um einige hunderttausend Euro reicher werden kann. Geld hat sich also längst von menschlicher Leistung und menschlichen Bedürfnissen abgekoppelt: Man kann nicht, wie der Schweizer Soziologe Jean Ziegler treffend feststellt, in zehn Villen gleichzeitig wohnen, auf drei Jachten gleichzeitig unterwegs sein und ein Kilo Kaviar essen.[26]

Pflanzen, Tiere und Menschen, insofern sie nicht vom Geld getrieben werden, sind langsamer: Ihr Wachstum führt irgendwann zu einem Maximum, bis sie am Ende wieder krumm und bucklig werden und schließlich in sich zusammenfallen. Im Gegensatz zum Geld kämpft der »Rest« der Welt gegen den Zahn der Zeit und landet dabei irgendwann in einer Kreisbahn. Geld wächst in den Himmel, Bäume nicht. Exponentielles Wachstum in der Natur wie im menschlichen Körper ist stets die Ankündigung eines lebensbedrohenden Entartungsprozesses.

Und *drittens:* Die gigantische Beweglichkeit des Geldes, seine atemberaubende Fließgeschwindigkeit und die Möglichkeit der Speicherung führen zur Verwischung aller räumlichen und zeitlichen Grenzen und zerstören dabei auch die Vielfalt der Welt.

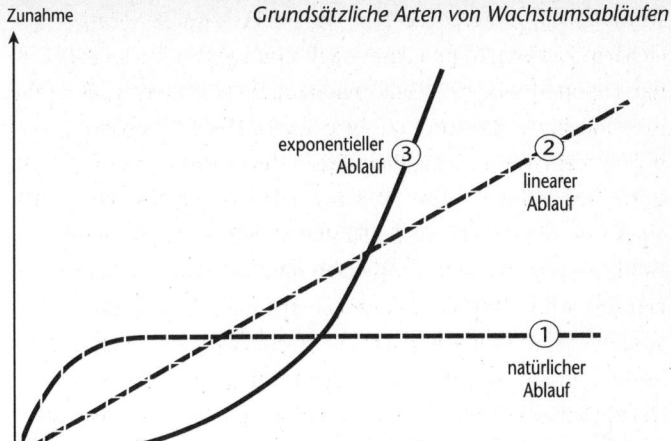

exponentieller Ablauf ③

linearer Ablauf ②

natürlicher Ablauf ①

Zeit

Geld kann sich zunächst über alle räumlichen Grenzen hinwegsetzen: Es verbindet Räume, die, gäbe es das Geld nicht, nichts miteinander zu tun hätten. Durch die Fernwirkung des Geldes werden plötzlich Inseln im Südpazifik, wie beispielsweise Tuvalu, vom Untergang bedroht, und zwar durch Entscheidungen, die in den Banken und Börsen in New York, Tokio und Frankfurt getroffen worden sind.

Und Geld kann auch die zeitlichen Grenzen zwischen Gegenwart, Vergangenheit und Zukunft überwinden: Geld und Kapital sind Zeitspeicher. In ihnen ist vergangene menschliche Arbeitszeit abgelagert, insofern gleichen Geld und Kapital allen anderen Produkten menschlichen Wirkens. Das Heimtückische am Geld ist nur, dass es nicht nur vergangene, sondern, wenn es als Kapital verwendet wird, auch zukünftige Zeit speichert. Denn im Unterschied zu Konsumgütern oder zu solchem Geld, das zu deren Erwerb dient, dient Geld als Kapital der Beschaffung von Mitteln für die weitere Produktion und erhebt damit Anspruch auch auf zukünftige Zeitpotenziale. Wer sich Geld geliehen hat, hat schon einen Teil seiner Zukunft verkauft. Wo Geld als Kapital auftritt, müssen menschliche Arbeitskraft und natürliche Ressourcen in Bewegung gebracht werden, ist es mit Ruhe und Genügsamkeit ein für alle Mal vorbei. Durch seine Fähigkeit zum räumlichen und zeitlichen Ausgreifen und Vermischen werden nicht nur Grenzen zerstört, sondern schrumpft auch die Vielfalt der Welt, werden Ordnungen aufgelöst, entsteht ein »Einheitsbrei« – oder in der Sprache der Physik: wird die Entropie vermehrt.[27]

Das Geld ist eine relativ junge Einrichtung, die sich als Transportmittel für einen bestimmten Zweck, nämlich den Austausch zwischen Menschen, in der Frühphase der Marktwirtschaft als ausgesprochen praktisch erwies. Heute jedoch stellt sich heraus, dass eingetreten ist, was Aristoteles einst scharfsinnig analysiert hatte und was von vielen großen Weltreligionen über die Jahrhunderte immer wieder beharrlich in Erinnerung gerufen wurde: dass das Transportmittel nicht zum Selbstzweck werden dürfe. Wenn uns also die Macht des Geldes derart in die Irre führt, weil es ständig falsche Signale gibt, welche die evolutionären Resonanzen systematisch zerstören, dann bleibt nur eins: Das Geld muss schrittweise, aber grundlegend entmachtet werden. Dies geschieht im Übrigen ansatzweise bereits überall dort, wo die Wirtschaftsstatistik sich nicht mehr damit begnügt, die Wirtschaftsleistung in Geldeinheiten wie zum Beispiel im »Bruttosozialprodukt« zu messen, sondern andere Kriterien wie Ökologie, Soziales und Frieden mit einbezieht. So arbeitet die UNO in ihren Statistiken seit einigen Jahren bereits mit einem »Index für die menschliche Entwicklung«. Wenn das Geld als oberster Maßstab, Koordinator und Motivator offenbar ausgedient hat, muss heute wieder auf das viele tausend Jahre ältere und bewährtere Mittel zur Steuerung von Austauschprozessen zurückgegriffen werden – auf die Zeit.

Teil III

DIE BESCHLEUNIGUNGSKRANKHEIT

Therapie und Prävention

Kapitel 7
Zeitgemäßes Wirtschaften
Es gibt viele Alternativen zum Turbokapitalismus

»Der Kapitalismus hat nicht gesiegt, er ist nur übrig geblieben.« Diesen klugen Satz hat jemand gleich nach der Wende an eine Mauer der Leipziger Universität gesprayt. Klug ist dieser Satz, weil mit dem 1989/1990 eingeläuteten Ende jenes Systems, das sich »realer Sozialismus« nannte, über die Qualität des »realen Kapitalismus« überhaupt noch nichts ausgesagt werden kann. Wer in das beliebte Triumphgeschrei nicht einstimmen will, für den stellt sich die Lage nach 1989/1990 meist etwas anders dar: Der Mensch wirtschaftet bereits seit ein bis drei Millionen Jahren, seit zehntausend Jahren ist er sesshaft und erst seit zwei- bis dreihundert Jahren arbeitet er sich am Kapitalismus ab. Der Kapitalismus hat zwar seitdem die menschlichen Produktivkräfte in einem beispiellosen Ausmaß beflügelt und bisher auch alle Widerstandsbewegungen erfolgreich hinweggefegt. Ob er dazu aber auch in Zukunft in der Lage ist, muss angesichts der Symptome der Beschleunigungskrankheit (Kapitel 1) und der Prognosen über ihren weiteren Verlauf (Kapitel 2) stärkstens bezweifelt werden. Mit ein wenig Fantasie bei der Gestaltung der Spielregeln, nach denen der Mensch wirtschaftet, und mit einigen wenigen Kenntnissen über die Wege, die er bisher zur Befriedigung seiner Bedürfnisse beschritten hat, wird der Blick frei für eine Vielfalt von Alternativen zum real existierenden Turbokapitalismus: nämlich *erstens* die Dualwirtschaft, *zweitens* die wirklich reformierte Marktwirtschaft, also gerade nicht die alte Marktwirtschaft mit neoliberalem Neuanstrich, und *drittens* die öffentlich geplante und kontrollierte Wirtschaft, also gerade nicht die Wirtschaft, die unter dem Kommando eines Politbüros steht. Das folgende Kapitel beginnt mit bereits existierenden Alternativen und führt schrittweise hin zu Visionen und Utopien – Orten also, die es noch nicht gibt.

Ende der Geschichte?

Der Kapitalismus ist halt übrig geblieben, nicht mehr und nicht weniger. Was wir heute wissen, ist nur, dass das sozialistisch-kommunistische Experiment von 1917 von Anfang an auf sehr unsicheren Beinen stand und auch in ethischer Hinsicht wenig überzeugend war. Bekannt ist auch, dass sich diejenigen, die dieses Experiment durchführten, zwar ständig auf Marx und Engels beriefen, diesen aber dabei Unrecht taten.[1] Und unzweifelhaft ist schließlich, dass der Westen, vor allem in den 80er-Jahren unter dem amerikanischen Präsidenten Ronald Reagan, die Kapitulation dieser anderen Ordnung mit einer beispiellosen Energie vorangetrieben hatte.

Wer dies auf die eigene Leistung des Westens zurückführt, der begeht einen schlichten Denkfehler: Er schließt von der Tatsache der Auflösung des Ostblocks auf *eine* mögliche Ursache dieser Tatsache, nämlich dessen antikapitalistische Grundorientierung. Damit lässt er alle anderen möglichen Ursachen, wie zum Beispiel die Unausgereiftheit der »realsozialistischen« Alternative selbst, unberücksichtigt. Und wer darüber hinaus, wie der amerikanische Politikwissenschaftler Francis Fukuyama, mit dem Ende des Ostens gleichzeitig das »Ende der Geschichte«[2] verkündet, der behauptet im Klartext: Mit der Entdeckung der kapitalistischen Ordnung und mit deren weltweiter Durchsetzung ist der Stein der Weisen gefunden, von nun an braucht man sich über die grundlegende Ordnung des Wirtschaftens keine Gedanken mehr zu machen.

Dass wirtschaftliche Fantasie und Kenntnisse über nichtkapitalistische Formen des Wirtschaftens so rar gesät sind, belegt im Übrigen nur, wie totalitär die marktwirtschaftliche Ideologie mittlerweile geworden ist. In Schulen und Universitäten der angeblich so hoch entwickelten und aufgeklärten nördlichen Hemisphäre der Welt, die sich zum Grundsatz der weltanschaulichen Pluralität bekennt, wird beim Thema Wirtschaft einfach so getan, als gebe es nur eine wahre Lehre.

Wenn es der Kapitalismus ist, der uns durch die fortgesetzte Produktion für die Produktion zur Erschöpfung treibt (Kapitel 4 und 5), so muss eine Alternative zu ihm die Reproduktion, also das Erhalten von Natur, Kultur und Mensch, ins Zentrum stellen. Die folgenden, von verschiedenen Autoren erarbeiteten Konzepte und Visionen sollen nicht nur skizzieren, welche vielfältigen Möglichkeiten es jenseits des Turbokapitalismus gibt, sondern auch, inwiefern sie die Zeitlichkeit des Lebens besser zu berücksichtigen vermögen. Allerdings darf der Leser keine perfekt ausgefeilten Rezepte erwarten. Es geht um Modelle, die erst einmal zur Kenntnis genommen werden müssen – als Voraussetzung für eine breite gesellschaftliche Diskussion. In ihr müsste dann geklärt werden, welche Modelle in welchen Regionen und in welchen Wirtschaftsbereichen sinnvoll sind und wie sie sich kombinieren lassen. Wie der Übergang vom Turbokapitalismus zu anderen Formen des Wirtschaftens konkret stattfinden könnte, kann heute natürlich noch nicht gesagt werden. Andeutungen dazu, vor allem zu der Frage, auf welchem Weg aus der Beschleunigungsenergie jene Mittel abgezweigt werden können, die für die Entschleunigung erforderlich sind, werde ich im Anschluss (Kapitel 8) machen.

Dualwirtschaft – Ausgliederung eines entschleunigten Wirtschaftssektors

Dualwirtschaft bedeutet zweigeteilte Wirtschaft, aufgeteilt in einen erwerbswirtschaftlichen und einen eigenwirtschaftlichen Bereich.[3] Das Dualmodell geht von der historischen Tatsache aus, dass im Laufe der Entstehung der modernen Gesellschaft insgesamt immer mehr Bedürfnisse mithilfe von Geld befriedigt worden sind, das durch Lohnarbeit, also durch fremdbestimmte Erwerbsarbeit, vorher verdient werden musste. Die Grundidee der Dualwirtschaft besteht nun darin, diejenigen Tätigkeiten in der modernen Industriegesellschaft, die man nicht unbedingt fremdbestimmt erledigen muss, aus dem Bereich der Erwerbsarbeit wieder herauszunehmen und in Eigenarbeit zurückzuverwandeln. Das betrifft vor allem den immer wichtiger werdenden Dienstleistungssektor und auch das Handwerk. Der Rest der Arbeit, vor allem also ein großer Teil der Industrieproduktion, soll gemäß dem Dualmodell nach wie vor als Fremdarbeit geleistet werden.

Entscheidend für dieses Konzept ist, dass jeder selbst festlegen können soll, wie viel Eigen- und wie viel Fremdarbeit er leisten will. Wem die Unterordnung unter das Großraumbüro- und Fabrikregime nichts ausmacht, wer zudem einen hohen Bedarf an Gütern hat, die sich nur großtechnisch herstellen lassen, der wird einen relativ großen Teil seiner Arbeitszeit unter entfremdeten Bedingungen verbringen müssen. Wer sein Leben jedoch anders ausrichten will, der wird Großraumbüros und Fabrikhallen so gut wie möglich meiden und sich in seiner Nachbarschaft, unter Freunden und Bekannten Gleichgesinnte suchen, mit denen er gemeinsam einen möglichst großen Teil seiner Bedürfnisse befriedigen kann. Dualwirtschaft ist also die Rückverwandlung eines Teils der Erwerbsarbeit in andere Formen des Arbeitens, die nicht dem Zwang der Geldlogik unterworfen sind.

Welche Erfahrungen gibt es mit der Dualwirtschaft? Im weiteren Sinn kann der gesamte nichtprofitorientierte Wirtschaftssektor als Vorstufe zur Etablierung einer Dualwirtschaft begriffen werden. In den USA widmeten sich zum Beispiel 1991 über die Hälfte der Bürger durchschnittlich 4,2 Stunden pro Woche gemeinnützigen Aufgaben oder Organisationen.[4] Die in den 70er-Jahren in Deutschland gestartete Netzwerkbewegung hat bewiesen, dass solches Wirtschaften auch im gewerblichen Bereich im Prinzip möglich ist.

Damals waren die Ideen der 68er-Generation die Haupttriebkraft zum Aufbau eines alternativen Wirtschaftssektors. Heute kommt ein zweites Motiv hinzu, das zu einer sehr viel weiter reichenden Bewegung in Richtung auf eine Zweiteilung des Wirtschaftens führen könnte: die Ausgrenzung immer größerer Teile der Erwerbsbevölkerung aus dem herrschenden Wirtschaftssektor in fast allen Volkswirtschaften der Welt, unabhängig vom Grad ihrer Industrialisierung. Der neue Schub der Dualwirtschaft zeigt sich bei den in vielen europäischen Großstädten seit einiger Zeit existierenden Tauschbörsen, die den Tausch von Leistungen ohne die Vermittlung durch Geld ermöglichen und vielen Dauerarbeitslosen den Wiedereinstieg in das Arbeitsleben ermöglichen.

Ein anderes Beispiel ist die von dem amerikanischen Philosophieprofessor Frithjof Bergmann ins Leben gerufene New-Work-Bewegung, die mittlerweile nach Kanada und auch schon nach Ostdeutschland übergegriffen hat. Nach Massenentlassungen bei General Motors, die zur Verödung ganzer Städte geführt hatten, half er den Betroffenen, neue Perspektiven zu finden. »New Work«, so Bergmann, »soll Menschen erlauben, wenigstens zeitweise etwas zu tun, was sie leidenschaftlich gern wollen und an das sie wirklich glauben.«[5] Ein Fließbandarbeiter gründet ein Yoga-Studio, eine Fabrikarbeiterin entdeckt ihre Liebe zum Holz und wird Tischlerin, Obdachlose bauen Häuser und legen Obst- und Gemüsegärten an.

Eigenwirtschaftliche Projekte benötigen in der Regel eine Anschubfinanzierung. Neben privaten Spenden, kommunalen Fördermitteln und ergänzenden Mitteln für die Altersversorgung der Mitarbeiter spielt für die Finanzierung von Eigenarbeit auch die Einrichtung von so genannten Komplementärwährungen eine zunehmende Rolle. Weltweit gibt es nach Auskunft des Finanzexperten Bernard Lietaer (vgl. Kapitel 4) heute bereits 2500 solcher lokaler und regionaler Zusatzwährungen.[6] Sie dienen vor allem der Finanzierung all dessen, was sich nach den Gesetzen der herrschenden Währung nicht rechnet. Das bekannteste Beispiel ist das Schweizer »WIR-System«, das auf über 65-jähriger Erfahrung beruht, mittlerweile 80 000 Mitglieder einbezieht und einen Jahresumsatz von umgerechnet zwei Milliarden Euro erreicht.[7]

Seit kurzem ist aus Argentinien zu hören, dass dort aufgrund des Zusammenbruchs der gesamten Volkswirtschaft und besonders auch des Geldsystems Tauschringe in großem Stil eingerichtet werden, wobei sogar die Regierung die Entstehung einer solchen zweiten Ökonomie samt Parallelwährung unterstützt. Auf den mehrmals wöchentlich veranstalteten Tauschbörsen, die den uns vertrauten Flohmärkten ähneln, werden Russischer Salat gegen Kinder-T-Shirts, Äpfel gegen Brot und Englischkurse gegen Waschmaschinen getauscht. Die Geschichte der Tauschbörsen begann 1997, heute beteiligen sich bereits rund 15 Prozent der Argentinier daran. Um auch den Tausch zwischen den einzelnen Börsen zu ermöglichen, hat das landesweite Netz der Tauschbörsen eine Zusatzwährung eingeführt: den »Credito« – eine Komplementärwährung ohne Zinsen.[8]

Was die Ökologie der Zeit betrifft, so fällt in einem voll entwickelten eigenwirtschaftlichen Sektor einer Dualwirtschaft jeglicher Beschleunigungszwang weg. Das Tempo des Produzierens kann ausschließlich an den Eigenzeiten der einzelnen Menschen, der jeweiligen Gemeinschaften und Genossenschaften und der Natur ausgerichtet werden. Denn die Produkte müssen auf keinem Markt mit anderen Produkten in Hinblick auf den Zeitaufwand bei der Produktion konkurrieren. Sie dienen ausschließlich der unmittelbaren Bedürfnisbefriedigung. Und bei der Gestaltung des Arbeitsprozesses sind die Bedürfnisse der Arbeitnehmer maßgeblich, auch Kranke und Ältere lassen sich gut integrieren. Natürlich können die Menschen sich selbst, andere und die natürlichen Lebensgrundlagen auch im eigenwirtschaftlichen Sektor hetzen, aber sie müssen es nicht. Je mehr Menschen Erfahrungen mit solchen gemächlicheren und lustvolleren Formen der Bedürfnisbefriedigung machen, desto mehr könnte von diesen Erfahrungen auch der herrschende Erwerbsarbeitssektor der Dualwirtschaft profitieren. Denn wer an sich oder seinem Nachbarn sieht, was eigenwirtschaftliches Arbeiten heißt, der wird auf den Geschmack kommen und auch an seinem Erwerbsarbeitsplatz anspruchsvoller werden. Die Chance zu sinnlich-kreativen Wegen der Bedürfnisbefriedigung durch selbst bestimmtes produktives Tätigsein kann schließlich darüber hinaus zur Verminderung des kompensatorischen Konsums beitragen. Die Ansprüche an das gute Leben könnten sich insgesamt ändern.

Natürlich mutet dies alles sehr utopisch an. Aber waren vor hundert Jahren nicht auch Vorstellungen von einer Welt, in der Maschinen fast alle Arbeiten übernehmen, in der sich eine Flut von materiellen Gütern über die Menschen ergießt und in der die Freizeit zumindest potenziell immer länger wird, ebenfalls utopisch? Zeigt uns die Geschichte nicht an vielen Stellen, dass

Utopien Wirklichkeit werden können? Unser Fehler ist oft, dass wir zu ungeduldig sind und zu kurzfristig denken. Die Dualwirtschaft ist insgesamt eine eher defensive, sanfte, sozialpädagogisch ausgerichtete Alternative zum Turbokapitalismus. Der eigenwirtschaftliche Sektor stellt vor allem ein Netz bereit, das den freien Fall der Verlierer im Hamsterrennen abfedert. Sollte der eigenwirtschaftliche Sektor tatsächlich zu einer relevanten volkswirtschaftlichen Größe werden, so müssen sich die dualwirtschaftlichen Pioniere auf harte Auseinandersetzungen mit den Nutznießern der herrschenden Wirtschaft gefasst machen.

Marktwirtschaft, aber gerecht I – Wie der Motor der Beschleunigung durch eine Einkommensreform gedrosselt werden kann

Wesentlich weiter als die Dualwirtschaft geht eine andere Gruppe von Alternativkonzepten. Gemeinsam ist diesen Konzepten, dass sie sich nicht mit einem entschleunigten Sektor zufrieden geben, sondern die gesamte Wirtschaftsordnung umkrempeln wollen. Dabei soll allerdings die Basis des uns vertrauten Marktprinzips nicht aufgegeben, sondern im Gegenteil erst wirklich zur Geltung gebracht werden. Der Begriff »gerechte Marktwirtschaft« kann leicht missverstanden werden. Viele halten das Marktsystem selbst schon für gerecht, und zwar deshalb, weil auf Märkten für alle Marktteilnehmer die gleichen Preise gelten.[9] Das ist jene Form von Gleichbehandlung, die Armen und Reichen gleichermaßen verbietet, unter der Brücke zu schlafen. Mein hier vertretener Gerechtigkeitsbegriff geht weiter: Gerecht ist der Markt erst dann, wenn er allen Marktteilnehmern auch dieselben Möglichkeiten gibt, diese Preise als Käufer zu zahlen bzw. zu diesen Preisen als Verkäufer dauerhaft Produkte anzubieten. Ein Wirtschaftssystem kann demnach nur dann als gerecht gelten, wenn es zu jenen Unterschieden, die Natur und Kultur den Menschen auf den Weg gegeben haben, keine weiteren Unterschiede errichtet. Dieses weiter gehende Gerechtigkeitskonzept erhebt den Anspruch, konsequent an jenem liberalen Kerngedanken festzuhalten, welcher der Marktidee von Anfang an zugrunde liegt: an der Tauschgerechtigkeit. Das Prinzip der Tauschgerechtigkeit beinhaltet letztlich die Vorstellung, dass Leistung und Gegenleistung in einem gleichwertigen Verhältnis zueinander stehen müssen.

Die erste Variante einer gerechten Marktwirtschaft setzt bei der Höhe des Einkommens an. Definiert man Leistung konsequent im Geiste des Liberalismus (Kapitel 3), so kann dabei immer nur die Leistung des Individuums, niemals die einer Familiendynastie gemeint sein. Im Gegensatz dazu werden in der Bundesrepublik Jahr für Jahr gewaltige Summen vererbt, ohne dass die Empfänger dafür irgendeinen Aufwand betreiben müssen. Schaut man sich die Aufteilung des Gesamterbes genauer an, so stellt man fest: Es sind nur wenige Kinder, die von ihren Eltern größere Werte erben, die überwiegende Mehrzahl geht nahezu leer aus. Und nur die kleinen Erbschaften lassen sich durch die Vorleistung der Eltern, durch eisernes Sparen und harte Arbeit, für ihre Kinder erklären. Für die großen Erbschaften hingegen mussten diejenigen, die sie auf ihre Kinder vererben, selbst meist keine Leistung erbringen, da sie diese Vermögen ebenfalls geerbt hatten. Eine im Geiste des liberalen Gerechtigkeitsprinzips reformierte Marktwirtschaft müsste diesen Missstand mit dem erprobten Mittel der staatlichen Steuerpolitik beheben: Eine im Vergleich zu heute deutlich höhere Erbschaftssteuer könnte dafür sorgen, dass die Vorleistungen der Eltern und Großeltern der nachwachsenden Generation gleichmäßig zugute kämen – als Investition in die kommunale Jugendarbeit, als Bildungsinvestition, als Startkapital für Unternehmensgründungen etc.

Auch innerhalb einer Generation gibt es leistungslose Einkommen. Ein solches Einkommen kassieren all jene, die als Großunternehmer gegen Kleinunternehmer im Wettbewerb stehen und dabei beständig Extragewinne abschöpfen können. Selbst bei anfangs gleichen Startbedingungen zweier Konkurrenten entwickeln sich die Erfolgschancen auf dem Markt von dem Augenblick an systematisch auseinander, wo einer der Konkurrenten durch eine wie auch immer zustande gekommene Verzögerung – zum Beispiel Krankheit, soziale oder ökologische Skrupel, Kalkulationsfehler, nicht vorhersehbare Veränderung der Marktlage oder natürlich auch einfach nur Faulheit – nur ein klein wenig zurückgefallen ist. Von diesem Moment an behandelt der Markt die beiden Konkurrenten systematisch ungleich, wenn man Gleichheit nicht nur durch die Gleichheit des erzielbaren Verkaufspreises definiert, sondern durch die realen Chancen, mit ihm einen gleich großen Gewinn zu erwirtschaften. Je größer nämlich ein Betrieb ist, desto günstiger kann er sich in der Regel Kapital beschaffen, desto mehr kann er in Forschung, Entwicklung und Absatzförderung investieren, desto rationeller kann er produzieren und desto leichter kann er konjunkturelle Schwächephasen durchstehen. Die Ökonomen sprechen von »steigenden Skalenerträgen« der Produktion. Folgt man also dem Prinzip der individuellen Tauschgerechtigkeit, so sind solche Vorteile nicht gerechtfertigt, weil sie im Laufe der Zeit zu immer ungleicheren Startchancen führen.[10]

Um diese Ungerechtigkeit zu beseitigen, wäre eine Steuer für die Großen und Schnellen nötig, ähnlich der viel diskutierten Maschinensteuer. Eine solche Steuer lässt sich im Übrigen auch evolutionstheoretisch rechtfertigen (Kapitel 6). Denn alles Große und Schnelle, das räumlich und zeitlich das Kleine verdrängt, ist zwar kurzfristig überlegen, gefährdet auf längere Sicht jedoch die Vielfalt der konkurrierenden Problemlösungen und somit die Fortsetzung der Evolution. Das Große und das Schnelle müssten deshalb mit wirklich spürbaren Steuern belastet werden. Peter Kafka plädiert für einen Steuersatz, der proportional zum Quadrat von Umsatz oder Gewinn wächst.[11]

Die bisherigen Erfahrungen mit Steuerpolitik, wie sie in Deutschland gleichermaßen von sozialdemokratisch wie von christlich-demokratisch geführten Regierungen praktiziert wurde, zeigen zweierlei: Steuern können zwar das Marktgeschehen stabilisieren und mehr Gerechtigkeit schaffen. Aber durch die weltweiten Wirtschaftsverflechtungen kann Steuerpolitik nur dann wirksam werden, wenn sie über die Staatsgrenzen hinweg koordiniert wird. Steuerpolitik ist letztlich nur als Weltinnenpolitik durchsetzbar. Eine national oder auch kontinental begrenzte Steuerpolitik hingegen ist weitgehend hilflos dem Druck der Ökonomie (Kapitel 5) ausgeliefert.

Was bringt eine massive Erbschafts- und Größen- bzw. Geschwindigkeitssteuer in Hinblick auf die Ökologie der Zeit? Eine solche Steuer würde zu einer enormen Entschleunigung des Wirtschaftswachstums führen, weil sie die zwanghafte Rückkoppelung von Gewinn und Investition durchbrechen würde und Gewinne durch staatlich gesteuerte Umverteilung verstärkt reproduktiven Zwecken zuführen könnte. Eine hohe Erbschaftssteuer könnte den ökologisch besonders belastenden Luxuskonsum drosseln und somit die natürlichen Ressourcen entlasten. Und sie könnte Mittel für die Grundversorgung jener Menschen frei machen, die bisher von den Vorleistungen vergangener Generationen wenig profitiert haben. Eine Steuer auf Großes und Schnelles würde den kleineren Betrieben mehr Chancen zuteilen, den Anreiz zu permanentem Wachstum verringern und die Spaltung der Gesellschaft zurückfahren.

Marktwirtschaft, aber gerecht II –
Wie der Motor der Beschleunigung durch eine
Geldreform gedrosselt werden kann

Während die erste Variante einer gerechten Marktwirtschaft bei der Höhe des Geldbetrags, den wir als Einkommen zur Verfügung haben, ansetzt, zielt die zweite Variante auf die Funktion des Geldes. Ausgangspunkt ist die Diagnose einer schreienden Ungerechtigkeit im herrschenden Marktsystem: die Ungerechtigkeit des Zinseszinsmechanismus (Kapitel 4). In Deutschland zum Beispiel profitieren 10 bis 15 Prozent der Haushalte von der Existenz von Zinsen, 85 bis 90 Prozent werden durch Zinsen geschädigt. Das hat der Geldtheoretiker Helmut Creutz in seinem Buch *Das Geldsyndrom*[12] vorgerechnet. Denn nur für eine kleine Minderheit der Menschen übersteigen die Zinserträge ihrer Ersparnisse die Zinszahlungen. Zinsen zahlen wir nämlich nicht nur an Banken für freiwillig aufgenommene Kredite, sondern auch unfreiwillig an Vermieter, Wasser-, Gas- und Elektrizitätsversorger, Auto- und Lebensmittelhändler, Reisebüros usw., weil in fast allen Preisen Zinsen für Kreditleistungen mit enthalten sind. Bezogen auf die Erwerbsarbeitszeit heißt das: 85 bis 90 Prozent der Deutschen arbeiten mehr, als sie für ihren eigenen Bedarf brauchen, nur damit eine Minderheit von 10 bis 15 Prozent der Deutschen für verliehenes Geld Zinsen beanspruchen darf.[13] Interessant ist auch die Entwicklungstendenz: 1950 arbeitete der deutsche Erwerbstätige im Durchschnitt drei Wochen im Jahr, 1970 sieben Wochen, 1990 bereits 11 Wochen allein für die Versorgung derjenigen, die von Zinseinkommen leben.[14] Heute dürften es rund vier Monate im Jahr sein. Gäbe es also keine Zinsen, ginge es der überwiegenden Mehrheit besser, müsste weniger gearbeitet werden und könnte die Marktwirtschaft eher das Attribut der Gerechtigkeit beanspruchen. Dem liberalen Leistungsprinzip widerspricht das Zinseszinssystem deshalb, weil nur die allerwenigsten Menschen es selbst in der Hand haben, ob sie für andere arbeiten müssen oder andere für sich arbeiten lassen können – diese Rollenverteilung ist weitgehend ererbt.

Die theoretischen Grundlagen einer Geldreform finden sich bereits bei Aristoteles und in unzähligen religiösen und kirchlichen Schriften zur Zinskritik.[15] Seit dem 20. Jahrhundert wird diese Idee vor allem von Anthroposophen und auch von engagierten Christen weiter verfolgt. Die Idee einer Geldreform geht davon aus, dass Geld an und für sich eine nützliche Erfindung ist. Geld als Tauschmittel ist mit einem universellen Transportmittel für Waren und Dienstleistungen vergleichbar, also eine öffentliche Einrichtung, genauso wie zum Beispiel eine Straße, eine Eisenbahnstrecke oder ein Telefonnetz. Wer eine solche Einrichtung blockiert, der behindert den Transport und macht sich eigentlich strafbar. Damit nun Geld nur zum Transport, also zum Erwerb von Waren dient, darf es keine Zinsen abwerfen, weil sonst jeder bemüht ist, Geld zu behalten und damit den Geldfluss zu blockieren. Da ein Zinsverbot kaum zu überwachen wäre, muss, so die Idee der Geldreformer, eine andere Vorkehrung getroffen werden, die den Geldumlauf sichert: Wer für ein Produkt oder eine Dienstleistung Geld erhält, der muss dazu motiviert werden, dass er es nicht festhält, sondern möglichst schnell wieder ausgibt. Die Geldreformer schlagen vor, dass jeder, der Geld zurückhält, eine »Standgebühr« zahlen muss, so wie jemand, der ein Transportmittel nur als Lagerhalle benützt. An die Stelle positiver Zinsen müssen negative Zinsen treten. Bildlich gesprochen: Das Geld muss »rosten«, wie Brücken, Eisenbahnwaggons, Telefonzellen etc. auch.

Um Geld rosten zu lassen, wäre es denkbar, dass die Notenbank in regelmäßigen Abständen Scheine mit bestimmten, deutlich sichtbaren Nummern oder Farbmarkierungen zum

Umtausch aufruft. Beim Umtausch selbst, der zum Beispiel in jedem Geschäft beim Einkauf automatisch stattfinden könnte, wird die entsprechende Wertminderung als Umtauschgebühr einfach abgezogen. Der Geschäftsinhaber leitet diese dann zusammen mit den eingezogenen Scheinen an die Notenbank weiter. Bei Zahlungen mit Kreditkarten könnte diese Prozedur vollautomatisch abgewickelt werden. Rechtlich sind solche Umtauschaktionen in Deutschland bereits heute möglich. Im Bundesbankgesetz heißt es dazu: »Die Deutsche Bundesbank kann Noten zur Einziehung aufrufen. Aufgerufene Noten werden nach Ablauf der beim Aufruf bestimmten Umtauschfrist ungültig.«[16] Wer sich Geld leihen möchte, um ein Haus zu bauen oder ein Geschäft zu eröffnen, der kann dies auch in einer solchen reformierten Geldwirtschaft tun, denn jeder Geldbesitzer ist bestrebt, seine Bargeldsumme so klein wie möglich zu halten. Je länger jemand einem anderen Geld zur Verfügung stellt, desto besser kann er dessen Wert schützen. Für langfristige Anleihen fallen die negativen Zinsen weg und kann sogar ein niedriger positiver Zins vereinbart werden.[17]

Wie gut zinsloses Geld zumal in Krisenzeiten funktionieren kann, das zeigten im Gefolge der großen Weltwirtschaftskrise Anfang der 30er-Jahre einige Versuche in Europa und Amerika. Das erfolgreichste Experiment fand im österreichischen Wörgl statt. Nach einer Befragung der Einwohner beschloss der Stadtrat, eigenes Geld auszugeben. Die Nutzungsgebühr betrug ein Prozent pro Monat, d. h., auf das Geld wurden negative Zinsen erhoben. Jeder Einwohner musste sich jeden Monat für jeden seiner Geldscheine eine Gebührenmarke bei der Gemeinde kaufen und sie auf die Rückseite des Geldscheins kleben. Ohne diese Monatsmarke war der Schein wertlos. Diese Vorkehrung wirkte Wunder: Jeder versuchte, das verdiente Geld so schnell wie möglich wieder loszuwerden. Steuern wurden im Voraus bezahlt, die Stadtverwaltung konnte großzügige Aufträge vergeben, Konsum und Produktion wurden angekurbelt, und die Arbeitslosenquote sank innerhalb eines Jahres um 25 Prozent. 170 Gemeinden in Österreich wollten das Experiment übernehmen, sogar amerikanische Geldexperten studierten das »Wunder von Wörgl«. Als die österreichische Nationalbank ihr Monopol als Geldausgabestelle gefährdet sah, untersagte der Staat das weitere Experimentieren mit zinslosem Geld.

Was bringt nun eine solche Geldreform in Hinblick auf die Ökologie der Zeit? Die Abschaffung der Zinsen würde die Arbeitszeit um jenen Anteil verkürzen, den wir bisher gezwungenermaßen für die Zinsdienste leisten. Durch eine Verringerung der Arbeitszeit um rund ein Drittel des Jahres erhielten wir zusätzliche zeitliche Chancen, andere Lebensgenüsse zu entdecken und mit ihnen zu experimentieren. Auch würde die Ungleichverteilung von Einkommen und Vermögen abgebaut. Und ökologisch wäre die Abschaffung des Zinses insofern heilsam, als dies zu einer enormen Drosselung der wirtschaftlichen Aktivitäten führen könnte, da die Unternehmer vom Druck ihrer Geldgeber entlastet würden und sie nicht mehr allein zur Bedienung der Zinsansprüche beständig für eine Ausweitung der Produktion sorgen müssten.

Marktwirtschaft, aber gerecht III – Wie der Motor der Beschleunigung durch eine Eigentumsreform gedrosselt werden kann

Die dritte Möglichkeit, die Wachstums- und Zerstörungsdynamik der kapitalistischen Marktwirtschaft zu beschränken, wurde von Reformern in der Sowjetunion in den 20er- und 30er-Jahren und in Osteuropa nach dem Zweiten Weltkrieg entwickelt. In den 70er-Jahren zeigten auch fortschrittliche Wirtschaftswissenschaftler im Westen, dass eine an den Ideen des Liberalismus festhaltende, konsequente Marktwirtschaft keine kapitalistische Marktwirtschaft sein darf.[18] Dieses Alternativkonzept zum Turbokapitalismus setzt an jener Frage an, die für die Arbeiterbewegung immer zentral war: Wem sollen die Produktionsmittel gehören? Den osteuropäischen Reformern ging es bei der Beantwortung dieser Frage vornehmlich um die Steigerung der wirtschaftlichen Effektivität durch Maßnahmen gegen den planwirtschaftlichen Schlendrian; den westeuropäischen Ökonomen hingegen ging es um die Durchsetzung der liberalen Selbstbestimmungsidee gegen die kapitalistische Fremdbestimmung.[19]

Nur wenn die Arbeitnehmer Eigentümer ihrer Produktionsmittel sind, so die gemeinsame Überzeugung der Befürworter einer Eigentumsreform, werden sie sich an ihrem Arbeitsplatz voll und ganz einbringen und sich zudem dabei als Menschen bestmöglich entfalten können. Weil eine solche Wirtschaftsordnung statt der Kapitalverwertungsinteressen die Arbeitnehmerinteressen ins Zentrum stellt, wird dieses Konzept einer Marktwirtschaft in Anlehnung an das lateinische Wort *labora* für Arbeit »Laborismus« genannt. In laboristischen Unternehmungen legen die Arbeitnehmer die Bedingungen ihrer Arbeit selbst fest. Die Belegschaft muss sich deshalb ihrer Bedürfnisse, die sie an den Arbeitsplatz hat, erst einmal selbst bewusst werden und einen entsprechenden Konsens herbeiführen. Dies führt in der Regel zu einer Erhöhung der Produktionskosten und damit zu einer Schmälerung der Gewinne.

Da die Arbeitnehmer in laboristischen Unternehmen gleichzeitig auch die Unternehmer sind, können sie nun ihre Arbeits- und ihre Gewinninteressen gegeneinander abwägen. So lernen sie in umfassendem Sinn Verantwortung für ihren Betrieb zu übernehmen. Je stärker Bedürfnisse nach gesunden, angenehmen und anregenden Arbeitsbedingungen die Arbeitswelt prägen, je mehr die Arbeitnehmer Zeit und Energie im Betrieb nur teilweise verausgaben wollen, damit noch genügend für Familie, Hobbys, soziales Engagement etc. übrig bleibt, umso mehr wird das Tempo der Produktion gedrosselt werden. Zwar stehen auch laboristische Unternehmen in Konkurrenz zueinander und werden auf Gütermärkten für ihre Schnelligkeit belohnt. Aber es gibt ein ernsthaftes Gegengewicht: die Arbeits- und Lebensinteressen der in ihnen Beschäftigten, die ganz andere Chancen der Berücksichtigung finden, wenn ihnen der Betrieb wirklich selbst gehört.

Mit solchen genossenschaftlichen Betrieben, die über den Markt miteinander konkurrieren, gibt es seit mehr als hundert Jahren Erfahrungen. Aus vielen Betrieben wird berichtet, dass die Selbstverwaltung vor allem in der Aufbauphase viele Arbeitnehmer überfordert. Es wird also wichtig sein, Delegationssysteme einzurichten, damit nur diejenigen auch Verantwortung für Koordination und Planung übertragen bekommen, die dies auch wirklich wollen. Wichtig ist, dass an jeder Delegation von Herrschaftsbefugnissen alle Betroffenen gleichberechtigt beteiligt sind. Nur so wird die Macht des Kapitals neutralisiert.

Was bringt der Laborismus in Bezug auf unseren Umgang mit Zeit? Es dürfte klar sein, dass durch eine flächendeckende Einführung solcher Unternehmen in Arbeitnehmerhand auch die Zeitbedürfnisse, die arbeitende Menschen im Zusammenhang mit ihrer Arbeit haben, wesentlich stärker zum Tragen kommen können als heute. Arbeitszeiten können besser mit den Familienzeiten abgestimmt, das Maß der Verausgabung in der Arbeit kann besser an der Gesamtheit der Lebensumstände und Lebenskonzepte ausgerichtet werden. Dadurch wären, als indirekte Folge einer solchen Eigentumsreform, Arbeitnehmer in laboristischen Unternehmen vermutlich auch weniger auf das Mittel des kompensatorischen Konsums angewiesen und würden auf längere Sicht einen weniger materialistischen Lebensstil entwickeln, als dies bei Arbeitnehmern in kapitalistischen Unternehmen heute der Fall ist.

Planwirtschaft, aber demokratisch – Wie der Motor der Beschleunigung abgeschaltet werden kann

Von den Errungenschaften der DDR-Planwirtschaft hat im Wesentlichen nur der grüne Abbiegepfeil an der Ampel überlebt. War also alles andere im Osten schlechter als im Westen Deutschlands? Dieser weit verbreiteten Meinung wurde bereits in der Zeit der Wende in wesentlichen Punkten widersprochen. Einer dieser Einwände kam vom Rat der Sachverständigen für Umweltfragen, der dem Bundesumweltminister zur Seite steht. Dieser Rat forderte 1990, das so genannte »Sekundärrohstoff-Erfassungs-System« (SERO) der DDR für Deutschland insgesamt zu übernehmen. Das durch und durch planwirtschaftliche SERO-System war in den Augen der westlichen Experten ein vorzügliches Instrument, um drei Umweltziele auf einmal zu erreichen: die Einsparung von Rohstoffen, die Reduktion von Müll und die Vermeidung von Verkehr. Wenn nämlich ein Plan vorschreibt, dass Verpackungen von vornherein nach einheitlichen Normen hergestellt werden müssen, die zudem die optimale Wiederverwertbarkeit sichern, und diese Verpackungen dann mithilfe eines Pfandsystems auch tatsächlich wieder eingesammelt werden, so ist diese planwirtschaftliche Lösung besser, als wenn die diversen Märkte und die auf ihnen agierenden privaten Unternehmer das Verpackungsproblem auf ihre Weise lösen.

Der Vorstoß des Sachverständigenrates scheiterte allerdings, weil die betreffenden Wirtschaftszweige um ihre unternehmerische Freiheit und ihre Gewinnchancen fürchteten: Die Verpackungsindustrie wollte möglichst viele und möglichst vielfältige Verpackungen produzieren. Die Werbeindustrie wollte die Verpackungen zudem als Werbeträger möglichst individuell und auffällig gestalten. Und die Speditionen wollten möglichst viel Müll in Europa herumkutschieren. Am Ende hatten diese Interessengruppen, wie man weiß, die bessere Lobby – im Vergleich zu den Umweltschützern. Auch für andere Gemeinschaftsbedürfnisse, wie zum Beispiel Kultur, Bildung, Gesundheit und Verkehr, kann heute aus der Distanz festgestellt werden, dass sie unter den planwirtschaftlichen Bedingungen der DDR auch im Vergleich zu Westdeutschland beachtlich gut befriedigt werden konnten. Diese Leistung gilt es vor allem auch deshalb zu würdigen, weil bekanntlich die materiellen Startchancen Ostdeutschlands nach dem Krieg deutlich schlechter als die Westdeutschlands waren.

Die Planwirtschaft, so heißt es, sei nach dem Scheitern des so genannten »realen Sozialismus« ein absolutes Auslaufmodell, und auch im Westen werde überall weiter privatisiert. Meine Gegenthese lautet: An den bisher praktizierten Formen von Planwirtschaft ist nicht die Idee der Wirtschaftsplanung, sondern der undemokratische Charakter dieser Planung zurückzuweisen. Das ursprüngliche Modell der Planwirtschaft hängt eng mit der Geschichte der Arbeiterbewegung und der von ihr Mitte des 19. Jahrhunderts entwickelten Räteidee zusammen. Die Planwirtschaft war jene Wirtschaftsordnung, die Marx vorschwebte: Wenn die Menschen sich zu einer »freien Assoziation« gleichberechtigter Bürger, zu einem »Verein freier Menschen« zusammenfänden, dann würden nicht nur alle prinzipiell denselben Zugang zu den Reichtümern der Erde erhalten, sondern das Wirtschaftsgeschehen würde durchsichtig, der »Warenfetisch« wäre besiegt. In der Zeit nach dem Zweiten Weltkrieg wurde die Idee einer konsequenten Planwirtschaft aus recht unterschiedlichen wirtschaftstheoretischen und wirtschaftsethischen Perspektiven weiter verfolgt.[20]

Was heißt Planwirtschaft eigentlich? Das Wort »Planwirtschaft« führt bei näherer Betrachtung in die Irre. Entscheidend für eine Planwirtschaft ist nämlich nicht in erster Linie, dass in ihr geplant wird. Planung ist in vielen Bereichen nötig, zum Beispiel im individuellen Leben, im Haushalt und natürlich auch im privatwirtschaftlichen Betrieb. Entscheidend ist vielmehr, wer plant und zu welchem Zweck geplant wird. In der kapitalistischen Marktwirtschaft ist der Planer privater Unternehmer, der im Rahmen der gesetzlichen und tariflichen Vorgaben insgesamt relativ souverän über sein Unternehmen verfügt und hauptsächlich gegenüber seinen Geldgebern Rechenschaft schuldig ist. Im Gegensatz dazu ist in einer Planwirtschaft der Planer eine öffentliche Behörde, die sich vor einem politischen Gremium, einem »Rat«, verantworten muss. Zweck der Planung im Auftrag des öffentlichen Interesses ist nicht die Erzielung von privaten Gewinnen, sondern die unmittelbare Versorgung der Menschen mit dem, was sie dem Plan zufolge brauchen.[21] Der Ausgangspunkt aller Planungsprozesse besteht deshalb darin, die Bedürfnisse der Menschen zu erfassen. Deshalb kann man die Planwirtschaft – und dann klingt der Begriff gleich harmloser – als öffentliche und Gebrauchswerte schaffende Wirtschaftsordnung definieren.

In diesem Zusammenhang darf daran erinnert werden, dass in Deutschland die Einführung planwirtschaftlicher Elemente nach dem Ersten Weltkrieg durch die Weimarer Verfassung vorgesehen war. Dies war ein Zugeständnis an die sozialistischen Vertreter der Räteidee, die im Anschluss an die Katastrophe des

Ersten Weltkriegs die Zeit gekommen sahen, die »bürgerliche« Republik umzustürzen und an ihrer Stelle eine sozialistische, also eine so genannte »Räterepublik« zu gründen. Die Räteartikel in der Weimarer Verfassung gerieten jedoch im Alltagsgeschäft der kapitalistischen Politik bald in Vergessenheit, was nicht zuletzt zur wirtschaftspolitischen Hilflosigkeit des Weimarer Staates nach Ausbruch der Weltwirtschaftskrise beitrug und den Nazis den Nährboden bereitete. Auch in vielen Bereichen der Wirtschaft der Bundesrepublik wird die Versorgung trotz aller Privatisierungstendenzen zumindest noch teilweise durch öffentliche Planungsprozesse gesteuert: in der kommunalen Wasser-, Strom- und Gasversorgung, bei Verkehr und Telekommunikation, im Bereich von Bildung, Gesundheit und Wissenschaft.

Es ist ein Gemeinplatz geworden, dass die stalinistische Form des Sozialismus nicht zuletzt an der Überbürokratisierung gescheitert ist. Aber was heißt das genau? Die Erfahrungen des Stalinismus zeigen bei näherer Betrachtung, wie entscheidend die umfassende Mitwirkung aller Betroffenen ist, wenn eine Planwirtschaft dem Gebot der Selbstbestimmung des Menschen gerecht werden will. Der kritische deutsche Marxist Karl Korsch hat bereits 1919 mit Blick auf die in der Sowjetunion sich anbahnende Diktatur darauf hingewiesen, dass das Funktionieren des Rätesystems nicht von der Umgestaltung der Eigentumsordnung allein abhängt. Das System steht und fällt Korsch zufolge mit der Frage, inwieweit die staatliche Planung von oben durch eine Arbeitnehmerkontrolle von unten ergänzt wird.[22] Unter den Bedingungen der Frühindustrialisierung in Russland gab es von Anfang an größte Hindernisse für eine demokratische Planung der Wirtschaft. Bekanntlich war die industrielle Basis, nicht zuletzt auch in jenem Bereich, der für Planungsprozesse relevant ist, völlig unterentwickelt. Auch aufklärerische und gewerkschaftliche Traditionen waren noch kaum entfaltet. Selbst in der ehemaligen DDR, dem seinerzeit am weitesten technisierten Land des Ostblocks, galten moderne Kommunikationstechnologien wie Telefon, Faxgeräte und Computer noch als Mangelware. Heute ist die Situation eine fundamental andere als nach dem Ersten Weltkrieg in Russland und nach dem Zweiten Weltkrieg in Ostdeutschland. Das im beginnenden 21. Jahrhundert erreichte allgemeine und kommunikationstechnologische Niveau, die weit fortgeschrittene Verbindung von Computern über Datennetze sowie die mittlerweile vorhandenen Erfahrungen und Ansprüche an demokratisches Wirtschaften bieten heute hundertmal bessere Möglichkeiten für wirklich öffentlich geplante und kontrollierte Formen des Wirtschaftens.

Mehr noch: Eine zeitgemäße öffentlich geplante und kontrollierte Wirtschaft könnte und sollte »diskursiv« erweitert werden. Eine solche Erweiterung würde auf die Qualität der Entscheidungsprozesse, oder genauer: der Diskurse, die ihnen vorausgehen, zielen. In diese Diskurse müssen alle am Wirtschaftsgeschehen Beteiligten einbezogen werden: die Arbeitnehmer und die Produktionsmittelbesitzer, die Konsumenten und die Anwohner. Dabei soll das Maß der Betroffenheit gleichzeitig das Maß des Einflusses auf Entscheidungen sein. Dies erfordert, den im Kapitalismus dominanten Einfluss der Produktionsmittelbesitzer zu neutralisieren. Dem Schweizer Wirtschaftsethiker Peter Ulrich schwebt eine »offene Unternehmensverfassung« vor, in der all jene, die von dem, was in einem Unternehmen geschieht, betroffen sind, in einem möglichst herrschaftsfreien Diskurs um die besten Entscheidungen ringen sollen. Dies setzt auch voraus, dass keine Informationsmonopole existieren, dass vielmehr alle Entscheidungsträger den gleichen Zugang zu allen Daten haben. Wichtig ist, dass auch alle

Fragen der Zukunftsgestaltung, der Forschung und der Entwicklung neuer Produkte in solchen offenen Diskursen thematisiert und entschieden werden. Nicht in abgeschotteten Zirkeln, die den Shareholders oder dem Politbüro verantwortlich sind, sondern in offenen »Zukunftswerkstätten«[23] soll beschlossen werden, wie wir morgen leben werden.

Warum berücksichtigt eine demokratische Planwirtschaft die Zeitmaße des Lebens besser, als der Kapitalismus dies tut? Warum ist sie also zeitgemäßer? Weil sie die Chance bietet, den Eigenzeiten der Natur, der Kultur und Gesellschaft und des Individuums auf direktem Weg Autorität zu verschaffen. Denn in einer demokratischen Planwirtschaft ist der Beschleunigungsmotor völlig abgestellt, die Menschen bestimmen das Tempo von Produktion und Konsumtion selbst. In ihr kann zudem beschlossen werden, dass jede Art von Leistung, die des Langsamen wie die des Schnellen, gleichermaßen Anerkennung verdient. Alles, was in einer solchen Wirtschaftsordnung geschieht, hängt vom Wollen der Menschen ab, nicht von so genannten »Sach«-Zwängen.

Zwar wird es auch in einer öffentlich geplanten Wirtschaft Lobbyisten mit unterschiedlichen Interessen geben sowie mit unterschiedlichen Möglichkeiten, diese durchzusetzen, auch gegen jede gesamtwirtschaftliche Vernunft und gegen jede Ethik der Nachhaltigkeit und der Menschenwürde. Aber dies *muss* nicht so sein – im Gegensatz zum Kapitalismus, wo gesamtwirtschaftliche Vernunft und die Rücksichtnahme auf Natur und Mensch aufgrund der ihm innewohnenden Zwangslogiken systematisch bestraft werden (Kapitel 5). Zwar gibt es auch in Diskursen ungleiche Chancen aufgrund ungleicher kommunikativer Fähigkeiten. Aber es gibt vermutlich keine automatische Rückkoppelung und Anhäufung von Vorteilen auf der einen und von Nachteilen auf der anderen Seite, wie dies in der kapitalistischen Logik der Fall ist, wo sich von Quartal zu Quartal, von Geschäftsjahr zu Geschäftsjahr etc. die Bedingungen fortschreiben und verstärken. In einer diskursiv erweiterten, also basisdemokratischen Planwirtschaft können nach jedem Diskurs die Karten prinzipiell neu gemischt werden.

Auf die richtige Kombination kommt es an

Die Hamster im Käfig wissen vermutlich nichts von Alternativen, sie treten einfach vor sich hin. Der Mensch jedoch kann vorausblicken, Alternativen prüfen und Bewertungen durchführen. Er kann fragen: Welche Möglichkeiten des Wirtschaftens jenseits des Turbokapitalismus eröffnen sich, wenn man historische Erfahrungen berücksichtigt, diese kreativ weiterdenkt und an Leitwerten wie Menschenwürde, Gerechtigkeit und ökologische Nachhaltigkeit festhält? Und welche Konsequenzen haben solche Alternativen im Hinblick auf den Umgang mit Zeit?

Erstens: Bei der Durchsicht der einschlägigen wirtschaftstheoretischen und wirtschaftsethischen Überlegungen und der historischen Umsetzungsversuche wird deutlich, dass es zur Geld- und Kapitallogik durchaus Alternativen gibt. Wer die kapitalistische Marktwirtschaft aufgrund ihres zerstörerischen Potenzials ablehnt, steht also nicht mit leeren Händen da. Diese Alternativen müssen endlich zur Kenntnis genommen, weiterentwickelt und fallweise erprobt werden.

Zweitens: Alle vorgestellten Alternativen beruhen auf vertrauten und bewährten Prinzipien und Institutionen. Dazu zählen zunächst die Vorstellung von der Selbstbestimmung des Menschen und die Leitidee der Gerechtigkeit. Bei der Frage, wer für gerechte Verhältnisse verantwortlich ist, kann ferner auf die aus der christlichen Soziallehre stammende Subsidiaritätsidee zurückgegriffen werden: Wenn der Einzelne nicht mehr weiterkann, ist zunächst die Familie, dann die Kommune, dann der Kreis, dann der Bezirk, dann das Land usw. gefordert. Auch die Idee einer Steuerpolitik, die das Große und Schnelle heranzieht, um dem Kleinen und Langsamen auf die Sprünge zu helfen, ist nichts Neues, wenn man an die Geschichte des Sozialstaats und die vielfältigen Diskussionen über die Maschinen- und die Wertzuwachssteuer denkt. Und die Alternativmodelle bedienen sich des Marktes oder der Demokratie als Einrichtungen, die, richtig umgesetzt, dafür sorgen, dass Privilegien systematisch verhindert werden und dass das geschieht, was die Menschen mehrheitlich wollen. Von daher geht es also insgesamt nicht um Revolution, sondern um Evolution, um die – allerdings mutige – Fortsetzung des Lernprozesses der Moderne.

Drittens: Die Kunst einer überlebensfähigen Wirtschaftsverfassung besteht darin, Elemente aus diesen drei Alternativmodellen so zu kombinieren, dass die Gesamtkonstruktion dem Ziel des »guten Lebens« für alle gerecht wird. Jedes der drei Modelle hat seine spezifischen Stärken: Das dualwirtschaftliche sorgt dafür, dass jeder selbst festlegen kann, wie viel entfremdete Arbeit er sich zumuten will. Die modifizierte Marktwirtschaft lässt die Koordinationsleistungen des Marktes, die auch von Kapitalismuskritikern im Grundsatz anerkannt werden, unangetastet. Sie befreit die Menschen jedoch teilweise von Ausbeutung, Mehrarbeit und Fremdbestimmung. Die Planwirtschaft schließlich kann von ihrem Grundkonzept her als Einzige gewährleisten, dass bereits im Vorhinein mit den individuellen Kräften und den natürlichen Ressourcen schonend umgegangen wird und dass die Chancen, Leistungen für die Gesellschaft zu erbringen und dafür Anerkennung zu erlangen, gleichmäßiger verteilt sind, als dies im Kapitalismus der Fall ist. Es gibt zwar keine Garantie, dass diese Chancen genutzt werden, aber sie existieren immerhin.

Viertens: Nur wenn Marktprozesse konsequent ausgeschaltet sind, also im eigenwirtschaftlichen Teil der Dualwirtschaft und in der demokratischen Planwirtschaft, hat die Ethik des Schenkens und Helfens eine Chance. Dies gilt prinzipiell für Unternehmer, Staaten und auch Arbeitnehmer: Die Spielregeln des Marktes sorgen vor allem in Zeiten verschärfter Konkurrenz dafür, dass Arbeitgeber, die in größerem Umfang Geld für soziale und ökologische Zwecke zur Verfügung stellen, von den Konkurrenten am Güter- und Kapitalmarkt sehr schnell für solche Nächstenliebe bestraft werden. Denn das verschenkte Geld fehlt beim Investieren, und allein darauf kommt es an. Auch Staaten werden in Zeiten härterer Konkurrenz von anderen Staaten bestraft, wenn sie das Geld bzw. die Zeit der Gesellschaft in die Hilfe für andere Staaten bzw. Gesellschaften stecken. Und sogar Arbeitnehmer, die ihre freie Zeit nicht in die Weiterqualifizierung ihrer Arbeitskraft zu stecken bereit sind, müssen prinzipiell damit rechnen, von ihren Konkurrenten am Arbeitsmarkt über kurz oder lang in die zweite und dritte Reihe abgedrängt zu werden. Unterm Strich bleibt festzuhalten: Nur wo das Prinzip des Markttausches völlig aufgehoben ist, bleibt derjenige, der Geld oder Zeit verschenkt, um statt für sich für andere zu sorgen, straffrei im ökonomischen Sinn. Auch wenn in der Praxis Spielräume für altruistisches Handeln existieren, so gehorchen vom Grundsatz her das Tauschen und das Sorgen konträren moralischen Prinzipien.

Fünftens: Oft wird behauptet, der Kapitalismus sei deshalb so erfolgreich, weil er der »Natur des Menschen« am meisten entspreche – seiner Gier, seiner Rücksichtslosigkeit, seiner Borniertheit. Konsequenterweise heißt es dann, alle Versuche zu einem fundamentalen Umbau der wirtschaftlichen Spielregeln müssten an der Natur des Menschen scheitern. Dem ist zum einen entgegenzuhalten, dass die meisten der vorgestellten Alternativkonzepte ganz bewusst auf dem Eigeninteresse des Menschen aufbauen. Sie lassen dem menschlichen Egoismus sogar mehr Raum als die herrschende Wirtschaftsordnung, weil sie die Chancen zur Verfolgung des Eigeninteresses unter den Menschen gleichmäßiger verteilen und weil sie dem Eigeninteresse zudem die Möglichkeit geben, sich in vielerlei Richtungen zu entfalten, sich also aus der Instrumentalisierung für ganz bestimmte, privilegierte Zwecke zu befreien.

Das Argument, Alternativen zum Kapitalismus würden an der Natur des Menschen scheitern, ist zum andern auch deshalb falsch, weil es eine unveränderliche Natur des Menschen nicht gibt. Der Mensch ist immer Produkt sowohl der Natur, die ihn genetisch prägt, als auch der Kultur und Gesellschaft, in der er vom ersten Tag seines Lebens an Erfahrungen macht, welche die Weichen für seine Gefühle und sein Denken stellen. Niemand kann die einzelnen Faktoren im Nachhinein im Detail auseinander sortieren. Klar sein dürfte lediglich: Je mehr die Spielregeln des Zusammenlebens individuelle Verhaltensweisen wie Selbstbegrenzung, Rücksichtnahme und Verantwortungsbereitschaft bestrafen, desto weniger müssen wir uns wundern, wenn die Spielzüge der Menschen durch Gier, Rücksichtslosigkeit und Borniertheit gekennzeichnet sind. Es käme also auf den Versuch an, in Zukunft eher jenes Verhalten zu fördern, das uns erstrebenswert erscheint – mit welchem Erfolg, können wir allerdings nie genau wissen.

Und schließlich *sechstens:* Je mehr eine Kultur bzw. eine Gesellschaft jener Kombination von Modellen, die auf sie am besten zugeschnitten ist, auf die Spur kommt, desto eindeutiger kann sich die Produktion des Lebens aus dem Korsett der ökonomischen »Sach«-Logik befreien und desto vollständiger kann sie den System- und Eigenzeiten von Natur, Kultur, Gesellschaft und Individuum zu ihrem Recht verhelfen. Bei dieser Suche nach der besten Kombination der Modelle müssen wir uns allerdings wiederum Zeit lassen. Denn die Ruhe und Sorgfalt bei der Gestaltung von Institutionen und der Festlegung der Spielregeln ist die beste Gewähr dafür, dass dann die Individuen bei der Entscheidung für bestimmte Handlungen bzw. Spielzüge genau jene Geschwindigkeiten wählen können, die sie brauchen und wollen. Das ist vor allem auch dann wichtig, wenn Situationen unübersichtlich werden und Spielzüge mit besonderen Risiken behaftet sind. Je ausgereifter die Spielregeln sind, desto besser kann mit solchen Unsicherheiten umgegangen werden.[24] Zu ausgereiften Spielregeln gehört im Übrigen immer auch deren Fehlerfreundlichkeit. Die weltweite Durchsetzung der turbokapitalistischen Monokultur, begleitet vom Totalitätsanspruch der neoliberalen Ideologie, ist auf dem besten Weg, jegliche Vielfalt einzuebnen und so die Basis der weiteren Evolution zu untergraben. Weil Irren menschlich ist, kann nur die Kombination der vielfältigen Alternativen zum Turbokapitalismus gewährleisten, dass die Evolution des Wirtschaftens und Lebens weitergeht.

Kapitel 8
Synergien der Entschleunigung
Bringen wir Sand ins Getriebe!

Nein, schlaft nicht, während die Ordner der Welt geschäftig sind!
Seid misstrauisch gegen ihre Macht, die sie vorgeben für euch
  erwerben zu müssen!
Wacht darüber, dass eure Herzen nicht leer sind, wenn mit der
  Leere eurer Herzen gerechnet wird!
Tut das Unnütze, singt die Lieder, die man aus eurem Mund
  nicht erwartet!
Seid unbequem, seid Sand, nicht das Öl im Getriebe der Welt!

Günter Eich

Welche Initiativen zur Entschleunigung gibt es bereits? Wie lassen sie sich inhaltlich und organisatorisch zu einer einflussreichen Entschleunigungsbewegung verknüpfen? Wie können sie sich gegenseitig stärken, ihre Energien zusammenlegen, synergetisch werden? Und wie lässt sich aus der Beschleunigung Energie für die Entschleunigung abzweigen? Erst wenn wir uns über diese Fragen mehr Klarheit verschafft haben, kann die Therapie wirklich eingeleitet werden. Erst dann kann auch ein Präventionskonzept erstellt werden, welches den Rückfall in das krank machende Verhalten verhindert. Denn der Kranke muss nicht nur um seine Krankheit und die Möglichkeit der Genesung wissen, sondern auch reale Chancen für seinen persönlichen Weg der Heilung sehen. Dann ist er am ehesten bereit, diesen auch einzuschlagen. Ich werde zunächst einige bekanntere und weniger bekannte Einzelinitiativen zur Entschleunigung vorstellen und dann ein Thema vorschlagen, das zum Kristallisationskern einer mächtigen Entschleunigungsbewegung werden könnte. So käme jede Menge Sand ins Getriebe des Hamsterrades.

Slow Food

Italien, beliebtes europäisches Urlaubsland und eine der Wiegen der europäischen Kultur, gilt auch als ein Land der Sinnlichkeit und der Kunst des Genießens, nicht zuletzt des kulinarischen Genusses. Ausgerechnet im Herzen Italiens, in Rom, am Fuß der Spanischen Treppe, an der Piazza Navona, wollte McDonald's 1986 sein erstes italienisches Fast-Food-Restaurant eröffnen. Ein Affront für alle Freunde der italienischen Esskultur, den sie nicht widerstandslos hinnehmen wollten. Eine Gruppe von Journalisten aus dem traditionsbewussten Piemont, denen Essens- und Ernährungsthemen und die Bewahrung der italienischen Esskultur besonders am Herzen lag, wollte dem amerikanischen Schnellabfütterungskonzern eine unliebsame Überraschung bereiten. Am Tag der geplanten McDonald's-Eröffnung veranstalteten sie am Ort der geplanten US-Landnahme ein Sit-in mit besonderer Note: Es wurde nicht nur der Zugang zur McDonald's-Filiale blockiert, sondern man bot den hungrigen Italienern eine Alternative. Die Veranstalter der Protestaktion hatten alles mitgebracht, was für ein kulinarisches Fest nach italienischer Tradition erforderlich ist, lauter Produkte aus dem Umland von Rom. Man begann unter freiem Himmel zu kochen, ein köstliches Essen wurde bereitet, man reichte die besten Weine aus der Region – und bei all dem, und vor allem beim anschließenden Festmahl, ließ man sich ganz viel Zeit.

Slow Food

Internationale Beweg...
zur Wahrung...
des Rechts auf Ger...

Slow Food, Dufourstrasse 1...
Fon 01 380 39 49, Fax...
E-Mail info@slowfood.ch, w...

Christen für gerechte Wirtschafts-ordnung e.V.

... damit Geld dient
und nicht regiert

CGW

Rudeloffweg 12, D–14195 Berlin

TEMPUS
VEREIN ZUR VERZÖGERUNG DER ZEIT

Die Mitglieder im
„Verein zur Verzögerung d...
verpflichten sich zum Inneh...
zur Aufforderung zum Nachden...
wo blinder Aktivismus...
und partikuläres Interes...
Scheinlösungen produz...

(aus den Vereinsstatut...)

attac
Attac-Deutsch...

Globalisierung ist kein Schicksal...

ZEITVIELFALT

WORKSHOP
ZUM RECHTEN UMGANG MIT DEN ZEITEN

5. bis 8. Dezember 2001

Das war die Geburtsstunde von »Slow Food«, der »Internationalen Bewegung zur Wahrung des Rechts auf Genuss«, die heute weltweit mehr als 70 000 Mitglieder in 42 Ländern hat und sich unter dem Symbol der Schnecke für die Entschleunigung des Essens und Trinkens engagiert. Zwar gab es schon sehr viel früher Bewegungen, die u. a. aus dem Leiden am Tempo des Lebens geboren wurden. Die Wandervogelbewegung Ende des 19. Jahrhunderts zum Beispiel wollte den Menschen die Natur näher bringen, sie die Gemeinschaft mit anderen erfahren lassen und ihnen helfen, zu sich selbst zu finden. Auch die in allen Weltkulturen existierenden religiös und mystisch inspirierten Versuche, dem mit dem Lebenstempo zunehmenden Orientierungsverlust zu begegnen, sind im Kern Entschleunigungsprogramme. Meditation und rituelle Übungen sollen die Zeitpraxis des Menschen an die Zeitmaße der Schöpfung und des Schöpfers rückbinden. Aber Slow Food ist meines Wissens der erste organisierte Widerstand gegen das Leben im Hamsterrad, dem es schon vom Namen her um ein neues Verhältnis zur Zeit geht.

Slow Food setzt dabei an der materiellen Basis des Lebens, der Ernährung, an – gemäß der Devise »Liebe geht durch den Magen«. Es ist kein Zufall, dass der Widerstand gegen das historisch beispiellose Ausmaß der Beschleunigung in der Moderne beim Essen beginnt. Hinter einer solchen Widerstandsbewegung steht die Einsicht: Nur wenn wir uns mit anderen zusammentun, haben wir eine Chance, Sand ins Getriebe des rasenden Rades zu streuen. Je mehr Menschen, je mehr Sandkörner, umso besser. So entstehen zusammengefasste Energien, Synergien also, die sich, wie wir aus der Arbeitsteilung wissen, gegenseitig vervielfachen können und damit Erstaunliches hervorzubringen vermögen. Die Eröffnung des Fast-Food-Restaurants in Rom konnte zwar nicht verhindert, sondern nur verzögert werden. Aber immerhin hat Fast Food so Slow Food ins Leben gerufen.

Der Homo sapiens muss sich, so das »Slow-Food-Manifest«, von der Beschleunigung, die er selbst geschaffen hat und die ihn nun zu vernichten droht, befreien. Und weiter:»Es geht darum, das Geruhsame, Sinnliche gegen die universelle Bedrohung durch das ›Fast Life‹ zu verteidigen. Gegen diejenigen – sie sind noch die schweigende Mehrheit –, die die Effizienz mit Hektik verwechseln, setzen wir den Bazillus des Genusses und der Gemütlichkeit.«[1] Slow Food, so erläutert das Manifest, heißt nicht nur langsam essen. »Slow Food will, dass wir dem Essen und Trinken wieder mehr Wichtigkeit beimessen. Dass wir uns mehr Zeit nehmen für die sorgfältige Herstellung, die kunstfertige Zubereitung und den respektvollen Genuss unserer Speisen.«

Die Folgerungen, welche die Organisation aus dieser Prämisse zieht, können als Konkretisierung der Ökologie der Zeit, nämlich als Wiederentdeckung der Eigenzeitlichkeit der Ernährung, gelesen werden. Folgt man dem Faltblatt, so wird die Eigenzeitlichkeit der Ernährung auf allen drei Ebenen – Natur, Kultur und Gesellschaft, Mensch – ernst genommen: Slow Food respektiert die Jahreszeiten und meidet deshalb Fertigprodukte, Konservierungsmittel, Kühlhäuser und den Ferntransport von Nahrung. Slow Food respektiert die Landwirtschaft und die traditionellen Formen der Bodenbearbeitung und beobachtet kritisch alle Versuche der chemischen und gentechnischen Aufrüstung der Nahrungsmittelproduktion. Man will dazu beitragen, dass mehr Menschen als bisher dazu bereit sind, für eine hohe Qualität ihrer Nahrungsmittel auch einen entsprechenden Preis zu bezahlen. Und Slow Food respektiert die Gesundheit. In diesem Sinn plädiert die Organisation für kleine Portionen leicht verdaulicher Gerichte, die »mit Liebe« zubereitet sind und »genießerisch« verzehrt werden sollen. In Slow-Food-Gerichten soll der Eigengeschmack unverfälscht zur Geltung kommen, der verkümmerte Geruchs- und Geschmackssinn der an Industrienahrung gewöhnten Menschen soll zu neuem Leben erweckt werden. Deshalb will die Organisation alte, vom Vergessen bedrohte Rezepte wieder in Erinnerung bringen. Und das Essen soll nicht als bloße Nahrungsaufnahme, sondern als geselliges Ereignis mit einem eigenen Wert begriffen werden. Denn das gemeinsam erlebte Gefühl von echtem Genuss verbindet und inspiriert zugleich.

In einem Interview mit der Wochenzeitung *Die Zeit* macht Carlo Petrini, der Gründer von Slow Food, auf den Zusammenhang zwischen der herrschenden Massenproduktion von Nahrungsmitteln und den Skandalen um Hormonfleisch und BSE aufmerksam. Er plädiert explizit für eine umfassende Verlangsamungsoffensive.[2] »Die erste Regel: Weniger und langsamer produzieren. Ein Kälbchen etwa darf nicht schon mit 14 Monaten geschlachtet werden, sondern erst mit 18. Die zweite Regel: Konsum und Vermarktung müssen regionalisiert, also ebenfalls verlangsamt werden; besonders die frischen Waren dürfen nicht mehr durch die Gegend reisen ... Darüber hinaus dringt der Umbauprozess tief in das Verhalten, in die Kultur des Essens hinein. Die Verbraucher müssen ihre Gewohnheiten verlangsamen.« Neben Direktvermarktung zum Beispiel auf Wochenmärkten schlägt Petrini vor, Konsumenten sollten sich zu Genossenschaften zusammentun, ein Stück Land und einen Stall erwerben und gemeinsam einen Bauern engagieren. Die Verbraucher sollten sich – »Schritt für Schritt, slow, slow« – ein Netz von gesunden Bezugsquellen aufbauen. Ein mühsamer Prozess, bei dem wir jedoch eine Menge lernen könnten. »Heute kümmere ich mich mal um einen gescheiten Käseproduzenten – fahre hin, schaue mir seinen Hof an, lasse mir alles erklären. Morgen interessiere ich mich vielleicht für einen guten Weinhändler. Nächste Woche gucke ich, wer alte Gemüsesorten anbaut. Das ist kulturell, psychologisch und spirituell eine immense Bereicherung.« Auf den nahe liegenden Einwand, dass das alles unendlich viel Zeit beanspruche, entgegnet der Slow-Food-Gründer, dass wir noch nie in der Geschichte so viel freie Zeit zur Verfügung gehabt hätten. Die Zeit vergeuden wir, so Petrini, vor dem Fernseher und mit »Handy-Gequatsche«. Essen und Trinken, die Leib und Seele zusammenhalten und Gemeinschaft stiften, sollten uns in Zukunft wesentlich mehr Zeit und Geld wert sein als bisher.

Wer sind die Slow-Food-Anhänger, und wie versuchen sie, Sand ins Getriebe der Fast-Food-Gesellschaft zu streuen? Es sind Feinschmecker und Gastronomen, Händler und Weinbauern und kritische Verbraucher, die sich der Slow-Food-Philosophie verpflichtet fühlen. Das erste große Projekt war ein Slow-Food-Gaststättenführer für Italien, die *Osteria Italia*. Geplant sind regionale Slow-Food-Produktführer. In der vierteljährlich in fünf Sprachen erscheinenden und bibliophil aufgemachten Zeitschrift *slow* mit dem Untertitel »Zeitschrift des Geschmacks und der Kultur« geht es nicht nur ums gute Essen im engeren Sinn, um Pasta, Käse, Pilze, Wein, sondern auch um die Geschichte der Ernährung, den Tourismus, die Gentechnik und den Verbraucherschutz. Slow Food veranstaltet für seine Mitglieder Reisen, auf denen ökologisch wirtschaftende Bauernhöfe, handwerklich orientierte Käsereien und Bäckereien sowie Weinkeller und Ölmühlen besichtigt werden. Geboten werden ferner »genüssliche Warenkundeseminare« zur Geschmacksschulung, Kochkurse, der Besuch von Wochenmärkten. Und immer wieder treffen sich Slow-Food-Anhänger in kleinen Gruppen zum gemeinsamen Einkaufen, Kochen und Essen – und lassen sich dafür ganz viel Zeit.

Während die Fast-Food-Gesellschaft Zeit als etwas Hinderliches behandelt, das gegen den Menschen arbeitet und das es zu kontrollieren gilt, legen die Slow-Food-Förderer darauf Wert, dass Zeit selbst Quelle von Qualität ist. Gut Ding will Weile haben. »Wo sonst«, so der Münchner Philosoph und Mitbegründer des Projekts »Ökologie der Zeit« Manuel Schneider, »wenn nicht beim Umgang mit dem Boden, dem Wasser, den Pflanzen und Tieren, wo sonst, wenn nicht beim Kochen und Essen, kann man noch am eigenen Leib die Erfahrung machen: dass alles, biblisch gesprochen, ›seine Zeit‹ hat und braucht; dass alles in der Natur ›schwingt‹ und eine Symphonie von Rhythmen ... bildet; dass Entstehen und Vergehen, Leben und Tod eine innere und im Ganzen fruchtbare, sich selbst regenerierende Einheit bilden; dass Warten nicht zeitlicher Leerlauf bedeuten muss, sondern Grundvoraussetzung allen Gedeihens ist; dass Reifungsprozesse nicht beliebig, das heißt nicht ohne Qualitätsverlust zu beschleunigen oder zu verlangsamen sind; dass es bei allem, was wir tun, auf den ›rechten Augenblick‹ (kairos) und das rechte Zeitmaß ankommt?!«[3]

Verein zur Verzögerung der Zeit

Vier Jahre nach Gründung von Slow Food wurde im österreichischen Klagenfurt ein anderer Verein ins Leben gerufen, der einen sehr viel umfassenderen Widerstand gegen unsere Zeitkultur angekündigt hat: der »Verein zur Verzögerung der Zeit«, kurz »Tempus« genannt. Peter Heintel, Philosophieprofessor an der dortigen Universität, begründet den Entschluss rückblickend so: »Warum ein Verein? Nicht allein, weil es eine gute demokratische Errungenschaft ist, Vereine gründen zu dürfen. Auch nicht, weil Österreich für seine ›Vereinsmeierei‹ weltbekannt ist. Es fällt uns einfach keine besser geeignete Instanz ein, die Ziele zu verwirklichen.«[4] Und weiter: Jedes Vereinsmitglied sollte am Ort seiner Tätigkeit und überall dort, wo es ihm sinnvoll erscheint, Zeit verzögern und sich der Solidarität des gesamten Vereins sicher sein. Jedes Mitglied sollte zum Innehalten und Nachdenken auffordern, wo blinder Aktionismus und partikulares Interesse Scheinlösungen produziert. Jedes Mitglied sollte in seiner Umgebung möglichst viele weitere Mitglieder werben, damit es auch dort bei seinen Zeitverzögerungsbemühungen Unterstützung erfährt.[5]

Genau das ist mit »Synergien der Entschleunigung« gemeint. Der Verein zur Verzögerung der Zeit zählt mittlerweile in Europa über 1000 Mitglieder, vor allem in Österreich, Deutschland und der Schweiz, hat Regionalgruppen in fast allen größeren Städten, veranstaltet regelmäßig Symposien, Seminare und Workshops zu Themen wie »Zeit und Arbeit«, »Zeit und Qualität«, »Zeit und Kultur«, »Zeit und Organisation«. Der Verein verfügt über einen umfangreichen Fundus an wissenschaftlichen und literarischen Texten und gibt in unregelmäßigen Abständen eine eigene Zeitschrift, die *ZEITpresse,* heraus. Geplant ist die Gründung einer Informations- und Dokumentationsstelle, die Einrichtung spezifischer Forschungsgruppen zu einzelnen Fachthemen, die Durchführung internationaler Kampagnen etc.

Oft, so der Mitinitiator von Tempus, der Wiener Gruppendynamiker Gerhard Schwarz, kann beim Bemühen um einen angemesseneren Umgang mit Zeit an wertvolle Körpersignale angeknüpft werden. Denn die einzige zuverlässige Hilfe auf dem Weg zu mehr Langsamkeit ist der eigene Körper. Erst wenn die Verdauung streikt, das Herz schmerzt, die Haut juckt und der Schlaf nicht mehr richtig gelingt, merken viele, dass etwas mit ihrem Leben nicht in Ordnung ist. Nicht selten ist der Sexualtrieb die Vitalfunktion, die als Erste den Dienst versagt, berichtet Schwarz. Zur Unterstützung seiner These verweist Schwarz auf die wachsende Zahl erfolgreicher Manager, die in seinen Kursen über den Verlust ihrer Potenz klagten. Für die Tempus-Mitglieder ist Müßiggang längst nicht mehr aller Laster Anfang, sondern ein hehres Ziel. Warten, Schweigen, Fühlen – das gilt es zu lernen und zu kultivieren. Für solcherlei Nichts-Tun werden wir reichlich belohnt: indem wir uns selbst und unsere Umwelt bewusster wahrnehmen, Erlebnisse besser verdauen, Entscheidungen reifer treffen können. So entdecken wir die Produktivität der Langsamkeit.

Um auf ihr Anliegen aufmerksam zu machen, treten die Zeitverzögerer mit so genannten »paradoxen Interventionen« an die Öffentlichkeit. So schicken sie zum Beispiel attraktive Zeitverzögerinnen im Outfit von Models auf eine 100-Meter-Strecke, die sie nicht unter einer Stunde bewältigen sollen. Die Zeitverzögerer fordern Passanten in Fußgängerzonen durch Plakate dazu auf, eine bestimmte, sehr geringe Geschwindigkeit einzuhalten, und lassen sich für deren Überschreitung Begründungen geben. Oder die Zeitverzögerer legen sich zur Haupteinkaufszeit am Samstagvormittag im Herzen Münchens in eine Hängematte und provozieren die Passanten mit dem Transparent: »Ich habe Zeit«. Wer sich durch solche Aktionen angesprochen fühlt, der kann zu einem der regelmäßigen Treffen der örtlichen Zeitverzögerer kommen und sich mit anderen zusammen über die Leiden und Freuden des rechten Umgangs mit Zeit austauschen. Dabei kann erfahren werden, dass es anderen Menschen genauso geht wie einem selbst. Es können Erfahrungen über mehr oder weniger erfolgreiche Ausbruchsversuche aus dem Hamsterrad ausgetauscht werden, und es können in der Gruppe Strategien für einen gesünderen und genussvolleren Umgang mit Zeit entwickelt werden.

Kirchen und Gewerkschaften für eine neue Zeitkultur

Was aber nützt das Bemühen um persönliche Zeitverzögerung, wenn Ökonomie und Politik am längeren Hebel sitzen und weiter an der Beschleunigungsschraube drehen? Um die Mächtigen in Wirtschaft und Politik direkt zu beeinflussen, suchen seit Anfang der 90er-Jahre engagierte Christen und zukunftsorientierte Gewerkschaftler das Gespräch miteinander und legen den Grundstein zu einem Bündnis, das der Entschleunigungsidee eine gesellschaftspolitische und wirtschaftspolitische Wendung gibt.

Erster Schritt war die 1996 ins Leben gerufene bayernweite Initiative »Offensiv den freien Sonntag schützen«. Im März 2001 verabschiedete man dann eine gemeinsame Erklärung mit dem Titel »Für eine neue Zeitkultur – ›Arbeitszeit ist Lebenszeit‹«. Darin stellen die Katholische Betriebsseelsorge in Bayern, die Katholische Arbeitnehmerbewegung Süddeutschlands, der Kirchliche Dienst in der Arbeitswelt der Evangelisch-Lutherischen Kirche in Bayern und die Vereinte Dienstleistungsgewerkschaft (ver.di) Fachbereich Handel in Bayern gemeinsam fest: »Die Ökonomisierung der Zeit und die ständig steigende Beschleunigung haben die westliche Zivilisation im zwanzigsten Jahrhundert geprägt und seit den 80er-Jahren der ›Weltherrschaft der Ökonomie‹ zum Durchbruch verholfen – ohne Rücksicht auf den Menschen und die Grenzen des Wachstums … Die Wirtschaft ist für den Menschen da, nicht der Mensch für die Wirtschaft … Der Mensch ist kein Arbeitstier und kein Konsumsklave. Er ist mit Würde ausgestattet, die nicht verletzt werden darf.«[6]

Mit dieser Grundsatzerklärung möchten die Verfasser eine Debatte über den Umgang mit Zeit in unserer Gesellschaft eröffnen, deren Ziel die Schaffung von »Zeitwohlstand für alle« sein soll. Die Unterzeichner der Erklärung setzen sich dafür ein, dass »Lebensrhythmen«, »Zeitrhythmen« und »Naturrhythmen« geschützt werden. In Bezug auf die Arbeitswelt fordern sie zum Beispiel planbare und im Voraus festgelegte Arbeitszeiten, die Reduzierung von Arbeitszeiten zu ungünstigen Zeiten (Samstag, Sonntag, Feierabend, Ferien etc.), mehr Teilzeitmöglichkeiten für Männer, den Erhalt des freien Sonntags, die generelle Reduzierung der Arbeitszeit und die »Versöhnung von Erwerbsarbeitszeit, Sozialzeit und Zeit für ehrenamtliches Engagement (Dreiklang der Zeit)«.[7] Die Kampagne »Arbeitszeit ist Lebenszeit« findet ihre Fortsetzung in einem Aktionsmonat, der den schönen Titel »Sinnlichkeit der Zeit« trägt und zu einer breiten Bewusstseinsbildung in Betrieben, Familien, Vereinen, Kirchen und gesellschaftlichen Gruppen führen soll.

In Bezug auf die Welt des Konsums sind einige evangelische Landeskirchen mit der Initiative »Alles hat seine Zeit – Advent ist im Dezember« an die Öffentlichkeit getreten. Diese Initiative wendet sich gegen die Unsitte, schon Mitte November die Straßen und Geschäfte weihnachtlich zu schmücken. Erinnert wird an die Bedeutung von Rhythmen, die unser Leben gliedern und durch die wir sicherer und ruhiger werden können.[8] Vor allem der Kirchliche Dienst in der Arbeitswelt der Evangelisch-Lutherischen Kirche in Bayern bietet eine reiche Palette von Veröffentlichungen zum Thema Zeit und Lebensgestaltung an, zum Beispiel eine Bilderschau »Umschalten: Alles hat seine Zeit!« oder ein *ZeitBuch* mit Anregungen und Beispielen für eine menschengerechte Zeitkultur.

Zum Schluss soll noch ein Verein genannt werden, der zwar in seinem Namen und seiner Programmatik nicht explizit von Be- und Entschleunigung spricht, aber dennoch hierher gehört: die »Christen für gerechte Wirtschaftsordnung«, kurz »CGW«.[9]

Dieser 1989 gegründete ökumenische Verein setzt sich für eine naturverträgliche, »geschwisterliche« und den menschlichen Bedürfnissen gemäße Wirtschaftsordnung ein. Diese Ziele können nach Auffassung dieser Gruppe in einer »privilegienfreien Marktwirtschaft« erreicht werden. Dazu müsse die Politik vor allem jene Güter unter ihren Schutz stellen, die allen Menschen gemeinsam gehören. Die CWG plädiert für Naturverbrauchssteuern, ein Bodennutzungsentgelt, zinsfreies Geld, genossenschaftliches Eigentum an den Produktionsmitteln und eine soziale Grundsicherung. Weil in diesem Forderungskatalog wesentliche Elemente der dargestellten Alternativen zum Turbokapitalismus enthalten sind und weil sich diese Elemente auch theoretisch mithilfe der Ökologie der Zeit hervorragend begründen und verbinden lassen, handelt es sich bei diesem christlichen Verein um eine echte Entschleunigungsinitiative.

Globalisierungskritiker und die Entschleunigung der Finanzmärkte

»Es ist Zeit aufzustehen. Für eine Politik im Interesse aller Menschen auf dem Planeten und nicht nur im Interesse der Mächtigen, der Reichen, der Banken und der Konzerne. Wir lassen uns nicht blenden vom Gerede über ein angebliches ›Ende der Geschichte‹. Die Philosophie vom unbeschränkten Markt ist kein Naturgesetz. Eine andere Politik ist möglich, wenn der politische Wille dazu vorhanden ist!« So begann der Aufruf zum bundesweiten Aktionstag »Her mit dem schönen Leben – eine andere Welt ist möglich!« am 14. September 2002 in Köln. Hauptinitiator war »Attac«, eine 1998 in Frankreich gegründete Organisation von Globalisierungskritikern, die mittlerweile über 60 000 Mitglieder in über 30 Ländern hat. Auch in

Deutschland arbeiten rund 70 Attac-Gruppen, die von einem breiten gesellschaftlichen Bündnis, darunter die Organisation Pax Christi, die Gewerkschaft ver.di, Jugendorganisationen verschiedener Einzelgewerkschaften, der Bundesverband für Umwelt- und Naturschutz BUND sowie verschiedene kapitalismuskritische Gruppierungen, unterstützt werden. Attac ist nicht gegen Globalisierung schlechthin, sondern kritisiert nur die herrschende Form der Globalisierung. Diese ist Attac zufolge im Kern eine Monetarisierung der Welt, weil sie die Welt zur Ware macht. »Wir wollen eine Globalisierung für alle. Wir wollen eine Globalisierung von Gerechtigkeit, umweltgerechtem Verhalten und Demokratie«, heißt es in dem Kölner Aufruf weiter. Geld ist genug da, es muss nur anders verteilt werden. Deshalb plädiert Attac für die Wiedereinführung der Vermögenssteuer, für eine Wertschöpfungssteuer und vor allem für eine Spekulationssteuer auf Devisengeschäfte, wie sie bereits 1972 der amerikanische Wirtschaftsnobelpreisträger James Tobin vorgeschlagen hat. Daher auch der aus dem Französischen stammende merkwürdige Name der Bewegung: »**A**ssociation pour une **T**axation des **T**ransactions financières pour l'**A**ide aux **C**itoyens«, also »Vereinigung zur Besteuerung von Finanztransaktionen zum Wohle der Bürger«.

Was hat dies alles mit Entschleunigung zu tun? Sehr viel, wie unter anderem der Berliner Wirtschaftswissenschaftler Elmar Altvater und die Berliner Politikwissenschaftlerin Birgit Mahnkopf in ihrem Aufsatz *Entschleunigung der Finanzströme durch die Tobin-Steuer*[10] überzeugend darlegen. Ausgangspunkt ist das unstrittige Faktum, dass täglich auf den internationalen Devisenbörsen zwischen ein und zwei Billionen US-Dollar hin und her geschoben werden. Diese Schiebereien dienen zu einem verschwindend geringen Teil der Abwicklung des Welthandels, die Gelder werden vielmehr überwiegend spekulativ verwendet.

Durch kurzfristige Kapitalbewegungen, die oft bereits wenige Stunden später, meist jedoch innerhalb von etwa sieben Tagen wieder zum Ursprungsort zurückführen, werden aus der oft geringfügigen Auf- und Abwertung von Währungen wegen der großen Mengen der transferierten Summen enorme Gewinne erzielt.[11] Würde nun, so die an James Tobin anknüpfende Überlegung Altvaters und Mahnkopfs, beim An- und Verkauf von Devisen jeweils eine Umsatzsteuer von beispielsweise einem halben bis einem Prozent erhoben, könnte dies viele kleine Spekulationsgeschäfte uninteressant machen, würden viele Transfers also unterbleiben. Ferner würde eine solche Steuer dem gezielten Nach-unten-Spekulieren von Währungen entgegenwirken und insgesamt die Weltwirtschaft stabilisieren. Vor allem aber würde eine solche Steuer finanzielle Mittel in Höhe von mehreren hundert Milliarden US-Dollar jährlich einbringen, die für entwicklungs- und umweltpolitische Zwecke verwendet werden könnten. Attac-Experten, die im Vergleich zu Altvater und Mahnkopf von etwas niedrigeren Umsatzzahlen und Steuersätzen ausgehen, rechnen mit einem Aufkommen, das immerhin doppelt so hoch wäre wie die gesamte Entwicklungshilfe aller Industrieländer zusammengenommen.[12]

Unabhängig von der jeweiligen Berechnungsgrundlage würde eine solche Steuer nach Altvater und Mahnkopf dreifach zur weltwirtschaftlichen Entschleunigung beitragen: *Erstens* würden die Bewegungen auf den Devisen- und Kapitalmärkten deutlich geringer ausfallen, und parallel dazu würde das Auf und Ab der Devisenpreise und damit auch vieler anderer Preise sich deutlich einebnen, wodurch vor allem für ärmere Länder wirtschaftliche Entscheidungen wieder kalkulierbarer würden. *Zweitens* würden Investitionsströme vermehrt in den jeweiligen Ländern bleiben, und dies würde wiederum die globale Konkurrenz entschärfen und regionale Wirtschaftskreisläufe stärken. *Drittens* würde mit sinkenden Devisenrisiken das wirtschaftliche Risiko allgemein zurückgehen und dadurch auch das allgemeine Zinsniveau sinken, wodurch der globale Wachstumszwang abgeschwächt würde.

Was bringt eine Devisenspekulationssteuer in Hinblick auf einen besseren Umgang mit Zeit? Aus zeitökologischer Sicht könnte man *viertens* ergänzen: Das Bremsen des Wachstums einerseits und die Umlenkung von Ressourcen aus den hoch entwickelten und umweltbelastenden Wachstumszentren in die unterentwickelten und naturnah wirtschaftenden Peripherien andererseits wäre ein Beitrag zum Schutz der Eigenzeiten des Austausches zwischen Nord und Süd sowie zwischen Mensch und Natur. Wenn die wirtschaftliche Dynamik von der Geschwindigkeit und der Pausenlosigkeit der Geld- bzw. Kapitalmärkte angetrieben wird, wenn diese Märkte längst zu globalen Märkten geworden sind und wenn diese Dynamik die Eigenzeiten von Natur, Kultur, Gesellschaft und Individuum bedrängt und vergewaltigt (Kapitel 4–6), dann gebietet das Verursacherprinzip, dass die Mittel zur Wiederankoppelung der Ökonomie an diese Eigenzeiten aus der Bremsenergie der Finanzdynamik abgezweigt werden müssen. Devisentransfersteuern wie auch Maschinen- und Wertschöpfungssteuern können von den Schnellsten und Höchstproduktiven jene Mittel eintreiben, die für die Langsameren und weniger Produktiven überlebensnotwendig sind – für Umweltschutz und Entwicklungshilfe, für Programme zur Sicherung der Grundbedürfnisse, zur Gesundheitsversorgung und zur Bildungsförderung. Die steuerpolitischen Forderungen Attacs zielen, auch wenn dies von Attac vermutlich noch nicht so deutlich gesehen wird, auf eine fundamentale Resynchronisierung weltökonomischer und weltökologischer Austauschprozesse – ganz im Sinne des Leitbilds einer nachhaltigen Entwicklung.

Wenn es um die Gewinnung von Synergien der Entschleunigung geht, ist Attac aus mehreren Gründen besonders interessant. Attac hat in den wenigen Jahren seines Bestehens einen beispiellosen Auftrieb erlebt, in einer Zeit übrigens, in der viele das Protestpotenzial gegen die herrschende Ordnung erschöpft sahen. Attac speist sich zudem aus unterschiedlichsten weltanschaulichen Wurzeln, es vereint christliche, gewerkschaftliche, umwelt- und friedensbewegte und kapitalismuskritische Gruppierungen. Attac ist vor allem als Nicht-Regierungs-Organisation (NGO) von Anfang an eine Kraft, die die Grenzen der Nationalstaaten überschreitet und eine globale Öffentlichkeit hergestellt hat. Attac ist dabei vermutlich die erste Organisation, die, zumindest bisher, mit einem Minimum an institutionellen Strukturen ganz wesentlich aus den Aktivitäten der in Regionalgruppen organisierten Basis besteht, wobei Koordination und Kommunikation vor allem über das Internet laufen. Und Attac zielt, das scheint mir besonders wichtig, im Unterschied zu anderen globalen Protestbewegungen wie Greenpeace oder Amnesty International, direkt auf die Basis der herrschenden Weltordnung, die Ökonomie, und darin wiederum auf deren Kern, die Dynamik des Kapitals.

Zeitpolitik – eine Notbremse gegen den Crash

»Slow Food«, »Verzögerung der Zeit«, »Arbeitszeit ist Lebenszeit« und »Entschleunigung der Finanzmärkte« – das sind zunächst recht unterschiedliche Initiativen, die alle auf ihrem jeweiligen Feld einen anderen Umgang mit Zeit durchsetzen wollen. Deshalb wäre es möglich und sinnvoll, diese Initiativen miteinander zu verknüpfen und so ihre Stoßkraft zu erhöhen. Die gemeinsame Sprache dieses Netzwerkes der Entschleuniger könnte die Ökologie der Zeit werden, ihr gemeinsames Ziel eine ökologisch-soziale Zeitpolitik.[13]

Was bedeutet der Begriff »Zeitpolitik«? Unter Zeitpolitik versteht man grundsätzlich all jene politischen Bemühungen, die dem Schutz von Eigenzeiten dienen, dort, wo sie von Programmzeiten bedroht sind. Politisch sind Bemühungen dann, wenn sie nicht nur individuell ansetzen, sondern von Anfang an auf die verbindliche Festlegung und Durchsetzung jener Spielregeln zielen, die in einem Gemeinwesen gelten und für die der Staat zuständig ist. Während der im Zusammenhang mit der Ökologie der Zeit ebenfalls oft genannte Begriff »Zeitkultur« eher die unverbindlichen, freiwilligen Maßnahmen zur Respektierung von Eigenzeiten meint, setzt die Zeitpolitik also das Machtmonopol des Staates ein, um zeitökologische Erkenntnisse praktisch umzusetzen. Dahinter steht die Erfahrung, dass Menschen nicht von Natur aus immer schon so umsichtig und verantwortungsbewusst sind, dass sie ausreichend von selbst auf ihre eigenen langfristigen Interessen und die Interessen ihrer Mitmenschen achten. Und im kapitalistischen Alltag wird der borniert Egoismus ja in der Regel sogar belohnt und Rücksichtnahme bestraft. Das Machtmonopol des Staates ist also unverzichtbar, um den Menschen vor seiner eigenen Dummheit und Gier zu schützen.

Wie in anderen Politikbereichen, so stehen dem Staat auch bei der Zeitpolitik grundsätzlich drei Arten von Maßnahmen zur Verfügung: Er hat *erstens* die Möglichkeit, Verhaltensweisen seiner Bürger durch positive Anreize, vor allem finanzielle Subventionen, zu belohnen, andere Verhaltensweisen durch negative Anreize, also Steuern und Abgaben, zu bestrafen. In der Verkehrspolitik verwendet er diese Mittel zum Beispiel, um die Bürger zum Kauf abgasarmer Autos zu bewegen. Er hat *zweitens* die Möglichkeit, seinen Bürgern bestimmte Verhaltensweisen zu gebieten oder zu verbieten. Die Straßenverkehrsordnung zwingt uns zum Beispiel, auf der Straße zu fahren und nicht neben ihr, auch wenn dadurch irgendwelche Abkürzungen möglich wären. Und in vielen Fällen stellt der Staat *drittens* zusätzlich noch Mittel bereit, die zur Nutzung des gebotenen Verhaltens bzw. zur Vermeidung des verbotenen Verhaltens hilfreich sind. Im Straßenverkehr beispielsweise sind das einerseits geteerte, mehrspurige Straßen, andererseits Leitplanken und Zäune. Durch die kostenlose Bereitstellung jener Mittel, die für das gewünschte Verhalten förderlich oder erforderlich sind, kann der Staat relativ sicher sein, dass seine Ge- und Verbote meist auch eingehalten werden.

Ein wichtiger Schritt zur Etablierung von Zeitpolitik war die Gründung der »Deutschen Gesellschaft für Zeitpolitik« am 27. 10. 2002 in Berlin durch den Hamburger Rechts- und Politikwissenschaftler Ulrich Mückenberger, den Bochumer Sozialwissenschaftler Jürgen P. Rinderspacher, die Berliner Kindheits- und Familiensoziologin Helga Zeiher und den Münchner Wirtschafts- und Sozialpädagogen Karlheinz A. Geißler, einen der Initiatoren des Tutzinger Projekts »Ökologie der Zeit«: »Wir wollen dazu beitragen«, so stellt sich die Gesellschaft der Öffentlichkeit in ihrem ersten Faltblatt vor, »dass Zeitpolitik relevant wird.« Und weiter: »Wir werden Fragen, Analysen und Empfehlungen vorlegen zu einer gerechteren Zeitordnung, zur Förderung von größerem Zeitwohlstand, zu einer Zeitkultur der Toleranz und Vielfalt und zur Berücksichtigung der Naturverträglichkeit in gesellschaftlichen Zeitordnungen.« Gerechte Zeitordnungen sind solche, die die Gesellschaft nicht in Herrscher über und Opfer von Zeitstrukturen spalten. Die Deutsche Gesellschaft für Zeitpolitik möchte zum »Ausgleich zwischen Be- und Entschleunigung« sowie zur »Nachhaltigkeit von Alltagszeiten« und zur Förderung der »Zukunftsfähigkeit« beitragen und setzt sich deshalb im Besonderen für »Denk-Pausen« und »Spiel-Räume« für die bewusste Gestaltung von Zeit durch Politik ein.[14]

Anwalt der Eigenzeiten

Inhaltliches Ziel von Zeitpolitik müsste der Schutz von Eigenzeiten sein, und zwar auf allen drei Ebenen – beim Umgang mit der natürlichen Umwelt, mit der kulturellen und sozialen Mitwelt und mit uns selbst. Weil die kapitalistische Marktwirtschaft selbst zum Respekt vor den Eigenzeiten in aller Regel nicht in der Lage ist, auch wenn die einzelnen Akteure sich noch so sehr darum bemühen würden (Kapitel 4–6), können Eigenzeiten nur durch ein staatliches Eingreifen geschützt werden.

Was den Umgang mit der natürlichen Umwelt betrifft, so sind bestimmte Formen eines ökologisch schädlichen Verhaltens, beispielsweise die Reinigung von Öltanks auf offenem Meer, bereits seit langem verboten. Auch der Einstieg in die Ökosteuer ist seit kurzem in Deutschland und anderen Staaten geschafft und damit der Weg zum Schutz nicht regenerativer und zur Förderung regenerativer Energiequellen eingeschlagen. Im spanischen Barcelona muss von Staats wegen bei jedem Neubau eines Hauses eine Solaranlage installiert werden. Und seit langem wird diskutiert, ob man die Autohersteller nicht endlich dazu verpflichten sollte, ihre längst entwickelten Drei-, Zwei- und Ein-Liter-Autos auf den Markt zu bringen.[15]

In diese Richtung müsste eine ökologische Zeitpolitik konsequent weitergehen, alle Schnittstellen unseres Stoffwechsels mit der Natur systematisch nach Verletzungen von Eigenzeiten durchforsten und je nach Schwere der Verletzung entsprechende Maßnahmen ergreifen. Ein wichtiges zeitpolitisches Projekt wäre die Förderung einer so genannten »Grünen Chemie«: Sie müsste sich mit großen Schritten von einem Großteil ihrer bisherigen Grundstoffe verabschieden und auf nachwachsende und abbaubare Substanzen, auf möglichst geschlossene Kreisläufe also, setzen.[16] Wichtig ist dabei, sich immer zu vergegenwärtigen, dass durch den Schutz der großen Systeme mit den langen Eigenzeiten die kleineren und kürzer schwingenden Systeme in der Regel immer schon mitgeschützt werden. Klimaschutz bedeutet gleichzeitig Landschaftsschutz, Denkmalschutz, Gesundheitsschutz – umgekehrt gilt das nicht (Kapitel 6).

Wie aber lassen sich kulturelle und soziale und wie individuelle Eigenzeiten sichern? Hier sollte das herrschende Anreizsystem in vielen Fällen geradezu umgedreht werden. Aus zeitökologischen Gründen müsste vor allem den neoliberalen Bestrebungen, die mittlerweile nicht nur von liberalen und konservativen, sondern auch von grünen und sozialdemokratischen Parteien gepriesen werden, eine klare Absage erteilt werden. Wenn der Markt keineswegs so klug ist und wenn durch ihn keineswegs Fairness durchgesetzt wird, wie es der Liberalismus behauptet (Kapitel 3), dann muss in ihn substanziell eingegriffen werden: Aus zeitökologischer Perspektive ist der Staat dazu zu verpflichten, das Anreizsystem des Marktes in sehr vielen Fällen vom Kopf auf die Füße zu stellen. Um Vielfalt und damit die Fehlerfreundlichkeit als Voraussetzung für die Fortsetzung der Evolution zu sichern, ist nicht das Große und Schnelle steuerlich zu fördern, sondern im Gegenteil sehr oft das Kleine und Langsame. Nur wenn die auseinander strebenden Geschwindigkeiten des Produzierens sich wieder aneinander annähern können, wird der Austausch von Leistungen, der Kreislauf des Versorgens und Versorgtwerdens, die zwischenmenschliche Synchronisierung gesichert.

Die Anreize müssten so gesetzt sein, dass die freiwillig Fleißigen motiviert würden, etwas fauler zu werden, damit die unfreiwillig Müßigen die Chance bekämen, etwas fleißiger zu sein. Natürlich dürfen dabei die Fähigkeit und Bereitschaft zur Leistung keinem Einheitsmaß unterworfen werden. Ziel muss es vielmehr sein, die Schnellen und Fleißigen »auf andere Gedanken zu bringen«, d. h. ihnen zu zeigen, dass es auch andere Arten der Leistung gibt – außer dem »Immer höher, immer weiter, immer schneller, immer mehr«. Ablenkung und Entschädigung ist übrigens auch bei der Heilung anderer Suchterkrankungen ein erprobtes Hausrezept. Nicht der darf also belohnt werden, der andere und sich selbst beim Lernen und Arbeiten hetzt, sondern der, der sich und anderen bei diesen Tätigkeiten Zeit lässt. Vorstellbar wäre also, Schulen nach lernpsychologischen und Betriebe nach arbeitspsychologischen Kriterien zu fördern bzw. zu belasten. Schließlich entstehen genau hier jene sozialen und gesundheitlichen Kosten, die bisher der Gemeinschaft der Versicherten oder der Steuerzahler aufgezwungen werden. Zeitpolitik ist insofern nichts anderes als die konsequente Umsetzung des Verursacherprinzips.

Vergleichbares wäre für das Konsumieren denkbar: Hersteller und Händler, die den Konsumenten keine ausreichenden Informationen geben und keine Zeit lassen, bis ihre Konsumwünsche herangereift sind, sie stattdessen ständig mit subtilen Werbebotschaften belästigen, die sie also zielgerichtet mit »Affluenza«-Viren (vgl. Kapitel 1) infizieren, sollten dafür ebenfalls zur Kasse gebeten werden – durch eine Art »Konsumhetzsteuer«. Wer hingegen den Konsumenten als mündige Person behandelt und ihm sachliche Produktinformationen über die ökologischen, sozialen und gesundheitlichen Kosten der Produktion, des Vertriebs und der Konsumtion von Gütern und Diensten für seine Kaufentscheidung zur Verfügung stellt, der könnte durch Steuernachlässe oder Subventionen belohnt werden.

Zeitpolitik müsste sich auch um den Schutz der Lebensphasen und den Austausch der unterschiedlichen Generationen kümmern, also vor allem die Jungen und die Alten vor der Instrumentalisierung durch das mittlere Alter bewahren. Zeitpolitik kann dafür sorgen, dass Lebensphasen, in denen für die Alltagsbewältigung besonders viel Zeit erforderlich ist, auch tatsächlich von vermeidbarem Zeitdruck so gut wie möglich frei gehalten werden können. Gemeint sind vor allem jene Phasen, in denen neue Erdenbürger versorgt und Sterbende gepflegt werden müssen. In Österreich wird zum Beispiel diskutiert, ob im letzteren Fall nicht ein mehrmonatiger gesetzlicher Urlaubsanspruch angesagt wäre.[17]

Nur eine prinzipiell alle Politikbereiche umfassende Zeitpolitik ist in der Lage, gegen die bekannten heimtückischen Symptomverlagerungen anzugehen – wenn zum Beispiel der Arbeitsstress durch illegale und legale Drogen gemindert oder wenn die Entwertung unserer Naherholungsräume durch vermehrte Fernreisen geheilt werden sollen. Und eine solche Zeitpolitik müsste natürlich auch die heißen Fragen nach dem grundsätzlichen Verhältnis von Arbeit, Geld und Zeit anpacken: Wie viel Lebenszeit will die Gesellschaft in das Arbeiten investieren, wie viel in die freie Zeit, auch jene ohne Konsumabsicht? Wie soll die Souveränität des Einzelnen bei der persönlichen Entscheidung in diesen Fragen gewährleistet werden? Und wie soll der durch den technischen Fortschritt von Generation zu Generation zunehmende Pool an neuen Möglichkeiten der Zeitersparnis genutzt und verteilt werden? Kurz: Zeitpolitik ist nichts anderes als eine konsequente Umwelt-, Sozial-, Gesundheits- und Bildungspolitik, die sich auf die zeitlichen Erfordernisse ihres Aufgabenbereiches besinnt. Dabei könnten durchaus auch Vorschläge zur konsequenteren Nutzung der Marktmechanismen im Interesse gesundheitlicher und ökologischer Ziele hilfreich sein, wie zum Beispiel die Stärkung der Eigenverantwortung für die Gesundheit durch Risikoprämien, die Erhöhung der Transparenz der Gesundheitskosten für den Patienten und die Abschaffung von Zuschlägen für Nacht-, Sonn- und Feiertagsarbeit, die Menschen dazu verleiten, sich selbst zu schädigen.[18]

Demokratie braucht Zeit

Welche Folgerungen lassen sich aus der Ökologie der Zeit in Bezug auf politische Verfahren ableiten? Von einer guten Demokratie, so der Philosoph Jürgen Habermas[19], erwarten wir, dass an der demokratischen Willensbildung möglichst alle Betroffenen beteiligt sind, also der Wille der Bürger berücksichtigt wird. Und von einer guten Demokratie verlangen wir ferner, dass die Bürger bei ihren politischen Willensäußerungen möglichst informiert und vernünftig sind. Wo die Politik hingegen nur den stumpfen Massenstimmungen folgt, also dem Volk nach dem Mund redet, handelt es sich um »Populismus«. Und wo die Politik auf der anderen Seite nur vernünftig ist, also das angeblich Notwendige auch ohne große Rücksichtnahme auf das Wollen und die Mitwirkung der Bürger rein technisch abwickelt, spricht man von »Technokratie«. Wille und Vernunft müssen in einer guten Demokratie zusammenkommen.

Aus der Perspektive der Ökologie der Zeit kann die politische Willensbildung eines Menschen als besondere Form des individuellen Handelns begriffen werden, die politische Willensbildung einer Gesellschaft als besondere Form des kollektiven Handelns. Wie bei individuellen so kommt es auch bei kollektiven Handlungen darauf an, dass die Handelnden wirklich gefragt werden, also einbezogen sind, und dass sie vor dem Handeln gründlich über die möglichen Folgen nachdenken. Daraus folgt, dass demokratische Willensbildung auf alle Fälle viel Zeit benötigt: für die tatsächliche Beteiligung möglichst aller Betroffenen und für das gemeinsame Nachdenken. Diese Zeit kann man die Eigenzeit des demokratischen Prozesses nennen. Die so genannten »Sach«-Zwänge der Geldwirtschaft führen dazu, dass diese Eigenzeit der demokratischen Willensbildung ständig unter Druck gesetzt ist. Die Betroffenen, also die Bürger, und oft auch ihre Repräsentanten in den Parlamenten, werden vielfach übergangen und die politischen Entscheidungen in kleinen Gremien, also in Fachreferaten der Verwaltung, in Ministerien und Parlamentsausschüssen, einfach getroffen und den Parlamenten und letztlich den Bürgern zur Akklamation nur mehr vorgelegt.

Soll der Staat die Eigenzeiten demokratischer Willensbildungsprozesse respektieren, müssen für die demokratischen Verfahren sehr viel mehr räumliche und zeitliche Gelegenheiten bereitstehen, damit sich die Bürger und ihre Repräsentanten ausgiebig mit den Fragen befassen können, die das Gemeinwesen betreffen. Wer den Bürgern diese Gelegenheiten vorenthält, der braucht sich nicht zu wundern, wenn die ohne sein Mitwirken in hermetisch abgeriegelten Expertenlabors entworfenen Zukünfte den Menschen hinterher als technologische und ökonomische »Sach«-Zwänge aufgepfropft werden. Solche Menschen werden dann ihre Zukunftsverantwortung auch – bereitwillig oder zähneknirschend – an jene Autoritäten delegieren. Nur wenn der Willensbildung genug Zeit und Raum gegeben wird, kann der Wille des Volkes auch bei Bürgerentscheiden, Volksentscheiden, Wahlen und Parlamentsbeschlüssen gründlicher als bisher reifen. Dann kann auch die zunehmende Zahl besonders jugendlicher Nichtwähler an das Gemeinwesen herangeführt werden.

Nun könnte jemand sagen: Bitte nicht schon wieder neue Institutionen schaffen, die die Freiheit des Einzelnen beschneiden! Meine Antwort ist: Wir haben keine andere Wahl. Denn die zentrale herrschende Institution, die Ökonomie, und darin ihr Kern, nämlich das Kapital, sind nicht in der Lage, die Zukunftswünsche der Menschen zu koordinieren und durchzusetzen, sie folgen vielmehr spezifischen »Sach«-Zwängen, die sich aus der Verselbstständigung des Geldes ergeben. Wenn aber die alten Institutionen die Potenziale immer wieder ohne Rücksicht auf die Menschen lenken, dann sollte genau hier die Weiche neu gestellt werden: Die Zukunft muss aus der Hand des Geldes in die Hand des Menschen zurückgelegt werden. Weil aber in einer hoch arbeitsteiligen Welt nicht jeder seine eigene Zukunft machen kann, sondern Zukunft nur als gesellschaftliches Projekt vorstellbar ist, ist eine Ablösung der ausgedienten Institutionen ohne die Schaffung neuer Institutionen nicht möglich.

Nachdenkwerkstätten

Besondere Institutionen für das gemeinsame Nachdenken über das Gemeinwohl sind vor allem auch deshalb nötig, weil viele der von heutigen Entscheidungen Betroffenen noch gar nicht geboren sind und deshalb heute noch nicht gefragt werden können. Im gemeinsamen Nachdenken müssen wir also stellvertretend für die zukünftigen Generationen moralisch-ethische Verantwortung übernehmen. Dazu gehört, dass die heutigen Entscheidungen nicht schon alles vorwegnehmen, dass sie unsere Kinder und Enkel nicht ständig vor vollendete Tatsachen stellen. Gesetze, Verordnungen und politische Einzelfallentscheidungen müssen so weit wie möglich revidierbar sein.

Zwar haben alle Entscheidungen mehr oder minder weit reichende Konsequenzen, aber das Mehr und das Minder unterscheiden sich bisweilen fundamental. Man denke nur an die Entscheidung für die Kernenergie als Hauptenergiequelle und damit für die Notwendigkeit der sicheren Lagerung von Atommüll über Jahrzehntausende. Wenn wir unsere Kinder, Enkel und Urenkel ernst nehmen und ihnen genauso ein Leben in Würde und Selbstbestimmung zugestehen wie uns selbst, dann muss unser Bestreben dahin gehen, die Reichweite unserer Gemeinschaftsentscheidungen freiwillig zu begrenzen und ein Höchstmaß an Fehlerfreundlichkeit zu schaffen.

Sorgfältiges Nachdenken über Folgen von Entscheidungen erfordert immer auch, ähnliche Entscheidungen aus der Vergangenheit und deren Folgen als Vergleichsmaßstab heranzuziehen. Politisches Nachdenken ist also immer gleichzeitig vergangenheits- und zukunftsorientiert. Für die Weiterentwicklung des demokratischen Staates im Sinne der Ökologie der Zeit wäre die systematische Einrichtung von Nachdenkwerkstätten nötig: Geschichts- und Zukunftswerkstätten in einem – in jedem Stadtteil, in jedem Betrieb, in jedem Verein. Dort sollte in aller Ruhe darüber nachgedacht werden können, wie wir heute leben, wie wir morgen leben wollen, welche Ziele wir gestern hatten und was aus ihnen heute geworden ist. Demokratien brauchen solche Orte des Innehaltens, gemeinsame Zeitinseln für die Bürger, wenn sie nicht zur Makulatur der ökonomischen »Sach«-Zwänge werden sollen.

Soziale Grundsicherung – ein Meilenstein

Die traditionelle Arbeiterbewegung setzte auf die Gewerkschaften, wenn es um die Zähmung des Kapitalismus ging. Zeitpolitisch wichtig war dabei vor allem der Kampf um die Verkürzung der Arbeitszeit. Der französische Soziologe André Gorz hat Anfang der 80er-Jahre eine interessante Rechnung über den Zusammenhang von Produktivitätszuwachs und Arbeitslosigkeit aufgestellt: Wenn das Wachstum der Produktivität auch in Zukunft das Wachstum des Sozialprodukts deutlich überstiege, würde die Arbeitsmenge beständig abnehmen. Bis zum Jahr 2000 könnten dann alle hoch industrialisierten Länder bei einer Lebensarbeitszeit von 20 000 Stunden angekommen sein, wenn sie wollten. 20 000 Stunden bedeuten 10 Jahre Vollzeitarbeit oder 20 Jahre Teilzeitarbeit oder aber 40 Jahre unregelmäßige Beschäftigung mit Zwischenphasen wie ausgedehnten Familienzeiten u. ä.[20] Solchen Berechnungen liegt die Idee zugrunde, das Produktivitätswachstum nicht primär zur Ausdehnung der Produktion, sondern zur Ausdehnung der freien Zeit zu verwenden, an die Stelle der weiteren Steigerung des materiellen Wohlstands also in Zukunft die Steigerung des Zeitwohlstands treten zu lassen – vor allem durch die in Gewerkschaften organisierte Macht der Arbeiterbewegung.

Spätestens seit Mitte der 80er-Jahre und vor allem seit dem weltweiten Umbruch von 1990 zeigte sich aber, dass die Gewerkschaften gegenüber dem Kapital immer mehr zurückstecken mussten. Zum einen verschwand mit dem Systemgegensatz auch jenes Korrektiv, welches das Kapital zumindest in Bezug auf die Stellung der Arbeiterschaft noch etwas zur Mäßigung gemahnt hatte. Zum anderen kamen die Gewerkschaften immer mehr ins Hintertreffen, weil das Kapital immer uneingeschränkter global zu agieren begann, die Gewerkschaften aber im Wesentlichen nur national dagegenhalten können. Dies ist eine unmittelbare Folge dessen, was ich oben im Zusammenhang mit der Zeithierarchie der Märkte dargestellt habe (Kapitel 5). Die Geld- bzw. Kapitalmärkte sind um Dimensionen schneller als die Arbeitsmärkte, weil sich Geld schneller bewegen lässt als Arbeit, die immer mit lebendigen Menschen, ihren Familien, ihrem sozialen und kulturellen Umfeld verbunden ist. Je höher zudem die strukturelle Arbeitslosigkeit stieg, desto mehr verkamen die Gewerkschaften, die einst als Interessenvertretung der größten Bevölkerungsgruppe der Gesellschaft Motor einer sozialen Revolution sein wollten, zu einer partikularen Interessengruppe der Arbeitsplatzbesitzer, gefangen in einer charakteristischen Zwickmühle: Erfolgreiche Arbeitszeitverkürzung, gleichviel ob mit vollem, teilweisem oder ohne Lohnausgleich, führte nicht zu mehr, sondern ggf. sogar zu weniger Arbeitsplätzen, weil sich die Unternehmen durch diese Gewerkschaftspolitik verstärkt zu Rationalisierungsmaßnahmen gezwungen sahen.

Parallel zum Bedeutungsverlust der Gewerkschaften traten neuere Gruppen als potenzielle Kapitalismuskritiker auf: die Umweltverbände, die Dritte-Welt-Gruppen, engagierte Kreise innerhalb der Kirchen, Initiativen und Berufsverbände, die sich um die körperliche, psychische und soziale Gesundheit der Menschen Sorgen machen und seit kurzem die Berliner Gruppe der »Glücklichen Arbeitslosen«, die das »Bündnis für Arbeit« gern durch ein »Bündnis für weniger Arbeit« ersetzen würden, weil – zum Beispiel – ja auch das Drogenproblem nicht durch die Vermehrung des Stoffes gelöst werden könne.[21] Sie alle, die alten und die neuen Gegner der neoliberalen Formierung der Welt, haben eines gemeinsam: Sie sind Opfer der kapitalistischen Beschleunigungszwänge.[22] Deshalb wäre es sinnvoll, deren Kräfte synergetisch zu verbinden. Dazu könnte sich ein politisches Projekt ganz hervorragend eignen: der gemeinsame Kampf für eine soziale Grundsicherung, wie sie in Deutschland – in unterschiedlichen Varianten – in den Parteiprogrammen von PDS und Bündnis 90/Die Grünen verankert und von einzelnen Politikern anderer Parteien gefordert wird.

Eine solche staatliche Grundsicherung für alle, deutlich über dem Sozialhilfeniveau, aber dennoch unterhalb der untersten Tariflöhne, könnte ein bescheidenes Leben über dem Existenzminimum garantieren und jedem Bürger zustehen, ohne dass er dem Staat gegenüber als Bittsteller auftreten müsste, ohne dass er detaillierte Bedürftigkeitsprüfungen über sich ergehen oder die Nichtvermittelbarkeit am Arbeitsmarkt nachweisen müsste. Während in den entwickelten Weltregionen mit ausgeprägter Geldwirtschaft die Grundsicherung als garantiertes Geldeinkommen ausgezahlt werden müsste, könnte sie in weniger entwickelten Regionen mit ausgeprägter landwirtschaftlicher Struktur durch Zuteilung von Land zur Selbstversorgung erfolgen.

In Deutschland zum Beispiel wäre ein monatlicher Betrag von ca. 750 Euro pro Kopf vorstellbar. Vielleicht könnte man diesen Betrag je nach dem Alter der Person und den örtlichen Lebenshaltungskosten variabel gestalten. Zudem könnte man überlegen, ob die Höhe dieser Grundsicherung davon abhängig gemacht werden soll, wie viele Bürger sie jeweils in Anspruch nehmen wollen. Steigt die Zahl der Anträge, so könnte man den Betrag senken, fällt sie, könnte er steigen – ein neuartiger Marktmechanismus also. Bei diesen Überlegungen muss betont werden, dass Grundsicherungsmodelle keineswegs »gute« Menschen voraussetzen, die zum freiwilligen Verzicht auf Leistungen bewegt werden sollen, sondern lediglich Menschen, die einmal ausprobieren wollen, ob es sich mit weniger Geld und mehr Freizeit nicht doch auch ganz gut oder sogar besser leben lässt. Noch weiter geht der Vorschlag des Wiener Sozialwissenschaftlers Manfred Füllsack, der ein automatisch auszuzahlendes Grundeinkommen für alle Bürger fordert, also auch für jene, die reguläre Erwerbsarbeit leisten oder über Vermögenseinkommen verfügen.[23]

Eine Prämie auf Faulheit

Wie könnte eine solche Stilllegungsprämie für die Erwerbsarbeitskraft, in Analogie zu bereits praktizierten Stilllegungsprämien für landwirtschaftliche Flächen, begründet werden? Gibt es eine ethisch-moralische Rechtfertigung oder vielleicht sogar Verpflichtung für eine Prämie auf Faulheit? Und wie könnte sie finanziert werden? Zunächst zur Rechtfertigung: Oberstes Ziel staatlicher Gewalt ist der Schutz der Menschenwürde, heißt es einstimmig in allen Verfassungspräambeln der so genannten freien westlichen Welt. Ein Leben in Würde erfordert zuallererst die Befriedigung der Grundbedürfnisse, die in Industriegesellschaften ohne Geld, in Agrargesellschaften ohne Boden nicht vorstellbar ist. Allein deshalb schon ist die Grundversorgung eine Pflichtaufgabe des Staates.

Füllsack führt mit Bezug auf die hoch entwickelten Industriegesellschaften noch ein anderes Argument an: Arbeit diene im Zuge der Entwicklung der Arbeitsgesellschaft immer weniger dazu, menschliche Bedürfnisse zu befriedigen, sondern immer mehr dazu, Probleme zu lösen, die durch vorausgegangene Arbeit erst entstanden sind. Auch die Entlohnung der Arbeit hänge deshalb immer weniger davon ab, wie überlebenswichtig eine Tätigkeit für die Gesellschaft sei, sondern sei immer mehr dem Zufall unterworfen. Wenn es aber zwischen Arbeit, gesellschaftlichem Nutzen der Arbeit und Entlohnung der Arbeit keinen inneren Zusammenhang mehr gebe, dann könne und müsse die Arbeit auch vom Einkommen getrennt und das arbeitslose Grundeinkommen zum Prinzip erhoben werden.[24]

Wer soll das bezahlen?

Woher soll aber der Staat das Geld für eine solche gigantische Aufgabe nehmen? Dass sich der Staat dieses Geld durchaus beschaffen könnte, wird sofort klar, wenn man sich den ungeheuren Reichtum vergegenwärtigt, der aufgrund der Vorleistungen ungezählter Generationen heute verfügbar ist – allerdings konzentriert in der Hand einiger weniger. Die Einrichtung einer Grundsicherung bzw. eines Grundeinkommens erfordert also eine grundsätzliche Umverteilung von Reichtum, die der Staat im Interesse der großen Mehrheit seiner Bürger gegen eine kleine Minderheit seiner Bürger durchsetzen müsste.

Eine solche Umverteilung ist jedoch unabhängig von der Grundsicherungsdiskussion auf längere Sicht ohnehin unvermeidlich, soll sich der Sozialstaat nicht selbst strangulieren: Der Sozialstaat wurde in Deutschland vor rund 130 Jahren geschaffen, zu einer Zeit, als der Produktionsfaktor Arbeit der entscheidende Faktor war. Deshalb wird auch seine Finanzierung bis heute in der Hauptsache aus Abgaben getätigt, die beim Einsatz dieses Faktors abgezweigt werden. Heute ist jedoch längst der Produktionsfaktor Kapital zum dominanten Faktor geworden. Wer diesen bei der Finanzierung im Wesentlichen ausklammern, die Eigentümer der Maschinen bzw. des Kapitals also verschonen will und weiterhin den Sozialstaat auf die relativ immer schwächer werdenden Schultern der Arbeitnehmer legen will, der muss sich über kurz oder lang von der Sozialstaatsidee selbst verabschieden – die in der Bundesrepublik allerdings zum unveränderlichen Verfassungskern gehört.

Füllsack referiert in seiner Studie ausführlich die Diskussion um die Notwendigkeit und Finanzierbarkeit eines garantierten sozialen Grundeinkommens. Diese Diskussion wird seit über 200 Jahren in ganz Europa geführt. Bezüglich der Finanzierung plädiert Füllsack für einen »Cocktail« zum einen aus Geldern, die sich aus der mit dem Grundeinkommen möglich werdenden radikalen Vereinfachung der bisherigen sozialen Sicherung und deren Verwaltung ergeben, zum andern aus der Erhöhung bisheriger Steuern (Vermögens-, Einkommens-, Mehrwert-, Kapitalertrags-, Erbschafts-, Bodenbesitz- und Ökosteuer) und der Schaffung neuer Steuern (Devisentransfer) und anderer Geldquellen (zum Beispiel so genanntes Vollgeld-Modell).[25] Entscheidend ist für Füllsack, dass die Einführung und Finanzierung eines garantierten Grundeinkommens nur als langfristiges Projekt und nur in kleinen Schritten vorstellbar ist, weil es mit einem tief greifenden Einstellungswandel in Bezug auf Arbeit, Leistung und Moral einhergehen müsse.[26]

Die Finanzierung der Grundsicherung ist kein finanzielles, sondern ein politisches Problem. Man müsste sich nur an den wirklichen Reichtum der Gesellschaft herantrauen: an die leistungslosen Großerbschaften, an die leistungslosen Vermögenseinkommen, insbesondere die Zinseinkommen, die mittlerweile rund ein Drittel des Gesamteinkommens ausmachen und weit schneller wachsen als alle anderen Einkommensarten (Kapitel 7). Man müsste sich an die Nutznießer des technischen Fortschritts, der von vielen erbracht, dessen Nutzen aber nur von wenigen angeeignet wird, herantrauen und den Ertrag der Technik durch eine Maschinen- oder Kapitalertragssteuer der Gesellschaft zurückerstatten. Zu finanzieren wäre die Grundsicherung also durch die bisherigen privilegierten »Leistungsträger«, mit dem Ziel, allen Menschen die Chance zu geben, »Leistungsträger« zu werden – »Leistung« freilich in einem sehr viel weiter gefassten Sinn.

Bündelung zeitpolitischer Ziele

Eine solche Grundsicherung würde sich hervorragend zur Bündelung zeitpolitischer Ziele eignen. Sie könnte zunächst manchen Bürger dazu motivieren, auf einen Erwerbsarbeitsplatz teilweise oder ganz zu verzichten. Wer durch eine Grundsicherung zu einem solchen Verzicht auf Vollerwerbsarbeit bereit wäre, der würde dadurch *erstens* seinen individuellen Eigenzeiten mehr Respekt verschaffen. Er würde nämlich sein eigenes Wohlbefinden erhöhen und bekäme die Möglichkeit, sein Leben freier von existenziellen Zwängen zu gestalten. Er könnte sich entweder ganz oder teilweise Beschäftigungen ohne Erwerbsaussicht widmen, wie zum Beispiel der Kunst, der Forschung, dem sozialen Engagement. Oder er könnte nur für eine bestimmte Zeit aus dem Erwerbsleben ausscheiden, um zum Beispiel seine Kinder, seine Eltern oder Nachbarn persönlich zu betreuen, einen neuen Beruf zu erlernen, zu studieren, ein Musikinstrument zu lernen oder eine Weltreise zu machen – freilich mit langsamen, also naturnahen Fortbewegungsmitteln. Auch der Einstieg in die Dualwirtschaft könnte so finanziell abgepolstert werden. All dies wären Gelegenheiten, Leistungen in einem neu zu definierenden Sinn zu erbringen und sich so soziale Anerkennung und Selbstanerkennung zu verschaffen – auch jenseits der Erwerbsarbeit.

Wer eine solche Grundsicherung beanspruchen würde und sich damit ganz oder teilweise dem Arbeitsmarkt entzöge, der trüge *zweitens* zum Schutz der Eigenzeiten der Kultur und Gesellschaft bei. Denn jeder Verzicht auf einen Erwerbsarbeitsplatz entschärft den Wettbewerb um Arbeitsplätze und fördert damit die Humanisierung der Arbeitswelt, somit also die Schonung anderer. Je mehr Menschen freiwillig auf Erwerbsarbeit verzichten, desto mehr kann das Heer der unfreiwillig Arbeitslosen abgebaut werden. Erst wenn es ab einem bestimmten Punkt zum Ausgleich von Angebot und Nachfrage auf dem Arbeitsmarkt kommt, können Arbeitnehmer wirklich Einfluss auf die Gestaltung der Arbeitsplätze nehmen, weil Arbeitgeber erst dann dazu gezwungen sind, auf deren Forderungen einzugehen. Erst wenn Märkte im Gleichgewicht sind, erbringen sie jene Leistung, die die Liberalen an ihnen so sehr loben: nämlich die Leistung, die Wünsche der Menschen bestmöglich zu koordinieren.

Und wer sich dafür entscheiden würde, mit dem Grundsicherungsbetrag auszukommen, der würde *drittens* durch die Selbstbeschränkung seiner Konsummöglichkeiten einen Beitrag zum Schutz der Eigenzeiten der Natur leisten. Dann würde nämlich sein Verbrauch von Naturressourcen zurückgehen, und damit würden sich die Lebenschancen zukünftiger Generationen erhöhen. Die mit dem Bezug der Grundsicherung notwendige materielle Beschränkung gäbe der Natur wieder mehr Zeit, sich von den Schäden des übermäßigen Konsums zu erholen.

Auch in Hinblick auf die Verfahrensdimension von Zeitpolitik, also die Ausweitung von demokratischen Rechten und Möglichkeiten für bürgerschaftliches Engagement, wäre eine Grundsicherung heilsam. Denn erst durch die finanzielle Absicherung jenseits der Erwerbsarbeit könnten sich die meisten Menschen soziales und politisches Engagement leisten. Die Grundsicherung schafft Zeit, die mit selbst bestimmten Tätigkeiten gefüllt werden kann. Und die Grundsicherung schafft jene Sicherheit, die davor bewahren kann, sich erpressen lassen zu müssen. Sie kann den Bürgern jene Angst nehmen, die bisher ihre Kreativität bei der Entdeckung der vielfältigen Wege der Problemlösung und der vielfältigen Quellen der Lebenslust so sehr blockiert hat. Somit bietet die Grundsicherung die finanzielle Voraussetzung für ganz neue Ausmaße und Formen der politischen Partizipation. Sie kann zur Etablierung jenes Zyklus von Aktivität und Muße sowie von Reflexion und Entscheidung beitragen, der für die Suche nach dem Gemeinwohl aus zeitökologischer Sicht fundamental ist.

Die Forderung nach einer Grundsicherung für alle könnte vermutlich ein ausgezeichneter Kristallisationspunkt für eine breite politische Bewegung am Beginn des 21. Jahrhunderts werden, weil sie in einzigartiger Weise die Interessen vieler politischer Einzelkräfte bündelt. Ich denke dabei vor allem an die um Sinnstiftung und Gerechtigkeit bemühten Kirchen, an die um den Schutz der Arbeitskraft und die Mit- oder Selbstbestimmung der Werktätigen bemühte Arbeiterbewegung und an die Naturschutzbewegung, die sich für die Erhaltung der natürlichen Umwelt einsetzt. Auch mittelständische Unternehmer, vor allem Handwerker, die unter dem Druck ihrer Banken und der dahinter stehenden Shareholder-Ökonomie stöhnen, könnten für ein solches Bündnis gewonnen werden. Da von der Beschleunigungskrankheit mehr oder minder alle Menschen betroffen sind und nur die Form dieser Betroffenheit variiert, wäre es klug, den Kampf gegen die Beschleunigung auf dieser Ebene der Gleichheit der Menschen zu organisieren: der Gleichheit ihrer grundlegenden Bedürfnisse als Menschen in ein und derselben Gesellschaft und der Gleichheit ihrer Rechte als Bürger in ein und demselben Staat. Der Versuch der traditionellen Arbeiterbewegung hingegen, die Gemeinsamkeit der Menschen als Arbeitnehmer zur organisatorischen Basis ihrer Politik zu machen, greift heute zu kurz. Dieser Versuch ist heute genauso wenig aussichtsreich wie jener Versuch der Kirchen in vergangenen Jahrhunderten, das Zusammenleben der Menschen nach den moralischen Vorstellungen der sich jeweils rechtgläubig dünkenden Christen zu gestalten.

Aber es sei noch einmal wiederholt: Dies alles ist nur als langfristiges Umsteuern möglich. Kurzfristig werden viele die neuen finanziellen und zeitlichen Freiheiten zur Ausweitung traditioneller Verhaltensmuster, also zum Beispiel zur Intensivierung von Schwarzarbeit[27] und des materiellen Konsums nutzen. Aber Synergien können sich nur entfalten, wenn äußere Bedingungen und innere Motivation miteinander in Einklang kommen: wenn die Gesellschaft dem Einzelnen zeigt, dass es auch noch andere Lebensstile und Genussmöglichkeiten gibt, und ihm so Lust auf Neues macht, und wenn die Gesellschaft dem Einzelnen auch etwas Vertrauen vorzuschießen bereit ist. Vertrauensvorschuss und Sicherungsnetz, das sind gute Voraussetzungen dafür, dass wir neue Erfahrungen wagen und neue Wege des Genießens ausprobieren können (Kapitel 9). Angesichts der im ersten Abschnitt dieses Buches vorgelegten Symptome und Prognosen sehe ich zu einer solchen Umorientierung unserer Lebens- und Genussgewohnheiten keine Alternative. Diese Umorientierung müssen wir als Einzel- *und* als Gesellschaftswesen angehen. Und übrigens: Diese Synergie zwischen Individuum und Gesellschaft nannten die 68er und ihre Theoretiker Dialektik. Ohne Dialektik, das ist eine uralte philosophische Erkenntnis, ist Fortschritt nicht möglich.

Fazit: Soll Sand ins Getriebe des Hamsterrades gestreut werden, kommt es auf dreierlei an. *Erstens* sollten die bereits existierenden, auf bestimmte Aspekte der Entschleunigung beschränkten Initiativen wie Slow Food, Tempus, Schutz des Sonntags und der Feiertage, Entschleunigung der Finanzmärkte usw. gestärkt und im Bewusstsein der Menschen besser verankert werden. *Zweitens* sollten die Diskurse und Aktionen dieser Initiativen stärker miteinander verknüpft werden. Dabei kann die Ökologie der Zeit als übergreifendes Konzept hilfreich sein, weil sie die Vielfalt der Symptome zu einer einheitlichen Diagnose zusammenfassen und damit die Voraussetzung für eine wirksame Therapie schaffen kann. Und *drittens* sollten sich diese Initiativen in dem Maße, wie sie sich vernetzen und so ihre Energien vervielfältigen, auf gemeinsame zeitpolitische Ziele einigen und diese mit ihrer geballten intellektuellen und organisatorischen Kraft durchzusetzen versuchen. Es wird nicht leicht sein, die Feinschmecker von Slow Food und die »Berufsdiskutanten« von Attac in ein gemeinsames Boot zu holen. Aber dies ist unsere einzige Chance, weil mittlerweile alles mit allem buchstäblich zusammenhängt. Da die Bremsenergien dort geholt werden müssen, wo sie konzentriert vorhanden sind, brauchen die Entschleuniger Mitstreiter, die bereit sind, sich in die Höhle des Löwen zu begeben, die gegen jenes Zentrum antreten, in dem die größten Vermögen und Einkommen entstanden sind und weiter entstehen. Hier ist die millionenfach enteignete Zeit gehortet, von hier muss sie wieder zurückgeholt werden. Die Orte konzentrierter Energien und schnellster Veränderungen, die Orte, an denen mit Devisen spekuliert wird, große Aktienpakete gehandelt werden und Maschinen fast ohne Zutun des Menschen immer mehr Reichtum produzieren, müssen für die Therapie der Beschleunigungskrankheit erschlossen werden.

Eine vorwärts schreitende Zeitpolitik kann bereits unter den gegebenen ökonomischen Bedingungen angegangen werden und dient als Bindeglied zwischen der herrschenden kapitalistischen und einer zukünftigen nicht kapitalistischen Form des Wirtschaftens. Zeitpolitik zielt auf den Einstieg in den Ausstieg aus dem Kapitalismus. Natürlich muss sie sich auf den massiven Widerstand der Nutznießer der Beschleunigungsdynamik gefasst machen. Aber sie kann sich auf diese Auseinandersetzung getrost einlassen. Denn den wenigen, die zunächst als Nutznießer gelten können, von denen obendrein manche bereits daran zweifeln, ob sie es wirklich in jeder Hinsicht sind, steht eine rasch wachsende Zahl von Opfern gegenüber. Die Zeit arbeitet also für die Entschleuniger.

Kapitel 9
Kluge Lust
Wenn wir uns Zeit lassen, geht es uns besser

Wo bleibt bei so viel Politik der »Faktor Mensch«? Was habe ich davon, wenn ich mich an der großen Sandwerferei beteilige? Vielleicht könnte ich mich ja doch mit dem Hamsterrad des Turbokapitalismus irgendwie arrangieren? Laufen nicht all die Vorschläge für alternative Wirtschaftsformen und politische Entschleunigungsalternativen auf Genussverzicht hinaus? Dieses letzte Kapitel soll zeigen, dass das nicht der Fall sein muss. Verzichten müssen wir lediglich auf solche Formen des Genießens, die uns direkt in die Beschleunigungsfalle locken. Belohnt aber werden wir für einen solchen Verzicht reichlich: durch eine andere Form des Genießens – ich nenne sie »kluge Lust«. Sie sollte dem Beschleunigungskranken Kraft geben, die Therapie zu beginnen, sie durchzustehen, und ihn nach der Heilung vor dem Rückfall bewahren. Was also ist kluge Lust? Und was hat sie mit Zeit zu tun? Eine kleine Reise durch die Philosophie, Psychologie und Ökonomie der Lust soll im folgenden Kapitel dieser Frage nachgehen. Anschließend möchte ich ein paar eigene Vorschläge zu einer Zeitökologie der klugen Lust machen. Ein Stichwort sei verraten: Es geht um die Idee der Selbsterweiterung des Menschen.

Glück und kluge Lust

»Ein Fischer und seine Frau lebten in einer jämmerlichen Hütte in großer Armut. Eines Tages fing der Mann einen Butt. Als er ihn ins Boot zog, begann der Fisch zu sprechen: ›Wirf mich wieder ins Wasser, dann will ich dir jeden Wunsch erfüllen.‹ Der Fischer gab dem Butt die Freiheit wieder. Seine Frau aber zeterte: ›Wenigstens hättest du uns gleich einen Wunsch erfüllen lassen sollen!‹ ›Was hätte ich mir wünschen können?‹ – ›Ein schmuckes Häuschen mit Garten.‹ Der Butt erfüllte den Wunsch umgehend. Die Frau äußerte neue Wünsche in immer kürzeren Abständen. Gut bürgerlich wollte sie leben, fürstlich, königlich. Wollte herrschen wie Kaiser und Papst und schließlich – sein wie Gott. Alle Wünsche erfüllte der Butt, doch auf den letzten sagte er: ›Geh nur nach Haus, deine Frau sitzt wieder in eurem alten Pissputt.‹«[1]

Das bekannte Märchen vom »Fischer und seiner Frau« muss vielleicht als Kurzfassung der Menschheitsgeschichte gelesen werden. Die Gier des Menschen, die permanente Erweiterung des Wunschkatalogs »in immer kürzeren Abständen«, führt dazu, dass er jeglichen Maßstab verliert. Am Ende möchte er sich Gott gleichstellen, möchte Evolution spielen. Das Ganze aber rächt sich bitterlich. Auf seiner Suche nach Glück gerät der Mensch in seine letzte Beschleunigungsfalle.

Die Suche nach Glück und die Rolle, die materielle Wünsche dabei spielen, ist eines der Hauptthemen der großen religiösen und philosophischen Erzählungen in allen Kulturen. Heute wollen vor allem psychologische und ökonomische Theorien den Weg ins Glück weisen. Was können wir diesen Vorstellungen über die Quellen des menschlichen Glücks in Hinblick auf den Zusammenhang von Glück und dem rechtem Umgang mit Zeit entnehmen? Inwiefern führt das Zeitlassen dazu, dass es uns besser geht? Wie können diese Erkenntnisse in ein zeit-ökologisches Entschleunigungskonzept integriert und für die Suche nach Wohlbefinden und Glück nutzbar gemacht werden?

Den religiösen Glückslehren ist gemeinsam, dass sich in ihnen Glück allein aus der Nähe zu Gott ergeben kann. Der Mensch habe nur die Möglichkeit, sich immer wieder um eine solche Nähe zu bemühen, könne sich ihrer aber nie wirklich sicher sein. Um Gott nahe zu kommen, müsse der Mensch vor allem dafür sorgen, dass ihn nichts Irdisches von seinem Weg ablenkt: durch das Schließen der Augen, griechisch »Mystik« genannt. Meditation, sexuelle Abstinenz, Fasten und Reinigungsriten sind solche mystischen Praktiken, aber auch Musizieren und Tanzen. In den griechischen Mysterienkulten sollen sogar orgienähnliche Gelage und Umzüge, auf denen der Leib und das Blut der Gottheit symbolisch verspeist wurden und sich die Gläubigen mit den zumeist jungen Göttern und Göttinnen rituell vereinigten, dem Bemühen um größtmögliche Nähe zu Gott gedient haben. Die religiösen Glückslehren zielen insgesamt, so könnte man vereinfachend zusammenfassen, auf eine Abkoppelung des Lebens von den Zeitmustern des Irdischen und an dessen Stelle auf eine Ankoppelung an die Zeitmuster des Überirdischen, des Transzendenten, an die Zeit der Götter.

Einer der frühesten Begriffe, mit dem die Philosophie das Geheimnis des Glücks zu erschließen suchte, ist der Begriff der »Lust«. Der griechische Philosoph Epikur (341–270 v. Chr.), einer der wichtigsten Begründer der Glücksphilosophie, sah das Wesen des Menschen in seinem Streben nach Lust begründet. Lust war für ihn aber nicht Ausschweifung, sondern Lebensfreude oder »kluge« Lust, die stets auch die Folgen des Genusses mitberücksichtigt. Epikur machte darauf aufmerksam, dass wir oft kurzfristig auf Annehmlichkeiten verzichten, um uns langfristig Unannehmlichkeiten zu ersparen. Andererseits seien wir oft dazu bereit, zunächst Schmerzen zu ertragen, um später umso länger genießen zu können. Kluge Lust zielt auf das nie ganz erreichbare Ideal der Integration von Kopf und Bauch, Verstand und Herz, Vernunft und Leidenschaft etc., sie ist also ganzheitlicher Natur. Die Gehirnforschung klärt uns heute darüber auf, dass dabei die rechte und linke Gehirnhälfte gleichermaßen einbezogen sind. Eine solche Lust ist also – in zeitlicher Hinsicht – dauerhafte Lust oder modern gesprochen: nachhaltiger Genuss.[2]

Beeinträchtigt wird der Genuss Epikur zufolge vor allem durch negative Gefühle. Epikur dachte dabei vor allem an die Furcht vor den Göttern und an die Angst vor dem Tod. Befreien könne sich der Mensch von dieser Furcht, indem er sich bewusst mache, dass ihm die Götter keinen Schaden zufügen wollten und dass der Tod eigentlich belanglos sei, weil man nach seinem Eintritt ja nichts Negatives mehr empfinde. Für uns heute ist jedoch noch ein anderer Aspekt der Lehre Epikurs wichtig: Die »ungestörte Seelenruhe« wird auch durch Begierden und Bedürfnisse beeinträchtigt, die uns ständig in Unruhe versetzen. Deshalb plädiert Epikur für ein in materieller Hinsicht genügsames und zurückgezogenes Leben, das uns relativ unempfänglich für solche beunruhigenden Gefühle mache. Denn das Glück des Menschen könne immer, so die heute überaus aktuelle Botschaft, auf zwei Wegen vermehrt werden: indem der Mensch *mehr* Güter erhalte oder indem er *weniger* Wünsche habe. Da das »Naturgemäße« leicht, das »Eitle« aber schwer zu beschaffen sei, führe ein aufwendiger Lebensstil in Abhängigkeit, Verlustangst, also ständige seelische Unruhezustände. Die vielleicht wichtigste Botschaft der antiken Glücksphilosophen ist, dass zwischen Lust und Tugendhaftigkeit kein

Widerspruch bestehen müsse, kluge Lust vielmehr immer mit Wachheit für sich selbst und andere einhergehe. Oder mit den Worten des Liedermachers Konstantin Wecker: »Wer nicht genießt, ist ungenießbar!«

Die Glücksphilosophie der Neuzeit hat dem zwar noch einiges hinzugefügt, so zum Beispiel die Vorstellung, dass ein ethisch akzeptables Luststreben immer auch die Ansprüche aller davon Betroffenen mit ins Kalkül einbeziehen müsse. Auch erkannte man, dass allgemeine Regeln gefunden werden müssten, die angeben, wie dies dann im Einzelfall zu geschehen habe. Aber die zentrale Stellung des Lustbegriffs für eine am Glück des Menschen orientierte Lebensgestaltung ist geblieben. Dass dabei die Maximierung von Lust als Prinzip nicht ausreicht, sondern auch andere Grundsätze erforderlich sind, wenn es um die Frage der gerechten Verteilung der Möglichkeiten für Glück und Lust zwischen den Menschen geht, darauf haben neuzeitliche Philosophen wie vor allem Immanuel Kant im 18. Jahrhundert oder Jürgen Habermas im 20. Jahrhundert hingewiesen.

In Bezug auf den Zusammenhang zwischen Glücksphilosophie und Zeit bleibt an dieser Stelle zweierlei festzuhalten. *Erstens:* Was den praktischen Glückssucher angeht, so erfordert die Suche nach Glück, dass er nicht einfach drauflos handelt, sondern sich vor dem Handeln Zeit zum Nachdenken nimmt. Wenn ich glücklich werden will, muss ich mir überlegen, was ich eigentlich in meinem Inneren will und welche Möglichkeiten ich in der Außenwelt vorfinde, um diesen Willen auch umsetzen zu können. Nachdenken heißt dabei immer zugleich: voraus- und zurückdenken, also der Handlung geistig vorauseilen, ihre möglichen Folgen prüfen und dazu die bei früheren ähnlichen Handlungen gemachten Erfahrungen zu Rate ziehen. Und *zweitens:* Was den Glücksphilosophen betrifft, so ist er einer, der die Glückspraktiker genau zu diesem Nachdenken anzustiften versucht. Philosophen sind also quasi von Berufs wegen Entschleuniger, sie sind »Bedenkenträger« – gegen die herrschende Form der eiligen Suche nach Glück.

Bedürfnis und kluge Lust

Während die Philosophie des Glücks danach fragt, wie kluge Lust zu einem gelungenen Leben beitragen kann, geht es der Psychologie des Glücks um das Glücks- bzw. Lustgefühl selbst. Wie fühlt sich der Glückliche? Was bedeutet Lust für die Gesundheit und Kreativität des Menschen? Und für die Therapie und Prävention der Beschleunigungskrankheit besonders wichtig: Welcher Zusammenhang besteht zwischen Glücks- und Lusterleben einerseits und Zeit andererseits? Glücklich ist der Mensch, wenn er seine Bedürfnisse befriedigen kann. Das ist die fast trivial klingende Grunderkenntnis vieler psychologischer Lehren. Der amerikanische Psychologe Abraham Maslow[3] hat diesen Gedanken präzisiert: Die menschlichen Bedürfnisse sind auf eine ganz bestimmte Weise geordnet und verlangen daher eine gewisse Reihenfolge ihrer Befriedigung. Die Basis unserer Bedürfnispyramide bilden die biologischen Grundbedürfnisse nach Luft, Nahrung, Kleidung etc. Auf der nächsten Ebene kommt das Bedürfnis nach Schutz und Sicherheit, gefolgt vom Bedürfnis nach sozialer Anerkennung und schließlich nach Selbstanerkennung. An der Spitze der Pyramide sieht Maslow das Bedürfnis nach Selbstverwirklichung bzw. Selbsterfüllung – den Gipfel des menschlichen Glücks. Hierher gehören vor allem ästhetische und spirituelle Bedürfnisse. Die Pointe bei dieser Pyramide ist: Erst wenn die Bedürfnisse der jeweils unteren Ebene befriedigt sind, werden uns die Bedürfnisse der nächsten

Ebene bewusst. Dann erst ist der rechte Zeitpunkt gekommen, uns um deren Befriedigung zu kümmern.

Auf dieser Glücks- und Bedürfnistheorie aufbauend hat der aus Ungarn stammende Psychologe Mihaly Csikszentmihalyi Menschen danach befragt, wann sie solche Gipfelerlebnisse erfahren und wie sie diese erlebt haben. Das Resultat: Die glücklichsten Momente sind jene, in denen wir voll und ganz in einer Tätigkeit aufgehen, in denen wir unsere Energien bündeln, unsere Kräfte spüren, wie sie sich an Hindernissen messen – und diese schließlich überwinden. In solchen Situationen fühlen wir uns richtig gefordert, d. h. weder unter- noch überfordert. Dieses Erlebnis wurde in den Interviews immer wieder als »Fließen« beschrieben. Csikszentmihalyis Bericht trägt deshalb den Titel *Flow – Das Geheimnis des Glücks*[4]. Das Paradebeispiel Csikszentmihalyis ist der Bergsteiger. Er hat den Gipfel erreicht, ist froh darüber und wünscht sich gleichzeitig, es gehe immer so weiter. Er klettert nicht, um den Gipfel zu erreichen, sondern um des Kletterns willen. Das Ziel dient eigentlich nur als Vorwand, um das *Flow*-Erlebnis genießen zu können. Ähnliche Erfahrungen machen alle, die in Beruf oder Freizeit die Chance haben, selbst Herr ihrer Kräfte zu sein, als Bastler, Maler, Musiker, als Künstler, Autoren oder Wissenschaftler.[5] Jeder kann dies an sich selbst beobachten: Wie tief ist unser Glücksempfinden, wenn wir eine schwierige Aufgabe erfolgreich abgeschlossen haben und uns im eigenen Werk wiederfinden können! Und wie sehr kann dieses Empfinden noch gesteigert werden, wenn wir dieses Erfolgserlebnis mit anderen Menschen teilen können!

Je besser es Menschen zudem gelingt, durch richtige Dosierung der Anforderungen die eigenen Kräfte herauszufordern, desto mehr wachsen vermutlich nicht nur diese Kräfte an den Herausforderungen, desto intensiver wird auch das Glücks- und

Lusterlebnis. Ziel des Glückssuchers müsste es deshalb sein, die äußeren Anforderungen und die inneren Potenziale so zur Deckung zu bringen, dass beide miteinander in Schwingung geraten, quasi eine Melodie ergeben. Menschen, die solche starken Glückserfahrungen oft machen, werden dadurch nicht nur gesünder und entwickeln Abwehrkräfte gegen alle möglichen Krankheiten, sondern sie werden auch kreativer. Nicht nur die Not macht erfinderisch, wie es im Volksmund heißt, sondern mehr vielleicht noch die Freiheit von Not. Vor allem spielähnliche Situationen können unsere Fantasie stark beflügeln. Denn im Spiel müssen wir nicht vorgefertigte Probleme lösen, wie in der Not, sondern wir finden diese Probleme selbst. Gelingende *Flow*-Erlebnisse sind auch ein Indiz für Mündigkeit. Denn wer sich daran gewöhnt hat, von innen heraus motiviert zu werden, der wird unabhängiger gegenüber Manipulationsversuchen von außen.

Kann man Glück lernen? Und wie unterscheiden sich Glück und Zufriedenheit voneinander? So fragen heute Glücksexperten aus unterschiedlichen wissenschaftlichen und therapeutischen Disziplinen. Schlüsselbegriffe in solchen Überlegungen sind die Begriffe »Aufmerksamkeit« und »Achtsamkeit«. Ohne ein waches Bewusstsein für das, was in unserer Außen- wie unserer Innenwelt vor sich geht, stellen sich Glück und Zufriedenheit nicht ein. Glück kann dabei als die eher kürzer anhaltende, Zufriedenheit als die eher länger anhaltende Form der klugen Lust begriffen werden. Für beide Formen des Lusterlebens muss uns zunächst unsere Außenwelt die erforderliche Zeit lassen, aber auch wir selbst – für die Schärfung unserer Sinne, damit wir das Wichtige auch wirklich wahrnehmen. Oft merken wir nämlich gar nicht, wie gut es uns eigentlich geht, meint zum Beispiel der Autor des Buches *Die Glücksformel* Stefan Klein.[6] Wo uns von der Außenwelt die Kontrolle über unser eigenes Leben entrissen wurde oder wo sie uns einfach entglitten ist, kommen nicht nur unsere Bedürfnisse zu kurz, sondern auch unsere Sensibilität für das Wichtige droht zu veröden.

Eine Schlüsselfrage bei der Erforschung von Glück und Zufriedenheit ist die Frage nach dem Verhältnis von Denken, Fühlen und Handeln, also von »Kopf«, »Herz« und »Hand«. Aufmerksamkeit und Achtsamkeit müssen sich auf alle drei Ebenen bzw. Pole des menschlichen Lebens richten, damit sich keine Ebene gegenüber den anderen absondert, sich verhärtet, die anderen bedroht und beherrscht. Glücklich kann ich nur sein, wenn ich »mit mir selbst eins bin«, meint zum Beispiel der Benediktinermönch und Autor Anselm Grün.[7] Dazu ist es erforderlich, dass sich mein Bewusstsein flüssig zwischen Kopf, Herz und Hand hin und her bewegt. Solche Flüssigkeit kann durch Meditation und Körperarbeit gefördert werden, wobei dem Atmen eine Scharnierstellung zukommt. Es geht einfach darum, sich selbst wieder wahrnehmen und spüren zu lernen – die eigene Lebendigkeit zu erleben und zu genießen. Wir müssen unsere Aufmerksamkeit darauf richten, dass Kopf, Herz und Hand jeweils die Räume und Zeiten erhalten, die sie brauchen. Nur dann können sie frei schwingen, miteinander in Resonanz treten, nur dann kann, wie die Gestaltpsychologie sagt, »personale Stimmigkeit« entstehen.

Viele moderne therapeutische Ansätze oder auch Yoga und Tantra verfolgen genau dieses Ziel: dem Menschen zum Kontakt zu sich selbst und damit auch zu seinen Mitmenschen zu verhelfen. Indem ich lerne, mich und meine Mitmenschen als Einheit von Kopf, Herz und Hand zu erkennen, lerne ich auch, mich und andere als solche Wesen *an*zuerkennen. Anerkennen aber heißt annehmen, und zwar als derjenige, der ich bin. Die Kunst besteht darin, dabei gleichzeitig die Möglichkeit offen zu lassen, mich auch zu entwickeln. Aber der Akzent liegt auf der Anerkennung. Dass die gesicherte Reproduktion die Voraussetzung für die Produktion ist, die zyklische Wiederkehr des Ähnlichen die Basis für die Wahrnehmung des Neuen, diese zeitökologische Grunderkenntnis gilt also auch in Bezug auf das Verhältnis von Anerkennung und Veränderung bzw. Lassen und Tun. Nur wo der Mensch mit sich selbst und mit seiner Umwelt in Einklang ist, nur in dieser doppelten Resonanz, ist seine Entwicklung auf einem guten Wege – hin zu mehr Zufriedenheit, Glück und kluger Lust.

Wohlstand und kluge Lust

Religion, Philosophie und Psychologie haben in manchen Diskursen längst das Interpretationsmonopol an die Wirtschaftswissenschaften abgegeben. Dann fungieren sie als Hilfskonzepte innerhalb von Management- und Mitarbeiterschulungen. Wirtschaftswissenschaftler sind es, die heute in weiten Bereichen des öffentlichen Diskurses über dasjenige, was erstrebenswert ist, den Ton angeben. Diese Wirtschaftswissenschaft ist stolz darauf, dass sie alle religiösen, philosophischen und psychologischen Fragen, die früher als mit wirtschaftlichen Fragen engstens verbunden galten, aus ihrem Gegenstandsbereich hinausdefiniert hat. Das Selbstbewusstsein dieser Wissenschaftsdisziplin gründet in der vermeintlichen Exaktheit und mathematischen Eleganz der theoretischen Gebilde, in welche sie die reale Welt von Arbeit und Konsum, Sparen und Investieren etc. verwandelt hat. Dementsprechend simpel ist auch die Glückslehre der modernen Ökonomie mit ihrem Zentralbegriff, dem Wohlstand: Je mehr Wohlstand, desto besser für die Menschen. Je mehr Wohlstand, desto näher am so genannten »Nutzenmaximum«. Adam Smiths *Untersuchung über die Ursachen des Wohlstands der Nationen* und Ludwig Erhards *Wohlstand für alle* sind ökonomische Bestseller dieser vom Ballast der realen Lebenswelt gereinigten Wissenschaftsdisziplin.

Wenn Ökonomen Volkswirtschaften, Betriebe oder Haushalte miteinander vergleichen oder deren Fort- und Rückschritte beurteilen, messen sie deren Wohlstand mit dem Geldmaßstab. Dabei entgeht, was Ökonomen auch bereitwillig eingestehen, dem ökonomischen Wohlstandsbegriff vieles von dem, was faktisch für das Wohlbefinden der Menschen wichtig ist.[8] Wohlstand hat immer eine objektive und eine subjektive Seite. Mit der objektiven Seite ist der von außen erfassbare Wohlstand, also zum Beispiel das tatsächliche Einkommen eines Menschen gemeint. Die subjektive Seite betrifft die innere Zufriedenheit eines Menschen, wie viel ihm sein Einkommen also zum Beispiel persönlich bedeutet. Bekanntlich fallen beide Aspekte oft nicht zusammen.

Um bei der Beurteilung von Wohlstand objektive und subjektive Aspekte gleichermaßen berücksichtigen zu können, hat der aus Indien stammende und in den USA lehrende Wirtschaftsnobelpreisträger Amartya Sen vorgeschlagen, sich das Leben von Völkern und Menschen ganz genau anzusehen.[9] Je nachdem, in welchen Klimazonen Menschen wohnen, welchen Körperumfang und welche gesundheitliche Konstitution sie haben, wie alt sie sind und was sie arbeiten, haben Menschen unterschiedliche objektive Bedürfnisse. Und je nachdem, in welchem sozialen und kulturellen Umfeld Menschen leben, welche Güter dort als Standard gelten und ob sie sich schämen, weil sie diesen Standard nicht erreichen können, variieren auch ihre subjektiven Bedürfnisse. Sen schlägt deshalb vor, unter Wohlstand nicht die Güter oder deren Wert, sondern die »Möglichkeiten und Fähigkeiten« der Lebensgestaltung zu verstehen, über die Menschen tatsächlich verfügen.[10] Letztlich entscheidend für die Höhe des Wohlstands bzw. des Lebensstandards ist die Wahlfreiheit als Teil der tatsächlichen Möglichkeiten: Am besten gestellt ist derjenige, der selbst entscheiden kann, wie er seine Fähigkeiten realisiert, welche Möglichkeiten er zur Führung seines Lebens ergreift und welche nicht.

Wenn nur der wirklich reich ist, der aus verschiedenen Formen der Lebensgestaltung auswählen kann, dann muss der traditionelle Wohlstandsbegriff, der allein an materiellen Gütern bzw. an den zu deren Erwerb nötigen Geldsummen orientiert ist, aufgegeben werden. Hier trifft sich die neuere wirtschaftswissenschaftliche Wohlstandsdiskussion mit der Ökologie der Zeit. Selbst bei einer rein quantitativen Betrachtung sollte die herrschende Prioritätenfolge von Geld und Zeit umgedreht werden: Der Vorrang des materiellen Wohlstands muss dringend durch den Vorrang des »Zeitwohlstands« ersetzt werden. Reich ist demzufolge in erster Linie der, der nicht über viel Geld bzw. Güter, sondern über viel Zeit verfügt. Dass Zeit primär, Geld sekundär ist, wird uns umso bewusster, je mehr unser Leben durch Krankheit oder Alter sich dem Ende zuneigt. Wer viel Lebenszeit vor sich, aber wenig Geld in der Tasche hat, der würde wohl kaum mit dem tauschen, der viel Geld hat, aber nicht mehr lange leben wird.

Mit dem Begriff »Zeitwohlstand« meine ich natürlich nicht die Zwangsfreizeit des Arbeitslosen und auch nicht die – vielleicht sogar freiwillig gewählte – freie Zeit des Konsumbürgers, der sich atemlos von einem Angebot zum nächsten hetzen lässt. Die Wirtschaftswissenschaftler Gerhard Scherhorn, Lucia Reisch und Jürgen Rinderspacher[11], die den Begriff des Zeitwohlstands maßgeblich in die Diskussion um einen zeitgemäßen Wohlstandsbegriff eingebracht haben, verstehen darunter das »Wohlbefinden in der Zeit«. Der Zeitwohlstand ist also im

Kern durch seine Qualität definiert. Der Unterschied zwischen dem traditionellen und dem neuen Wohlstand zeigt sich zunächst im Konsum: Gemäß dem alten Wohlstandsideal sollten die Menschen über möglichst viele Güter, also einen hohen Ausstattungsnutzen verfügen; das neue Wohlstandsideal hingegen zielt auf die Vielfalt der Handlungsmöglichkeiten bzw. einen maximalen Handlungsnutzen. Oft sind es gerade die perfektionierten Ausstattungen, die den Genuss des Handelns begrenzen. Technisch hochgerüstete Musikanlagen zum Beispiel können nur selten den Genuss verschaffen, den das eigene Musikinstrument ermöglicht. Aber Zeitwohlstand reicht weiter: Eine Gesellschaft hat vor allem auch dann einen hohen Zeitwohlstand, wenn sie ihren Mitgliedern vielfältige Möglichkeiten eröffnet, großzügig mit Zeitvorgaben umzugehen, das Tempo im Alltag selbst zu beeinflussen, Eigenzeiten mit ihrer je individuellen Dauer und Rhythmik zu leben – beim Lernen und Arbeiten, beim Konsumieren und bei der Gestaltung des eigenen Lebenslaufes.

Man könnte das Leitbild des Zeitwohlstands vielleicht noch radikaler fassen: Zeitwohlstand als Reichtum ganz besonderer Art, als Reichtum an Gelegenheiten für die anspruchsvollste Form der Freiheit, die dem Menschen möglich ist – die Freiheit des Willens. Bezieht man Sens Idee von den tatsächlichen Möglichkeiten einschließlich der Wahlmöglichkeit zwischen verschiedenen Lebensstilen mit ein, so wäre Zeitwohlstand jener Wohlstand, bei dem jeder Mensch zwischen zwei idealtypischen Lebensstilen aus freiem Willen heraus tatsächlich auswählen könnte: einerseits einem Lebensstil, der um das Erwerbsleben und die maximale Ausstattung mit Gütern und Diensten zentriert ist, andererseits einem Lebensstil, der sich ganz der Muße und der sinnlichen Lust verschrieben hat. Kurz: Geld oder Leben – als tatsächliche Alternativen und jede Menge Kombinationsmöglichkeiten dazwischen. Zeitwohlstand bedeutet die reale Chance, den Prozess der Enteignung der Zeit (Oskar Negt)[12], der mit der Entwicklung der herrschenden Form der Wohlstandsproduktion einhergegangen ist, individuell und kollektiv umzukehren. Mit anderen Worten: Förderung des Zeitwohlstands bedeutet, die Vorherrschaft des Habens durch die Vorherrschaft des Seins abzulösen (Erich Fromm).

»Müßiggang ist aller Liebe Anfang«

Diesem Satz von Christa Wolf soll ein zweiter von Robert Walser folgen: »Wären wir ruhiger, langsamer, so ginge es uns besser, ginge es schneller mit unseren Angelegenheiten voran.«[13] Beide Zitate markieren die Richtung einer zeitökologischen Glückskonzeption. Die Ökologie der Zeit fordert nicht den Verzicht auf Lust, sondern vielmehr das Ende des Verzichtens, genauer: den Verzicht auf jene Formen des Genießens, die man in Anlehnung an die Glücksphilosophie Epikurs als »dumme« Lust bezeichnen kann. Die kluge Lust ist dadurch gekennzeichnet, dass wir uns hinterher nicht ärgern müssen, wenn uns nach einer durchzechten Nacht der Kopf zerspringen möchte, wenn wir nach dem Schnäppchenkauf eines Autos die eigentliche Rechnung erst in der Reparaturwerkstatt präsentiert bekommen, wenn wir in unserer Gier nach Bauland die Natur zurückdrängen und uns dann plötzlich in einer Betonwüste wiederfinden. In die Sprache der Ökologie der Zeit übersetzt: Wer in der Gegenwart seine Lust maximieren will, der muss auch an die Zukunft denken, damit er auf der schnellen Suche nach Lust nicht ebenso schnell in einer Beschleunigungsfalle landet. Um kluge Lust durch Müßiggang entdecken zu können, sollten wir zuallererst die Einfalt der dummen Lust überwinden – die Fixierung auf materiellen Konsum, Geld und auch auf Arbeit. Das Arbeitsethos ist nichts anderes als die Begleitmusik zur Ideologie von der Klugheit und Fairness des Marktes und zum Mythos der Leistungsgesellschaft (Kapitel 3).

Man muss immer wieder in Erinnerung rufen, dass zwar die Arbeit so alt wie der Mensch selbst ist, ihre ideologische Verklärung aber erst seit wenigen Jahrhunderten die Köpfe der Menschen verdreht. In der griechischen Antike war Arbeit Sache der Sklaven, eines freien Bürgers unwürdig. Dessen Aufgabe waren die Staatsgeschäfte, die Pflege von Kultur und Wissenschaft und nicht zuletzt der schlichte Genuss des Lebens, die Veredelung des Genießens. Heraklit von Ephesos soll sich seines Vermögens, das er mit selbst erfundenen Ölmühlen erworben hatte, geschämt haben. Aber nicht deshalb, weil darin Sklaven arbeiten mussten, sondern weil er hohe mathematische Ideen durch ihre kommerzielle Anwendung quasi entweiht hatte. Auch im Mittelalter und in der frühen Neuzeit verboten Tradition und Recht dem Adel als der führenden Schicht der Gesellschaft jegliche gewerbliche Betätigung. Erst das Christentum begann mit der Aufwertung der Arbeit. Wer nicht arbeitet, soll auch nicht essen, heißt es schon im Neuen Testament. Die katholische Kirche setzte Gebet und Arbeit als unterschiedliche Formen des Dienstes an Gott gleich. Der Calvinismus verstieg sich sogar zu der Behauptung, dass der berufliche Erfolg eines Menschen das Zeichen Gottes für die Auserwähltheit dieses Menschen sei. Und als die Deutsche Arbeiterpartei, die spätere NSDAP, 1920 in ihr Parteiprogramm die »Adelung der deutschen Arbeit« aufnahm, konnte sie direkt an dieses christliche Arbeitsethos anschließen.

Heute jedoch, nachdem sich die menschliche Produktivkraft vor allem in den letzten 200 Jahren historisch beispiellos entwickelt hat, verrichten Sklaven aus Eisen einen Großteil der

Knochenarbeit und Sklaven aus Silizium einen Großteil der Denkarbeit. »Eine ungeheure Wende, eine wahrhaftige Revolution liegt hinter uns«, schreibt der Münchner Journalist Christian Schütze in seinem Essay *Frieden durch Faulheit*.[14] »Biblisch gesprochen, haben wir uns vom Arbeitsfluch, der seit der Vertreibung aus dem Paradies auf uns Menschen lastet, freigeschafft – nicht wir allein, sondern ungezählte Generationen vor uns haben daran mitgewirkt. Die Früchte getaner Arbeit fallen uns jetzt überreich in den Schoß.«[15] Wer heute noch den Sinn des Lebens und seinen eigenen Selbstwert wie selbstverständlich aus Arbeit und beruflichem Erfolg ableiten möchte und obendrein Arbeitsunwillige als Drückeberger und Schmarotzer diskriminiert, hat diesen Wandel nicht begriffen. Es ist an der Zeit, mit der dummen Lust auch die Arbeitsgesellschaft zu begraben, um mit der klugen Lust eine neue Gesellschaft der Muße zu begründen. Dass in ihr unter anderem *auch* gearbeitet wird, das ist und bleibt die Konsequenz des menschlichen Wesens.

Der Erziehungswissenschaftler Joseph Tewes hat in der Einleitung zu dem Buch *Nichts Besseres zu tun – über Muße und Müßiggang* eine treffende Charakterisierung des müßigen Verhaltens gegeben, die auch auf die kluge Lust übertragbar ist: Müßiges Verhalten ist *erstens* eine uralte Vorstellung von Vollkommenheit, davon also, wie Menschen ihr Leben leben wollen. »Wer ruhig und still ist, wird zum Führer des Alls« schreibt Lao Tse im 6. Jahrhundert v. Chr.[16] Gemeint ist vermutlich, dass müßige Ruhe und Stille die beste Gewähr dafür bieten, zu erkennen, wie tief wir in unserem Leben in die kosmische Ordnung eingebunden sind. Durch diese Erkenntnis lernen wir, uns selbst und unsere Bedürfnisse nicht ganz so wichtig zu nehmen. Ruhe und Stille einerseits und Selbstreflexion und Spiritualität andererseits befruchten sich gegenseitig – eine fundamentale Synergie zur Bereicherung des Lebens. Müßiges Verhalten dient *zweitens* nicht einem äußeren Ziel, sondern trägt seinen Sinn in sich. Während wir im Allgemeinen gewöhnt sind, die Mittel unseres Verhaltens auf einen Zweck hin zu beziehen, den es zu erreichen gilt, gehen im müßigen Verhalten Mittel und Zweck ineinander über. So wie der Sinn dieses Verhaltens in sich selbst ruht, ist

Wieviel Unheil allein durch Nichtstun verhindert werden kann!

dieses Verhalten *drittens* auch aus sich selbst heraus erstrebenswert und lustvoll. Der Müßige fühlt sich in seiner Muße wohl und geborgen. Müßiges Verhalten ist *viertens* aktiv und passiv zugleich. Müßiges Verhalten ist »tätiges Nichts-Tun«, bei dem es genauso viel auf das Tun wie auf das Geschehenlassen ankommt. Und dies führt uns *fünftens* zu jenem Charakteristikum, das für eine Ökologie der Zeit besonders wichtig ist: Müßiges Verhalten ist nicht einseitig linear ausgerichtet, sondern es kreist auch um sich selbst. Wichtig ist deshalb nicht primär, wie lange etwas dauert, also der *Chronos*-Aspekt der Zeit, sondern der richtige Augenblick, also der *Kairos* (Kapitel 6).

Zum fünften Merkmal der Muße, dem Geschehenlassen, gehört das Warten. Von den müßigen alten Griechen heißt es, sie hätten auf das »Geschenk der Götter« gewartet. Wenn wir heute die Kunst des Müßiggangs als tätiges Nichtstun pflegen, können wir auf etwas anderes warten: auf einen schöpferischen Moment, an dem etwas wie von selbst geschieht – dass sich plötzlich ein bestimmtes Gefühl einstellt, eine Entdeckung gemacht wird, eine Fügung ergibt. Warten, bis etwas innerlich gereift ist und dann wie von selbst herausbricht. Ein Freund hat mir zum Beispiel erzählt, dass er vor kurzem innerhalb von zwei Tagen ein komplettes Schlafzimmer gebaut habe, mit allem Drum und Dran, nachdem er dieses Projekt zwei Jahre lang vor sich hergeschoben habe. Hätte er nicht gewartet, bis es reif war, sondern es pflichtgemäß rechtzeitig erledigt, hätte er, so seine Einschätzung, bestimmt acht Wochen gebraucht – und es wäre dennoch nichts Rechtes geworden.

Beim Warten auf den richtigen Augenblick kommt es auf die wache Aufmerksamkeit an. Dies ist der aktive Teil des tätigen Nichtstuns. Der Wartende sollte sich deshalb vor zerstreuenden Aktivitäten hüten, sollte seine Sinne wach halten und verfeinern, eine »vernehmende Vernunft« entwickeln. Gemeint ist die Fähigkeit, »schauen zu können, ein Schauen, das das Allgemeine, die Ordnung der Dinge, ihr Wesen, ihren Grund unmittelbar erkennt. Muße schaut die Welt an, den Himmel, ein Stück Gartenland – lassend, staunend, vernehmend, erkennt sie mit Leichtigkeit und wie von selbst das Zusammengehören von Mensch und Natur, sie bemerkt die Ordnung des Ganzen und die Wahrheit als Offenheit des Seins.«[17] Jeder hat dieses Glück des Müßigseins schon an sich selbst erlebt, aber jeder auf andere Weise – im Kontakt mit sich selbst, mit anderen Menschen, mit der Natur.

Die Vielfalt der klugen Lüste und ihrer Zeiten

Woraufhin können wir die Aufmerksamkeit dieser »vernehmenden Vernunft« richten, um unser Leben zu vervollkommnen? Und welche Bedeutung hat in diesem Zusammenhang die Entschleunigung? Wer Fast Food durch Slow Food ersetzt, der kann seinen Essgenuss vervielfachen. Alles, was wir gemeinhin unter Kunst und Kultur im engeren Sinn zusammenfassen, gehört hierher: Zeichnen, Malen, Töpfern, Schnitzen, Singen, Musizieren, Tanzen, Theaterspielen, Lesen, Schreiben, Forschen, Basteln, Restaurieren usw. – solche Aktivitäten können jede Menge Genuss bereiten. Und sie tun dies meist auch auf eine kluge Art und Weise, weil sie in aller Regel wenig Geld kosten, wenig Natur verbrauchen, anderen Menschen nicht schaden, sondern obendrein oft sogar Freude bereiten können. Was für diese Formen des Genießens aber erforderlich ist, ist neben schöpferischen Kräften vor allem ausreichend Zeit. Auch das Reisen kann kluge Lust mit sich bringen, wenn es der Bereicherung des Reisenden dient und keine größeren Schäden anrichtet. Dazu muss man sich Zeit nehmen für naturnahe Fortbewegungsformen wie Wandern, Fahrradfahren oder Reiten. Man muss sich einlassen auf andere Menschen und ihre Kulturen, auf den oft mühsamen Austausch mit ihnen, der das Erlernen ihrer Sprache voraussetzt, auf den langsamen Prozess der wechselseitigen Öffnung, durch den allein Vertrauen unter Fremden entstehen kann. Solange sich freilich das Hamsterrad unerbittlich weiterdreht, Menschen über Jahrzehnte hinweg acht und mehr Stunden täglich arbeiten, weitere wertvolle Lebenszeit für den Weg zur Arbeit und wieder nach Hause verlieren und sich anschließend mit Konsumreizen bombardieren lassen, um wenigstens noch irgendetwas Schönes vom Leben zu haben, solange die Menschen all ihre Freiheitsbedürfnisse schließlich in ein paar Wochen Jahresurlaub unterzubringen versuchen, haben es diese Formen des klugen Genießens nicht gerade einfach, im Meer der dummen Lüste entdeckt zu werden.

Kluge Lust kann als Bereicherung des Lebens durch Selbsterweiterung gedeutet werden. Die Vielfalt der klugen Lüste ergibt sich aus der Vielzahl der Richtungen, in die sich der Mensch selbst erweitern kann. Und jede der Richtungen der Selbsterweiterung erfordert spezifische räumliche und zeitliche Bedingungen. Wir können uns *erstens* in Richtung auf uns selbst, also unseren Körper, unsere Sinnlichkeit, unsere Neugierde und Kreativität erweitern. In den großen asiatischen und europäischen Weltreligionen genauso wie in indianischen Traditionen gibt es vielfältige Rituale und Erfahrungen, wie der Mensch durch bestimmte Techniken sein Leben bereichern und sich selbst durch Konzentration auf seinen inneren Kern hin, auf seine Herkunft und Zukunft, auf das Jenseitige bzw. Göttliche entdecken kann: das bewusste Atmen, die asketische Einsamkeit, das Fasten und das Schweigen, die Visionssuche, ja sogar das Laufen. In Japan gibt es buddhistische Mönche, die täglich eine Marathondistanz laufen, und das 100 Tage lang. Ziel solcher »kostenlosen Körpertechniken«[18] ist es, materielle und körperliche Rahmenbedingungen zu schaffen, in denen die Seele des Menschen von Ablenkungen befreit zum Wesentlichen finden kann. An diese Techniken wird heute auf einem immer unübersichtlicher werdenden Dienstleistungsmarkt vielfach angeknüpft. Dabei geraten einige jener Techniken, die kostenlos verfügbar sind wie zum Beispiel das Fasten oder Schweigen, genau aus diesem Grund ins Hintertreffen.[19]

Außer auf uns selbst können wir uns *zweitens* auch in Richtung auf unsere soziale und kulturelle Mitwelt erweitern. Indem wir uns für die Lebenswelt anderer Menschen interessieren, uns in deren Perspektiven und Gefühle hineinversetzen, bereichern wir uns selbst. Dazu müssen wir vor allem gemeinsame Erlebnisse schaffen. Vielleicht sollten wir öfter mal Zeit anstatt Geld oder Sachen verschenken. Die Berichte von Menschen, die zum Beispiel bei Hochwasserkatastrophen Sandsäcke schleppen und bei der Evakuierung von Dörfern helfen, sind bekannte Beispiele hierfür. Vermutlich sind gerade die genussfähigsten Menschen auch am sensibelsten für andere. Die Berliner Sozialwissenschaftlerin Ulrike Schumacher hat Menschen, die sich in Bürgerinitiativen engagieren, nach ihren Motiven und Erfahrungen befragt.[20] Viele gaben an, sie wollten nicht nur immer meckern, sondern selbst in die Gestaltung ihrer Lebensbedingungen aktiv eingreifen. Auch wenn ihr Engagement oft keinen direkten Erfolg zeige, so bewerteten die Befragten ihre Erfahrungen überwiegend als persönlichen Gewinn: Sie hätten sich neuen Herausforderungen gestellt, dazugelernt und dabei vor allem die Vorzüge einer kooperativen Arbeitsweise erfahren, auch wenn Lust und Last sich oft die Waage gehalten hätten. Besonders für Menschen, die beruflich wenig gefordert sind, biete die Arbeit in solchen Netzen einen willkommenen Ausgleich. Beim ehrenamtlichen Engagement, so das überwiegende Resümee, stehe man mehr dahinter als im Beruf, weil man aus eigenem Antrieb tätig sei und Aufgaben selbstständiger aufgreifen und bewältigen könne.

Selbsterweiterung kann *drittens* in Richtung auf unser Verhältnis zur außermenschlichen Natur erfolgen. Gemeint ist der Genuss, den sowohl das unmittelbare Naturerleben selbst, das Schauen, das Hören, das Riechen und Fühlen bereiten kann wie auch das Erforschen der dahinter stehenden Ordnungen und Gesetzmäßigkeiten. Der Weltreisende und Naturforscher Alexander von Humboldt war gewiss kein Müßiggänger im landläufigen Sinn, aber er verstand offenbar viel vom Genießen. Für Humboldt waren der Anblick der Vielheit und die Erkenntnis der Einheit der Natur zwei Stufen des Naturgenusses, und er war davon überzeugt, dass die zweite Stufe die erste nochmals zusätzlich bereichern könne.[21] Die Umweltpädagogin Sybille Kalas macht Vorschläge, wie sich der von der Natur immer mehr entfremdete Mensch der Natur probehalber wieder annähern könnte: zum Beispiel durch genussvolles Gehen im Rhythmus des eigenen Atems, Aufsuchen magischer Plätze, an denen Blicke und Gedanken schweifen können, wo man sich anlehnen kann und geborgen fühlt und das Gefühl aufkommt dazuzugehören.[22] Man könnte aber auch einfach einmal versuchen, mit den Vögeln oder mit der Sonne aufzustehen und ins Bett zu gehen und sich tagsüber von Wind und Wolken treiben zu lassen.

Vom Fast Sex zum Tantra-Sex

»Unsere erste Liebesnacht war anders als alles, was ich bisher erlebt hatte, es war wie eine Initiation in ein Mysterium. Unsere Körper drängten nach Nähe, nach Sex. Es verschlug mir fast den Atem, ihn so dicht bei mir zu haben. Mir war ganz heiß vor Aufregung, und ich wollte ihn endlich in mir spüren. Jetzt gleich sollte er zu mir kommen – so war ich es gewohnt. Es war fast wie ein Schock für mich, als er mir genau in diesem Augenblick zuflüsterte: ›Wir haben Zeit, unendlich viel Zeit miteinander.‹ Es war keine Ablehnung in seinen Worten, sie klangen eher wie eine liebevolle Einladung. Er streichelte mich behutsam, während er zu mir sprach, und schaute mir dabei in die Augen ... Es war, als ob wir gemeinsam höher schwebten ... Wir taten nicht viel. Ich fühlte mich wie auf einer Welle, die mich mit meinem Geliebten zusammen immer höher trug, und wir überließen uns einfach diesem sanften Rhythmus ... Mein Körper wurde von fein rieselnden Wellen durchflutet ... und wir glitten in eine Weite ohne Grenzen. Viele Stunden waren wir in diesem Zustand des Verweilens zusammen, ein sanftes, fast bewegungsloses Gleiten, das uns beide tief erfüllte.«[23]

Das »orgasmische Erleben« im Tantra-Sex ist das schroffe Gegenstück zum Quickie der Fast-Sex-Kultur: Die Liebenden haben »unendlich viel Zeit«, sie werden »wie auf einer Welle« getragen, es geht in »sanftem Rhythmus« immer »höher«, sie gleiten »in eine Weite ohne Grenzen«. Tantra ist eine viele Jahrtausende alte fernöstliche Lehre, die ursprünglich aus Indien stammt, aber auch mit dem chinesischen Taoismus verwandt ist. Das Sanskritwort *Tantra* bedeutet »verweben«, »unendlich ausdehnen«. Gemeint ist nicht nur die Vereinigung mit dem Liebespartner. Vielmehr ist allen tantrischen Schulen gemeinsam, dass ihnen der bewusste Umgang mit sexueller Energie als Weg zu Gott, zur Erleuchtung des Menschen gilt.[24] In der hinduistischen Mythologie ist die Schöpfung ein erotischer Akt. Die Welt entsteht durch die sexuelle Vereinigung des Gottes Shiva mit der Göttin Shakti. Shiva verkörpert dabei das reine Bewusstsein im Zustand höchster Ekstase, Shakti die reine Energie. Durch das Verweben von Geist und Energie entsteht etwas Neues, nämlich höheres Leben, und zugleich entsteht die höchste Lust, die dem Menschen möglich ist.

Die Erforschung dieses Weges, der zu Gott und zur Lust gleichermaßen führt, beginnt beim Einzelnen, beim »inneren Kind«, und führt über das Zusammenweben mit dem Liebespartner hin zum großen Gewebe des Kosmos bzw. des Göttlichen. Tantra geht davon aus, dass unser Leben wie unsere Sexualität von vier Grundkräften gespeist und gestaltet wird: dem Körper, dem Geist, dem Gefühl und der Seele. In die Sprache des Westens übersetzt: Tantra ist keine bloße Strategie zu besserem Sex, der sexualpädagogische Ansatz ist vielmehr zugleich in ein gesundheits-, kommunikations- und religionspädagogisches Gesamtkonzept integriert – also im Kern eine Lebensphilosophie.

Tantra-Sex ist radikal entschleunigter Sex. Wie zwei Instrumente gestimmt werden müssen, bevor sie zusammen spielen, stimmen sich Liebende aufeinander ein, ehe sie sich wirklich begegnen und verweben. Im Anschluss an die Einstimmung wird die sexuelle Energie langsam erweckt und die Erregung aufgebaut, was uns ja auch viele Tiere mit ihren Balztänzen vormachen. In das so genannte Vorspiel wird, so die tantrische Lehre, der gesamte Körper einbezogen. Steuern die Liebenden zu schnell auf den Orgasmus zu, bleibt die sexuelle Spannung niedrig und ist zumeist auf die Genitalien beschränkt. Wie zwei Tiger, in deren geschmeidigen Bewegungen schon die ganze Kraft ihrer Wildheit lauert, können Liebende sich langsam einander annähern. An die Stelle einer linearen Bewegung hin zu einem explosiven Gipfelorgasmus tritt im Tantra-Sex eine wellenförmige Höherbewegung, in der die sexuelle Erregung immer wieder gebremst wird und die Energie abfließen und sich so verfeinern kann. Sanfte Berührungen und tiefe Beckenatmung unterstützen den energetischen Fluss. Die Liebenden bereiten ihre Körper darauf vor, die Energie zu halten, der Körper soll zum Gefäß des kostbarsten Elixiers, der Lebensenergie, werden.

Der Orgasmus selbst ist im Tantra-Sex ein lang anhaltender Zustand, in dem die Liebenden ihre Körper nicht mehr als etwas Materielles spüren, sondern als innere Ausdehnung erleben. Das sanfte Landen, das Ausklingen der Erregung, der Abschluss des sexuellen Zyklus erfordert nicht weniger Zeit als sein Beginn, damit die Liebenden das Erlebte ganz in sich aufnehmen können. Und im Anschluss an den Liebesakt, wenn das Leben weitergeht, fühlen sich die Liebenden wie verwandelt: Sie tun alles »langsamer, bewusster, liebevoller«.[25] Die sexuelle Lust in diesem tantrischen Sinn kann als Inbegriff der klugen Lust gelten. Sie verbraucht keine Naturressourcen, sie nimmt niemandem etwas weg, und sie ist ausgesprochen gesund für Leib und Seele. Wir brauchen lediglich einen Partner, den wir lieben, einen Raum, der uns schützt, und vor allem Zeit, viel Zeit – die Eigenzeit der sexuellen Begegnung.

Warum also geht es uns besser, wenn wir uns Zeit lassen? Weil uns erst das Innehalten im Tagesgeschäft die Möglichkeit gibt, die dem Leben zugrunde liegenden letzten Fragen, die Fragen nach seinem Sinn und seiner Richtung, zu stellen und die einmal gegebene Antwort ggf. auch wieder zu korrigieren. Nur wer sich seiner Prioritäten sicher ist, der hat ein klares Kriterium, das ihn vor einem hektischen Hin und Her bewahrt. Warum Zeit lassen? Weil wir Zeit und einen weiten Blick benötigen, um kluge von dummen Formen des Genießens zu unterscheiden. Nur wer in seine Lustbilanz wirklich den ganzen Aufwand und alle Folgekosten einbezieht, der wird am Ende nicht enttäuscht sein. Warum Zeit lassen? Weil unsere Bedürfnisse eine gewisse Reihenfolge und gewisse Voraussetzungen der Befriedigung verlangen, und weil es seine Zeit dauert, bis Kopf, Herz und Hand zusammen klingen und wir uns mit uns selbst eins fühlen können. Nur wer sich ein solides Fundament für das Genießen verschafft, der ist vor Irrwegen und bösen Überraschungen geschützt und kann den Genuss auch wirklich auskosten. Warum Zeit lassen? Weil uns erst der Wohlstand an Zeit in die Lage versetzt, zwischen verschiedenen Formen der Lebensgestaltung wirklich zu wählen. Nur wer ausreichend Zeit für ein selbst bestimmtes Leben hat, kann jene Kombination von Güterausstattung, eigener Tätigkeit und Müßiggang wählen, die seinen individuellen Vorstellungen vom Leben am ehesten gerecht wird. Müßiggang als tätiges Nichts-Tun, als wache Aufmerksamkeit für neue Qualitäten des Lebens, als spiralförmige Bewegung zur Intensivierung der Lust, kann das Leben in alle drei Richtungen – Individuum, soziale Mitwelt, natürliche Umwelt – erweitern und damit bereichern.

Eine solche Bereicherung dürfte auch der denkbar beste Schutz vor Wiederansteckung nach der Genesung von der Beschleunigungskrankheit sein. Wer nämlich so viel Reichtum gewonnen hat, der lässt sich nicht mehr hetzen. Er kann auch gar nicht mehr so schnell und flexibel sein, sein Leben hat zu viel Gewicht bekommen. Er lässt das Hamsterrad Hamsterrad sein und bewegt sich lieber auf seine eigene Weise – so wie die Hamster der freien Wildbahn.

»Ich kannte einen Hund,
der war so groß wie ein
Mann, so arglos wie ein
Kind und so weise wie
ein Greis.
Er schien soviel Zeit zu
haben, wie in ein Men-
schenleben nicht geht.
Wenn er sich sonnte und
einen dabei ansah, war
es, als wollte er sagen:
›Was eilt ihr so?‹
Und er hätte es bestimmt
gesagt, wenn man nur
gewartet hätte.«

Karl Kraus

Gott gebe mir die Gelassenheit, Dinge hinzunehmen, die ich nicht ändern kann, den Mut, Dinge zu ändern, die ich ändern kann, und die Weisheit, das eine vom andern zu unterscheiden.

Schluss

Und jetzt?
Was wir tun und was wir lassen können

Wer die Beschleunigungskrankheit nur immerzu beklagt, dem wird schnell vorgehalten, er habe keine Lösungen. Wer Lösungen entwirft, der muss mit dem Vorwurf rechnen, seine Ideen seien unrealistisch und er sei überhaupt ein Träumer. Dieses Buch beansprucht beides: die Wirklichkeit abzubilden und neue Möglichkeiten zu eröffnen.

Ein kurzer Rückblick

Blicken wir noch einmal kurz zurück. Da waren zunächst die Symptome und die Prognose der Beschleunigungskrankheit. Sehr früh schon werden Menschen an das Leben im Hamsterrad gewöhnt, das nahezu alle Lebensbereiche prägt: das Lernen und Arbeiten, das Konsumieren, die Organisation von Wirtschaft und Staat, die Gestaltung des Lebenslaufs. Nicht nur unser Gefühl, auch wissenschaftliche Erkenntnisse zeigen uns, dass uns das Maß an Tempo und Flexibilität, das uns zugemutet wird, nicht gut bekommt. Es überfordert unser psychisches und physisches Immunsystem, also unsere Innenwelt, genauso wie die soziale Mitwelt und die natürliche Umwelt – immer häufiger mit tödlichem Ausgang. Die Beschleunigungskrankheit ist eine Suchterkrankung im doppelten Sinn: Der Patient ist »siech« *durch* und »suchend« *nach* fortwährender Temposteigerung. Unsere Versuche, individuelle Fluchtwege zu finden, führen mit großer Regelmäßigkeit in Sackgassen. Entweder der Zeitdruck holt uns schnell wieder ein und das Hamsterrad wirbelt uns dann umso gnadenloser herum. Oder die gelingende Flucht einiger weniger Privilegierter führt dazu, dass der im Hamsterrad verbleibende »Rest« umso mehr strampeln muss und umso schneller erschöpft ist. Wenn einige von ihnen in dem Bewusstsein, im großen Rennen jegliche Perspektive zu verlieren, mit letzter Kraft zurückschlagen und wenn auch die Natur sich für die Vergewaltigung durch den Menschen rächt, dann hat sich die Erschöpfungskatastrophe nur auf eine andere Ebene verlagert.

Symptome und Prognose zeigen etwas Weiteres: Die gängigen Erklärungen, die die unangemessenen Geschwindigkeiten und ihre zerstörerischen Konsequenzen lediglich auf die menschliche Gier, den Unverstand Einzelner oder auch eindimensional auf wirtschaftliche »Sach«-Zwänge als letztliche Erklärung zurückführen, können einer kritischen Prüfung nicht standhalten. Auch wenn es vielen schwer fallen mag: Wir müssen uns von etlichen vertrauten Vorstellungen über unsere Wirtschaftsordnung und das ihr zugehörige Leistungsethos verabschieden. Wenn die Wurzeln der Krankheit erkannt werden sollen, muss sich der Diagnostiker mit einer anderen, einer nicht individualisierenden und nicht moralisierenden Sicht anfreunden: Der »Sach«-Zwang der Beschleunigung ist von den Menschen gemeinsam hergestellt worden und kann demzufolge nur von ihnen gemeinsam wieder beseitigt werden.

Vor einer Therapie, die nicht nur erste Hilfe für Einzelne sein, sondern auch präventiv wirksam werden soll, brauchen wir eine umfassende Analyse des Wesens und der Entstehungsgeschichte der Krankheit. Zwar zeigt die biologische und noch deutlicher die kulturelle Evolution das Moment der Beschleunigung, aber erst die neuzeitliche Wirtschaftsordnung und ihre weltweite Durchsetzung hat der Welt das heutige Ausmaß an Hetze aufgezwungen. Es ist die Logik des Geldes bzw. das Wachstum des Kapitals, das den Motor des Hamsterrades letztlich antreibt und den Turbokapitalismus programmiert. Sein Wesen ist die immer schnellere Produktion um der Produktion willen, die notwendigerweise die Erfordernisse der Reproduktion immer mehr verfehlen muss. Wenn man, im Gegensatz zur herrschenden Wirtschaftstheorie, die Zeitdimension im Zusammenwirken der Märkte genauer untersucht, stellt man eine Zeithierarchie der Märkte fest: Der schnellste Markt, der Geld- bzw. Kapitalmarkt, schlägt den Takt für alle übrigen Märkte, treibt also das Hamsterrad letztlich an und zwingt uns – wenn wir nichts dagegen unternehmen – in den globalen Erschöpfungstod.

Im Gegensatz zum Hamster hat der Mensch die Möglichkeit, durch genaue Beobachtung und gründliches Nachdenken jene Zeitmaße herauszufinden, die ihm angemessen sind. Nur der Mensch kann sein bisheriges und gegenwärtiges Denken und Verhalten reflektieren und dementsprechend für die Zukunft korrigieren. Untersucht man die Vielfalt der Austausch- und Verarbeitungsprozesse in der Natur, in der Kultur und Gesellschaft und beim einzelnen Menschen genauer, so zeigen sich je spezifische Eigenzeiten und Elastizitäten. Wenn diese missachtet werden, kommen die Austausch- und Verarbeitungsprozesse zum Erliegen und das Leben von Organismen und Systemen erlischt. Die Ökologie der Zeit kann uns lehren, wie unbelebte und belebte Systeme in ihren Umwelten mit Zeit umgehen, genauer: wie sie ihre Vorräte und Kräfte zeitlich klug einteilen und angemessene Zyklen und Geschwindigkeiten ausbilden. Zeitgemäßes Wirtschaften hat, im Gegensatz zum Turbokapitalismus, als oberstes Gebot die Erhaltung dieser Eigenzeiten zum Ziel. Ein Blick in die Geschichte und in aktuelle, aber bisher noch kaum wahrgenommene Diskurse zeigt, dass es – entgegen dem allgegenwärtigen neoliberalen Glaubensbekenntnis – viele Alternativen zur herrschenden Wirtschaftsordnung gibt. Und: Diese Alternativen bieten bessere Möglichkeiten, die evolutionär entstandenen Eigenzeiten und Elastizitäten zu respektieren.

Eine grundlegende Therapie der Beschleunigungskrankheit besteht in einer globalen und langfristigen Neuprogrammierung des Wirtschaftens: in der Umorientierung vom Ziel der Produktion zum Ziel der Reproduktion, von der Herrschaft der Programmzeiten der Geldverwertungszwänge zur Herrschaft der Eigenzeiten von Mensch, Gesellschaft, Kultur und Natur. Entschleunigung meint nicht generelle Verlangsamung, sondern das Zurückschalten zu angemesseneren Geschwindigkeiten. Eine Entschleunigungstherapie kann an viele bereits existierende Entschleunigungsinitiativen anknüpfen, die heute schon einzelne Lebensbereiche wie zum Beispiel Ernährung, Arbeitswelt oder Finanzmärkte vom Tempodiktat befreien wollen. Die Ökologie der Zeit bietet einen Rahmen, mit dessen Hilfe diese Initiativen einander kennen lernen, miteinander ins Gespräch kommen und sich vernetzen können. Eine solche Vernetzung könnte, so meine Hoffnung, die bisher vereinzelten Entschleunigungskräfte bündeln und synergetisch vervielfachen. Konkretes Ziel solcher Synergien der Entschleunigung sollte die Entwicklung einer neuen Form von Politik sein: einer Zeitpolitik, die es den Menschen erlaubt und sie sogar dafür belohnt, dass sie die Eigenzeiten von Körper und Psyche, der sozialen und kulturellen Mitwelt und der natürlichen Umwelt respektieren. Zeitpolitik wäre der Einstieg in den Ausstieg aus dem Turbokapitalismus. Ein solcher Ausstieg erfordert nicht Verzicht auf Bedürfnisbefriedigung, sondern im Gegenteil das Ende des Verzichtens. Wenn wir uns Zeit lassen, geht es uns besser – nicht nur, weil wir weniger zerstören, sondern weil wir völlig neue Formen und Intensitäten des Genießens entdecken werden.

Kulturelle Revolution – aber welche?

Was könnten wir tun? Was könnten wir lassen? Die Antwort lautet: Wir sollten das Gegenteil von dem tun, was uns von den Predigern der Marktideologie ständig eingetrichtert wird. Einer von ihnen, der viel zitierte Politikberater und Direktor des Bonner Instituts für Wirtschaft und Gesellschaft Meinhard Miegel, hat dieses Rezept unter der Überschrift »Der Markt wird es richten« vor kurzem für das *Handelsblatt* prägnant formuliert:[1] Der Mensch neige von Natur aus zum Müßiggang, wolle sich nicht übermäßig anstrengen und hetzen lassen, würde am liebsten ein Leben lang im selben Beruf arbeiten, lege darauf Wert, Familie und Beruf miteinander vereinbaren zu können und wünsche sich obendrein noch ausreichend Freizeit.

Diese Haltung, so Miegel, die seit 30 Jahren in Deutschland besonders ausgeprägt und durch die »sozial allzu weiche« Abpolsterung des Marktes bedingt sei, führe zum unweigerlichen Abstieg des deutschen Volkes. »Die Deutschen müssen sich entscheiden. Sie können am Vertrauten festhalten und weitermachen wie bisher, oder sie können mit tief verinnerlichten Sicht- und Verhaltensweisen brechen und beherzt einen anderen Kurs einschlagen.« Einen Spitzenplatz zu erobern und zu behalten, sei in Sport, Kunst und auch in der Wirtschaft eine äußerst schweißtreibende Angelegenheit. Sie erfordere, dass jeder sein Bestes gebe. Konflikte zwischen Beruf und Privatleben müssten »im Allgemeinen zu Lasten des Letzteren« gelöst werden.[2] Und man höre und staune: Da die Menschen dies alles nicht wollten, so die Pointe in Miegels Argumentation, müssten sie erst dazu gezwungen werden, genauer: Sie müssten sich selbst dafür entscheiden, sich zwingen zu lassen, und zwar durch die Autorität des Marktes: Nicht nur in der Wirtschaft, sondern in vielen Lebensbereichen müsste der »weithin abgestorbene Markt« reaktiviert werden. »Denn der Markt belohnt und bestraft mit eiserner Konsequenz und setzt so Kräfte frei, die sonst erlahmen.« Die Rettung, so Miegels Philosophie, könne letztlich nicht aus der Wirtschaft selbst kommen. Nötig sei eine »außerordentliche kulturelle Leistung«.

Miegel hat Recht: Wir brauchen eine kulturelle Revolution. Aber eine ganz und gar andere, nämlich eine, die die Natur des Menschen, seine Neigungen und Vorstellungen davon, was ihm im Leben wichtig ist, gerade *nicht* für den rechten Glauben an eine bestimmte Wirtschaftsordnung opfert. Ganz im Gegenteil: Die Wirtschaftsordnung muss so konstruiert werden, dass sie der Natur des Menschen gerecht wird. Die kapitalistische Marktwirtschaft und ihre leistungsethische Begleitmusik kann diese Anforderung nicht erfüllen. Die von Miegel zugrunde gelegte Lehre vom reinen Markt ist nichts als eine Ideologie, die der Rechtfertigung herrschender Interessen durch Verdummung der Beherrschten dient. Die fortgesetzte Propagierung dieser Ideologie kommt einer Gehirnwäsche gleich, der Plan ihrer Ausdehnung auf andere Lebensbereiche trägt totalitäre Züge. Das Rettungsprogramm Miegels würde Deutschland in der Tat einen Spitzenplatz einbringen – im Wettrennen um die Zerstörung der Lebensgrundlagen. Je mehr Völker sich zudem der »eisernen« Autorität des Marktes unterwerfen, desto schneller würde sich die Abwärtsspirale bis zum globalen Erschöpfungstod drehen.

Was wir tun können

Zum Abschluss nun ein Vorschlag für ein Entschleunigungsprogramm, das beansprucht, von dem Menschen auszugehen,
wie er ist. Dieses Entschleunigungsprogramm möchte die persönliche und die gesellschaftlich-politische Ebene miteinander
verbinden. Jede Veränderung muss beim Einzelnen beginnen,
darf aber nicht bei ihm stehen bleiben. Ratgeber für das individuelle Selbstmanagement empfehlen ihren Klienten gern ein
Zwei-Listen-Konzept: Was ist mir wichtig? Und: Worauf verwende ich meine Zeit?[3] Aus der Diskrepanz sollen die Klienten
dann ihre Verhaltenskorrekturen ableiten. Wenn es jedoch auf
die Verbindung zwischen einer individuellen und einer kollektiven Strategie ankommt, dann wäre ein Drei-Listen-Konzept
nötig: Was ist mir wichtig? Worauf verwende ich meine Zeit?
Und wann versuche ich mit anderen zusammen, Bedingungen
herbeizuführen, die die Diskrepanz zwischen der ersten und der
zweiten Liste verringern helfen?

Grundvoraussetzung für ein solches integriertes Entschleunigungsprogramm ist, dass wir in unserem Tagesgeschäft einmal innehalten, uns eine kleine Zeitinsel reservieren: einen
Abend, einen Feiertag, ein Wochenende – für nichts anderes als
dafür, uns unsere Erfahrungen im Umgang mit Zeit bewusst
werden zu lassen. Eine solche Reflexion als *erster* Schritt eines
persönlichen Entschleunigungsprogramms richtet sich zunächst auf das Hier und Jetzt: In welchen Situationen wird mir
die Zeit zu knapp, spüre ich also Zeitdruck? Aber auch: Wann
wird mir die Zeit zu lang, spüre ich Langeweile? Und wann bin
ich ganz bei mir und ganz in der Zeit, sodass die Zeit wie im Fluge vergeht? Eine solche Reflexion könnte sodann auf Vergangenheit und Zukunft ausgreifen: Welche Vorgeschichte und
welche äußeren Bedingungen führen immer wieder zu jenen

Situationen, in denen ich Zeit als etwas Lästiges oder gar Schmerzliches erfahre? Und: Welche Erwartungen habe ich an meinen zukünftigen Umgang mit Zeit, und inwiefern müssten dafür in der Zukunft die Weichen anders gestellt und die Bedingungen anders gestaltet werden?

Eine solche Bestandsaufnahme ruft vermutlich eine ungeordnete Vielfalt von Aspekten der persönlichen Zeitpraxis ins Bewusstsein: die Ernährung, den Umgang mit der Gesundheit, zeitliche Gewohnheiten im Familienleben und am Arbeitsplatz, die Pflege von Beziehungen zu Freunden und Bekannten, vielleicht sogar die Sorge um weniger entwickelte Weltregionen oder um die Lebensbedingungen zukünftiger Generationen. Im Anschluss an eine solche Bestandsaufnahme wäre es in einem *zweiten* Schritt sinnvoll, einen persönlichen Schwerpunkt zu setzen. In welchen Situationen besteht in Bezug auf den Umgang mit Zeit für mich die größte Diskrepanz zwischen dem, was mir eigentlich gut tut, und dem, was ich tatsächlich mache? In welchem Bereich also ist mein Veränderungsbedarf am größten? Welche Spielräume habe ich, in diesem Bereich mein bisheriges Verhalten zu verändern? Welche äußeren Bedingungen beherrschen diesen Bereich bisher und müssen in Zukunft neu gestaltet werden? Bei der Festlegung des persönlichen Schwerpunkts der Entschleunigung sollten also sowohl die persönlichen Bedürfnisse als auch die persönlichen Spielräume berücksichtigt werden. Vermutlich sind die Entschleunigungsbedürfnisse bei der Mehrzahl der Menschen am Arbeitsplatz am größten, also dummerweise dort, wo sie nicht Herr ihrer Zeit sind.

Nach der Schwerpunktbildung sollten wir uns in einem *dritten* Schritt auf die Suche nach jenen Kräften begeben, die eine Veränderung herbeiführen können. Diese Kräfte, die sowohl in uns selbst wie in unserer Umwelt schlummern, müssen aufgeweckt, gestärkt und organisiert werden. Dies geschieht allein schon dadurch, dass wir uns bewusst machen, was wir selbst in der Vergangenheit bei ähnlichen Veränderungsvorsätzen bereits erreicht haben. Es gibt kaum jemanden, der nicht schon an sich selbst erfahren hat, dass Fantasie, Experimentierfreude und Beharrlichkeit ungeahnte Erfolgserlebnisse nach sich ziehen. Kräfte der Veränderung werden auch durch die Erfahrung mobilisiert, dass es anderen genauso geht wie einem selbst und dass es offenbar nur unterschiedliche Formen der Verarbeitung von Zeitmangel gibt. Je stärker bei der Schwerpunktbildung Bereiche festgelegt wurden, in denen eine veränderte Zeitpraxis an veränderte äußere Bedingungen gebunden ist, desto wichtiger wird es, in diesem dritten Schritt Leidensgenossen zu finden. Vor allem am Arbeitsplatz wird es darum gehen, mit ihnen zusammen dafür zu sorgen, dass die zeitlichen Bedürfnisse der Arbeitnehmer Berücksichtigung finden: etwa bei der Gestaltung von Dienstplänen mit Rücksicht auf die Bedürfnisse der Familie, bei der Einrichtung telefonfreier Zeiten mit Rücksicht auf das Bedürfnis nach störungsfreien Arbeitsphasen, bei der Ermöglichung des Mittagsschlafs am Arbeitsplatz mit Rücksicht auf den Biorhythmus, bei der Bereitstellung von Stehpulten mit Rücksicht auf die Eigenzeiten der Wirbelsäule etc.

Bei der Suche nach Synergiepartnern kann gefragt werden: Wem geht es ähnlich wie mir? Mit wem könnte ich meine Erfahrungen austauschen? Wo und wann könnten wir uns treffen? Welche Mittel haben wir, weitere Menschen auf unser Anliegen aufmerksam zu machen und Einfluss zu gewinnen? Gibt es an meinem Wohnort oder Arbeitsplatz bereits Netzwerke oder Organisationen, die mich oder uns unterstützen könnten? Gibt es vielleicht gar in der Nähe eine Slow-Food-, eine Zeitverzögerer-, eine Attac-Gruppe? Oder einen kirchlichen oder gewerkschaftlichen Kreis oder ganz einfach ein paar Mütter oder

Väter, die sich für eine familiengerechtere Arbeitswelt engagieren wollen, Menschen, die sich biologisch ernähren wollen, oder einen Partner für das Carsharing? Man könnte sich zusammentun und die zeitlichen Nöte des Alltags einmal grundsätzlich zum Thema machen. Man könnte das Bewusstsein dafür schärfen, dass die Opfer des Hamsterrads einen gemeinsamen Gegner haben, den sie auch nur gemeinsam bezwingen können. Auf der Basis dieser Erkenntnis könnte ein Netzwerk der Entschleuniger geknüpft werden, mit dessen Hilfe Zeitpolitik mehrheitsfähig und somit der Einstieg in eine andere, eine zeitbewusstere Form des Lebens möglich wird.

Was wir lassen können

Es gibt also viel zu tun. Woher aber die Zeit und die Energie für all das nehmen? Meine Antwort: Wir können vieles von dem sein lassen, was wir bisher denken und tun.

Was heißt Seinlassen in Bezug auf unser Denken? Wie wäre es, einmal damit aufzuhören, alles, was uns ungewohnt erscheint, weil es von den herrschenden Güte- und Leistungsstandards abweicht, immer gleich abzuwerten? Zum Beispiel wenn jemand nicht auf modische Kleidung achtet oder im Beruf nicht ehrgeizig ist oder überhaupt nicht arbeiten will? Oder wenn ganze Kulturen sich nicht um das Leistungsethos der kapitalistisch industrialisierten Welt kümmern? Aufmerksam, neugierig, offen sein, ohne gleich zu bewerten – das wäre ein *erster* Schritt auf dem Weg zum Lassen.

Und was heißt Seinlassen in Bezug auf unser Tun? Wir können *zweitens* von einigen in unserem Alltag fest verankerten Gewohnheiten Abstand nehmen. Zunächst vielleicht nur probeweise, um zu testen, wie wir uns dabei fühlen. Wir könnten probieren, wie es wäre, wenn wir den Feierabend einmal nicht vor dem Fernseher verbrächten, wenn wir am Wochenende einmal nicht von einem Event zum nächsten hetzten, wenn wir zum Zweck der Erholung einmal nicht mit dem Flugzeug den Kontinent wechselten. Wir könnten probieren, wie es wäre, wenn wir beim Einkaufen, Kochen und Essen einmal nicht auf Schnelligkeit achteten, wenn wir Musik oder Theater einmal nicht in Konservenform zu uns nähmen, wenn wir unsere Reiseeindrücke einmal statt mit High-Tech-Geräten mit dem Zeichenstift festhielten. Wir könnten probieren, wie es wäre, wenn wir im Umgang mit unseren Arbeitskollegen, Partnern und Kindern eingetretene Bahnen einmal verließen, wenn wir unsere Kollegen einmal nicht unter Leistungs- und Konkurrenzdruck setzten, wenn wir Sex einmal nicht nach dem Stundenplan machten, wenn wir unsere Kinder einmal nicht zur Nachahmung der Erwachsenen erzögen. Und wir könnten ggf. einmal probieren, wie es wäre, wenn wir einen Teil der Lebenszeit, die wir bisher für Arbeit und Konsum verwenden, einfach Eigenzeit sein ließen. Dies alles wären Formen der Selbsterweiterung, die zwar in quantitativer Hinsicht teilweise Zeit kosten, aber neue Qualitäten von Zeit erschließen könnten.

Kurz: Wir könnten die herrschenden Konventionen und Standards probehalber einmal sein lassen, was sie sind – ungeschriebene Gesetze, zu deren Einhaltung niemand verpflichtet ist, zu deren Einhaltung die meisten sich nur ohne Not verführen lassen. Dazu müssen wir freilich, wie bei allen Therapien, insbesondere von Suchterkrankungen, die Angst überwinden, zwischenzeitlich auch einmal die sichere Orientierung zu verlieren. Wenn uns dies gelingt, könnten wir unser Leben von überflüssigem Ballast befreien, es gewissermaßen vereinfachen. Lassen statt tun, das wäre eine reizvolle Alternative – und schauen, was geschieht.

Und wie lange dauert das alles noch?

Wie lange wird es dauern, bis solche »Gesetzes«-Übertretungen nicht mehr in jedem Fall geahndet werden? Wann werden die Spielregeln unseres Lebens so umprogrammiert sein, dass nicht derjenige durch Ansehen und Anerkennung belohnt wird, der sich und andere hetzt, sondern derjenige, der sich und anderen Zeit lässt? Wie lange wird es dauern, bis schließlich auch der Staat die Aufgabe der Zeitpolitik ernst nimmt, bis Zeitpolitik also tatsächlich mehrheitsfähig ist? Was ist mit dem längerfristigen und noch visionären Ziel einer »zeitgemäßen« Wirtschaftsordnung? Werden wir dies alles noch erleben? Wohin also mit all unserer Ungeduld?

Da die Beschleunigungskrankheit bis zu ihrem deutlichen Ausbruch viele Generationen benötigt hat, ist nicht damit zu rechnen, dass sie von heute auf morgen geheilt wird. Aus der Geschichte wissen wir, wie lange qualitative Veränderungen früher benötigt haben und wie schwer es für die Zeitgenossen jeweils war, sich solche Veränderungen im Voraus vorzustellen: Gesellschaften, in denen nicht mehr Sklaven und Leibeigene, sondern – zumindest formal – freie Menschen die Arbeit tun, Staaten, die nicht mehr von absoluten Fürsten, sondern von Vertretern des Volkes regiert werden, eine Politik, an der nicht mehr nur der männliche, sondern auch der weibliche Teil der Bevölkerung mitwirkt usw. Für qualitative Veränderungen hat die Geschichte bisher immer Jahrhunderte benötigt. Da sich allerdings fast alles beschleunigt hat, dürfen wir damit rechnen, dass es bei der Entschleunigung schneller geht.

Die Ökologie der Zeit kann uns lehren, in größeren Zeiträumen zu denken. Sie lässt uns dadurch die Veränderbarkeit der Welt bewusst werden. Indem sie die Gegenwart in das große Kontinuum zwischen Vergangenheit und Zukunft eingebettet sieht, zeigt sie, dass zu allen Zeiten Weichen gestellt worden sind und logischerweise auch in Zukunft gestellt werden können und müssen. Sie erinnert uns daran, dass das Große über das Kleine und das Langfristige über das Kurzfristige dominiert. Und die Ökologie der Zeit hilft uns, die Balance von Alt und Neu in der Geschichte als Zusammenwirken zyklischer und linearer Prozesse zu verstehen. Wie wir im individuellen Leben ein Mindestmaß an festen Ritualen brauchen, um uns immer wieder auf Neues einlassen zu können, so ist es auch im Kollektiv. Nur auf der Basis der Wiederkehr des Ähnlichen, der zuverlässigen Aufrechterhaltung historischer Errungenschaften wie der Idee der Menschenwürde, der Menschenrechte, von Rechtsstaat, Demokratie und Sozialstaat können wir Neues erproben, ohne Angst vor dem Rückfall in die Barbarei haben zu müssen.

Manchmal liegen Alternativen direkt in der Luft. In einer solchen Zeit leben wir heute. Das Konzept der Entschleunigung lässt sich in keine der vertrauten politischen Grundströmungen, die die vergangenen 200 Jahre geprägt haben, einordnen. Es ist konservativ und fortschrittlich zugleich: konservativ, weil die Wiederaufwertung der Reproduktion gegenüber der Produktion auf die Bewahrung dessen zielt, was uns als wertvoll gilt. Und fortschrittlich, weil die Überwindung einer Wirtschaftsweise, deren Nebenfolgen wir zunehmend als bedrohlich und zerstörerisch erleben, auf einen grundlegenden und nachhaltigen ökonomischen und sozialen Umbau zielt.

Damit Protestbewegungen stark und erfolgreich werden können, müssen, so Dieter Rucht, Leiter der Arbeitsgruppe Politische Öffentlichkeit und Mobilisierung am Wissenschaftszentrum Berlin, zwei Bedingungen erfüllt sein.[4] *Erstens* brauchen die Menschen eine gemeinsame Problemdeutung, sie müssen gewissermaßen dieselbe Sprache finden. Gegenwärtig jedoch leiden die durchaus vorhandenen Protestansätze, die ja vor allem im Nahbereich des lokalen Umfelds wirksam sind, darunter, dass sich jede Gruppe nur für ihre eigenen unmittelbaren Interessen engagiert. Und *zweitens* brauchen die Protestgruppen Aussicht auf Erfolg. Bisher aber erscheint ihnen vieles von dem, was außen um sie herum existiert, als unverrückbar, also quasi naturgesetzlich.

Die Ökologie der Zeit und das Entschleunigungskonzept bieten für beide Schwierigkeiten eine Lösung: eine Sprache bzw. Theorie, die Brücken schlägt. Und eine Praxis, mit der jeder morgen selbst beginnen kann. Die Ökologie der Zeit und das Entschleunigungskonzept offenbaren die Veränderlichkeit der Welt und zeigen, auf welchen Ebenen Veränderungen praktisch angegangen werden können und welche Energien dabei zur Nutzung bereitstehen. Entscheidend bei all dem ist die Dialektik von Spiel und Spielregel: Individuelle und gesellschaftliche Bemühungen um Entschleunigung ergänzen und stärken sich wechselseitig. Wir müssen uns gleichermaßen um eine menschlichere Gesellschaft und einen gesellschaftlicheren Menschen bemühen, also gleichermaßen an der Gesellschaft und an uns selber ansetzen. Konkretisiert im Hinblick auf die Ökologie der Zeit: Je leichter Gesellschaft und Staat es den Menschen machen, auf Eigenzeiten zu achten, und je entschiedener die Menschen Gesellschaft und Staat dazu zwingen, ihnen dies zu erlauben und sie dafür sogar zu belohnen, desto besser werden wir mit der Entschleunigung vorankommen. Wo die ersten Schritte der Entschleunigung bereits getan sind, können weitere folgen, wo der erste noch aussteht, gilt es, ihn zu tun – und zwar schleunigst.

Ich habe keine Zeit
Ich habe keine Zeit
Ich habe keine Zeit
Ich habe keine Zeit
Ich habe keine Zeit
Ich habe keine Zeit
Ich habe keine Zeit
Ich habe keine Zeit
Ich habe keine Zeit
Ich habe keine Zeit
Ich habe keine Zeit
Ich habe keine Zeit
Ich habe keine Zeit
Ich habe Zeit

ICH HABE ZEIT!

Anmerkungen

Hinweis: Die Quellenhinweise erfolgen zunächst nur in Kurzform. Ausführliche bibliografische Angaben finden sich im anschließenden alphabetisch geordneten Literaturverzeichnis.

Einleitung
»Die Kirche rät: Mehr Zeit für Sex«

1 Auf Nachfrage legte die Pressestelle Wert darauf, dass in der Originalmitteilung »auch« für Intimität und Sexualität und der »Ehepartner« heißt.
2 Zweimal Sex pro Woche, so das *British Medical Journal*, reduziere bei Männern das Sterblichkeitsrisiko im Vergleich zu solchen, die nur einmal pro Monat Sex haben, um die Hälfte (*Süddeutsche Zeitung* 19. 12. 1997). Und dreimal Sex pro Woche, allerdings nur in einer festen Partnerschaft, verbessere das Wohlbefinden und führe dazu, dass Menschen um zehn Jahre jünger aussehen als eine Vergleichsgruppe. Dies hat ein US-amerikanischer Neurophysiologe herausgefunden (*Süddeutsche Zeitung* 11. 3. 1999). Auch wenn wir bei solchen Statistiken nie wissen, ob das rege Sexualleben tatsächlich die Ursache und nicht die Folge einer guten körperlichen und psychischen Verfassung ist, bleibt eine eigentlich triviale Erkenntnis bestehen: Sexualität ist im Normalfall integraler Bestandteil eines erfüllten Lebens.
3 Geißler (2002).
4 Backhaus/Bonus (1994).
5 Die Krankheitsmetapher wird auch von Autoren verwendet, die Kultur und Gesellschaft rein biologistisch erfassen wollen, Störungen auf Fremdkörper oder Verfaulungsprozesse zurückführen und die Heilung in der Entfernung des Fremden oder Schwachen sehen. Solches Denken findet sich in der Regel in rechts orientierten Schriften. Dort werden dann die Homogenität und die Stärke einer Kultur und Gesellschaft als Grundwerte propagiert. Im Gegensatz dazu geht es bei meiner Krankheitsmetapher um einen völlig anderen Krankheitsbegriff: Es soll die raum-zeitliche Vernetztheit von Natur, Kultur, Gesellschaft und Individuum sorgfältig analysiert und damit die Ganzheitlichkeit und Vielfältigkeit des Lebens betont werden. Eine Therapie, die auf das Messer des Chirurgen bzw. auf die Entfernung des Fremden und Schwachen setzt, verbietet sich dann von selbst.
6 Literatur vgl. Kapitel 6 »Zeitmaße – Welches Tempo tut uns gut?«
7 BUND/Misereor (1996).
8 Glotz (1999).
9 *Mobil* 10/2002, S. 52f.
10 Wissenschaftliche Belege zur Empirie der Beschleunigungskrankheit finden sich in Reheis (1996); zur wissenschaftlichen Einordnung des im hier vorliegenden Buch zugrunde gelegten Theorieansatzes vgl. Reheis (2001).

Kapitel 1

Im Hamsterrad

1 *Neue Presse Coburg* 27. 7. 2002.
2 Posod (1997), S. 88.
3 Posod (1997), S. 161.
4 Friczewski (1988), S. 79.
5 *Süddeutsche Zeitung* 8. 6. 1999.
6 Fuchs (2002).
7 Zu Arbeiten in körperlichen Zwangshaltungen zählen Arbeiten in gebückter, hockender, kniender oder liegender Stellung oder das Arbeiten über dem Kopf. Auch der Anteil derer, die »praktisch immer« oder »häufig« im Stehen arbeiten, hat sich in den vergangenen 20 Jahren erhöht.
8 Fuchs (2002), S. 26.
9 Fuchs (2002), S. 26f.
10 Fuchs (2002), S. 27.
11 Fuchs (2002), S. 28f.
12 Fuchs (2002), S. 30.
13 Fuchs (2002), S. 32.
14 *Neue Presse Coburg* 10. 1. 2001.
15 *Schulbank* 2/2001.
16 Scherhorn/Reisch/Raab (1991), S. 27ff. u. 81–84.
17 Kemper/Sonnenschein (2001), S. 7.
18 Goebel (2001).
19 De Graaf/Wann/Naylor (2001), S. 19.
20 *Die Zeit* 20/2001, S. 21.
21 Ebd.
22 Jürgen Fritz, zit. nach Fromm (2002), S. 62.
23 Fromm (2002), S. 64f.
24 *Süddeutsche Zeitung* 30. 3. 2000, S. 19.
25 Eicke (1991), S. 14.
26 *Süddeutsche Zeitung* 9. 7. 2002, S. V2/7.
27 *Süddeutsche Zeitung* 3./4. 8. 2002.
28 *Süddeutsche Zeitung* 9. 7. 2002, S. V2/7.
29 *Der Spiegel* 24/2001, S. 122.
30 *Süddeutsche Zeitung* 24. 1. 2001.
31 *Neue Presse Coburg* 6. 6. 2002.
32 *Süddeutsche Zeitung* 6. 8. 1997.
33 *Süddeutsche Zeitung* 6. 8. 2002.
34 http://germany.indymedia.org/2002/02/15464.html.
35 Goeudevert (1996), S. 181.
36 Goeudevert (1996), S. 181f.
37 Ebd.
38 Griefahn (2000), S. 187f.
39 *Süddeutsche Zeitung* 3. 5. 1995.
40 *Süddeutsche Zeitung* 10. 7. 1997.
41 *Der Spiegel* 39/1995, S. 27.
42 *Neue Presse Coburg* 21. 6. 2002.
43 Vogel (1992), S. 11f.
44 *Der Spiegel* 37/1993, S. 109.

45 *Die Zeit* 19/2002, S. 4.
46 Sennett (1998), S. 25.
47 Sennett (1998), S. 37f.
48 Hinrichs (1992), S. 322.
49 Klenner (1997), S. 264.
50 Persönliche Mitteilung.
51 Einer Studie der Universität Mainz über Berufspendler zufolge ist in Deutschland bereits jeder sechste Berufstätige, der in einer Partnerschaft lebt, aus beruflichen Gründen mobil. 42 Prozent der befragten Männer und 69 Prozent der Frauen empfinden den Zwang zur beruflichen Mobilität als hemmend für die Gründung einer Familie (*Süddeutsche Zeitung* 29. 8. 2001).
52 Presseinformation »Mehr Zeit für Kinder e. V.« vom 6. 9. 2000.
53 *Der Spiegel* 12/01, S. 209.
54 *Süddeutsche Zeitung* 30. 12. 1998.
55 *Neue Presse Coburg* 2. 7. 2001.
56 *Neue Presse Coburg* 27. 3. 2001.
57 *Süddeutsche Zeitung* 21. 1. 2000.
58 *Süddeutsche Zeitung* 7. 12. 1999.
59 *Frankfurter Rundschau* 2. 8. 1986.

Kapitel 2
Erschöpft

1 *Der Spiegel* 18/2002, S. 90.
2 Die Mutter von Robert Steinhäuser, von Beruf Krankenschwester, erinnert sich in einem *Spiegel*-Gespräch ein Jahr nach der Katastrophe an die Monate vor der Tat ihres Sohnes, wobei der Zusammenhang zwischen der Tat einerseits und dem Faktor Zeit und den Bedingungen der Arbeitswelt andererseits anklingt: »Ich denke immer, dass ich gerade in den letzten Monaten nicht wirklich für Robert da war. Es war so hektisch damals. Hier in Erfurt wurden die Kliniken zusammengelegt, unser ganzes Haus ist umgezogen, da ist mir alles andere entgangen.« Dazu seien der Tod ihres Vaters und ein Befund vom Frauenarzt gekommen (*Der Spiegel* 18/2003, S. 42).
3 *Süddeutsche Zeitung* 13./14. 7. 2002.
4 *Die Zeit* 21/2002, S. 67.
5 Hurrelmann/Engel (1992), S. 139.
6 Nordlohne (1992).
7 *Neue Presse Coburg* 14. 6. 2002.
8 *Der Spiegel* 29/2002, S. 122–138.
9 *Süddeutsche Zeitung* 26. 11. 2002.
10 *Der Spiegel* 35/2002, S. 70.
11 Nach der Katastrophe von Eschede änderte sich bei der Bahn-AG offenbar wenig: Der neue Diesel-ICE mit Neigetechnik, der Bayern mit Sachsen verbindet, konnte vor seinem fahrplanmäßigen Einsatz auf dieser Strecke kein einziges Mal unter Volllast getestet werden (*Süddeutsche Zeitung* 21. 8. 2001).
12 *Süddeutsche Zeitung* 16. 2. 2002.
13 *Süddeutsche Zeitung* 16. 2. 2001.

14 Siehe zum Beispiel den Gesundheitsreport 2002 der Deutschen Angestellten-Krankenkasse.

15 So litten an Asthma und Bronchitis Ende der 80er-Jahre bereits doppelt so viele Menschen wie 30 Jahre davor (Projektgruppe »Prioritäre Gesundheitsziele« beim Zentralinstitut für die kassenärztliche Versorgung im Auftrag des Bundesministers für Jugend, Familie, Frauen und Gesundheit 1990, S. 152 u. 351). Bei Heuschnupfen hat sich die Zahl der Kranken innerhalb von 35 Jahren vermutlich fast verdreifacht. Vgl. Wüthrich/Schlumpf (1992) und persönliche Mitteilung vom 2. 12. 1997.

16 Bundesminister für Umwelt, Naturschutz und Reaktorsicherheit (1990), S. 13.

17 Vester (1978), S. 78.

18 Vester (1989), S. 252ff. und Friedmann/Rosenmann, zit. nach Geißler (1985), S. 93.

19 Findeisen/Pickenhain (1990), S. 36 u. 80ff.

20 *Süddeutsche Zeitung* 7. 9. 1995.

21 *Süddeutsche Zeitung* 14. 7. 1999.

22 Vgl. *Human Development Report* 1999 und 2000, herausgegeben vom United Nations Development Programme.

23 United Nations Development Programme (1992), S. 5f.

24 Sabet (1991), S. 85f.

25 Sieferle (1992).

26 Vgl. zum Beispiel Alt (2002).

27 Ebd.

28 *Süddeutsche Zeitung* 21./22. 4. 2001.

29 *Neue Presse Coburg* 4. 5. 1999.

30 Gronemeyer (1991), S. 130f.

31 Natürlich rentiert sich in betriebswirtschaftlicher Hinsicht die künstliche Lebensverlängerung für Krankenhäuser, Pharma- und Geräteindustrie. Aber diese betriebswirtschaftlichen Interessen der Gesundheitsökonomie müssen unter den Bedingungen einer neoliberal ausgerichteten Weltökonomie vermutlich längerfristig zurückstehen, weil die Mehrzahl der alten Menschen die Verlängerung ihres Lebens nicht bezahlen kann.

32 *Süddeutsche Zeitung* 17./18. 8. 2002.

33 Deutscher Bundestag (2000), S. 1.

34 Die partielle Verbesserung der Umweltsituation in Westeuropa erklärt sich nach Auskunft der Europäischen Umweltagentur zum großen Teil aus Betriebsschließungen und -verlagerungen nach Osteuropa, das folglich in puncto Umweltzerstörung rasch aufschließt (*Süddeutsche Zeitung* 13. 5. 2003).

35 Ervin Laszlo im Gespräch mit Dietmar Gottschalk, in: *Ist die Menschheit noch zu retten?* (1993), S. 4.

36 Sieferle (1982).

37 Die Zahl 1000 stammt von Laszlo, die Zahl 15 000 von Grimmel (1993), S. 63.

38 Enquete-Kommission »Vorsorge zum Schutz der Erdatmosphäre« des Deutschen Bundestages (1991), S. 180.

39 Enquete-Kommission »Vorsorge zum Schutz der Erdatmosphäre« des Deutschen Bundestages (1991), S. 183.

40 Duden. Deutsches Universalwörterbuch, Mannheim 1996.

41 Mletzko/Mletzko (1991), S. 76.
42 Kreibich (1991), S. 23f.
43 Virilio Paul, zit. nach Breuer (1992), S. 132.

Kapitel 3
Fluchtwege und Sackgassen

1 Nun könnte man einwenden, der Entschleunigungsbotschaft dieses Buches liege genau ein solches Ein-Faktoren-Modell zugrunde. Dem ist zu entgegnen, dass meine Analyse gerade nicht von einem einmaligen Betriebsunfall eines ansonsten störungsfreien Betriebs ausgeht, sondern im Betriebsprogramm selbst den fundamentalen Fehler diagnostiziert.
2 Seiwert (1998).
3 Massow (1998).
4 Massow (1998), S. 83–89.
5 Geißler (1999), S. 118.
6 Pleterski/Habinger (1999).
7 Pleterski/Habinger (1999), S. 7.
8 Rinderspacher (2002a), S. 17.
9 De Graaf/Wann/Naylor (2001), S. 279–357.
10 Siemers (2002), S. 24 und Richter (1999).
11 *Die Zeit* 18/2003, S. 53.
12 Dominguez/Robin (1992).
13 Dominguez/Robin (1992), S. XVIII; übersetzt von Fritz Reheis.
14 Dominguez/Robin (1992), S. 64.
15 Braig/Renz (2001).
16 In der Sprache der traditionellen Volkswirtschaftslehre kann dieses Problem auch so formuliert werden: Die Selbstbeschränkungsstrategie, derzufolge Einkommen in Freizeit getauscht werden soll, setzt eine Reihe von Annahmen über das Verhalten anderer wirtschaftlicher Parameter wie zum Beispiel der Lohn- und Sparquote und der Bruttopreise der Volkswirtschaft sowie der Kapazitätsauslastung und der Kapitalausstattung der Unternehmen voraus, die von keinem Akteur kontrolliert werden können.
17 Ulrich Beck, zit. nach Willms (1996).
18 Dazu ausführlicher Reheis (1986).
19 Samuelson (1973), S. 69.
20 *Der Spiegel* 35/2002, S. 146.
21 Papst Johannes Paul II, *Centesimus annus,* N. 34, zit. nach Kallscheuer (2000), S. 139.
22 Erst durch das massive Auftreten des Staates, das vor allem dem Druck der Frauen- und Gewerkschaftsbewegung zu verdanken war, konnten die teils physisch, teils sozial und kulturell begründeten Nachteile, welche die Frauen am Arbeitsmarkt haben, begrenzt werden. Weil Frauen Kinder bekommen können und Männer nicht, weil Frauen in den ersten Lebensjahren für diese Kinder unentbehrlich sind und weil Frauen sich traditionellerweise für die Reproduktion der Familie besonders verantwortlich fühlen, sind sie als Arbeitskräfte in der Produktion für den Arbeitgeber mit besonderen Risiken belastet, wie im Übrigen bekanntlich auch kranke, ältere und behinderte Arbeitnehmer.
23 Ein Großteil der Investitionen von Unternehmen sind Rationalisierungs-

investitionen, die nicht nur im eigenen Betrieb Menschen durch Maschinen ersetzen, sondern aufgrund der mit der Maschinisierung meist einhergehenden Produktionsausweitung andere, weniger maschinisierte Betriebe vom Markt verdrängen und auch dort Menschen arbeitslos machen.

24 Diese Modellwelt hat freilich strenge Voraussetzungen, über deren faktisches Vorliegen man sich in der herrschenden Wirtschaftswissenschaft kaum Rechenschaft ablegt. Zwei dieser Voraussetzungen sind die Existenz einer Vielzahl von Anbietern und Nachfragern und der unbeschränkte Zutritt zu allen Märkten (Theorem der vollkommenen Konkurrenz). Es waren die Theoretiker der Arbeiterbewegung, die von Anfang an darauf aufmerksam machten, dass diese beiden Voraussetzungen in der Wirklichkeit nicht erfüllt sind und auch niemals erfüllt werden können. Weitere Voraussetzungen der so genannten Allgemeinen Gleichgewichtstheorie sind: kein Tausch im Ungleichgewicht, unendlich schnelle Anpassung der Preise an Mengenveränderungen und volle Information aller Marktakteure über Gütereigenschaften und Preise. Nur wenn all diese Voraussetzungen erfüllt sind, führt das Gleichgewicht von Angebot und Nachfrage zu optimalen Ergebnissen. Der Grundfehler dieser Modellwelt ist die Vorstellung, das wirtschaftliche Geschehen sei im Kern das Resultat privater Entscheidungen und müsse deshalb auch über die Beschreibung des individuellen Handelns theoretisch erschlossen werden. Das individualistische Vorurteil zeigt sich am deutlichsten am Umgang mit den so genannten markt-externen Effekten, also jenen wirtschaftlichen Wechselbeziehungen, die sich der Marktlogik entziehen: Im Zusammenhang mit dem Produktionsgeschehen unterstellt dieser individualistische Ansatz, dass im Prinzip alle Ressourcen teilbar und individuell zuordenbar sind, im Zusammenhang mit dem Konsumgeschehen unterstellt er, dass im Prinzip alle Nutzenvorstellungen von außen auf den Markt mitgebracht werden, also nicht erst am Markt entstehen. Eingeräumt wird, dass die reale Welt zwar nicht genauso, aber doch ungefähr so beschaffen sei. Deshalb sei das Marktmodell immer noch die relativ beste Erklärung für die Realität und gleichzeitig die relativ beste Ordnung zu ihrer Gestaltung. Vgl. dazu Vogt (1973) und Reheis (1986).

25 Die so genannten Leistungseliten in Deutschland stammen fast nie aus Arbeiterfamilien, sie bleiben gewissermaßen unter sich. Nicht die individuelle Leistung im Bildungssystem, sondern eher der »klassenspezifische Habitus« ist bei der Besetzung der Spitzenpositionen entscheidend. Vgl. dazu Hartmann (2002).

Kapitel 4
Die Suche nach dem Motor

1 Diesen treffenden Vergleich habe ich bei Bernard A. Lietaer gefunden, der ihn auf die Frage nach dem Wesen des Geldes gezogen hat: Lietaer (1999), S. 18.

2 Grimmel (1993), S. 16f.

3 Eibl-Eibesfeldt (1998).

4 Zoll (1988), S. 74.

5 Gronemeyer (1993).

6 Gronemeyer (1993), S. 103.

7 Gronemeyer (2000).

8 Aristoteles: *Politik,* Erstes Buch, 9. Abschnitt: »Das Kapitalerwerbwesen« und 10. Abschnitt »Das Kapitalerwerbwesen und das Problem der Naturgemäßheit«.

9 Marx nennt den auf das Geldgeschäft spezialisierten Händler deshalb einen »Schatzbildner« und vergleicht ihn mit einem Welteroberer: Der »Widerspruch zwischen der quantitativen Schranke und der qualitativen Schrankenlosigkeit des Geldes treibt den Schatzbildner stets zurück zur Sisyphusarbeit der Akkumulation. Es geht ihm wie dem Welteroberer, der mit jedem neuen Land nur eine neue Grenze erobert« (Marx 1867, S. 147).

10 Aristoteles, zit. nach Schwarz (1993), S. 98.

11 Ratkau (2000), S. 160–164.

12 Mit der Verselbstständigung des Geldes geht auch die Trennung von Geld und Arbeit einher. »Ursprünglich erschien uns das Eigentumsrecht gegründet auf eigene Arbeit ... Eigentum erscheint jetzt, auf Seite des Kapitalisten, als das Recht, fremde, unbezahlte Arbeit oder ihr Produkt, auf der Seite des Arbeiters, als Unmöglichkeit, sich sein eigenes Produkt anzueignen.« (Marx 1867, S. 609f.).

13 Wenn Marx davon spricht, dass der Kapitalbesitzer an der »erweiterten Reproduktion« interessiert ist, meint er nicht das qualitative Erhalten des Gegebenen, sondern die quantitative Erweiterung der Kapitalbasis.

14 Zit. nach Krebs (2002), S. 11.

15 Marx (1847), S. 85.

16 Zum Beispiel Gesell (1916), Kennedy (1989), Creutz (1993), Lietaer (1999 und 2000).

17 Die Berechnung stammt von Heinrich Haußmann (Haußmann 1990), zit. nach Kennedy (1989), S. 38.

18 Lietaer (1999), S. 132–139.

Kapitel 5
Die Zeithierarchie der Märkte

1 *Süddeutsche Zeitung* 21. 3. 2002.

2 Ebd.

3 *Süddeutsche Zeitung* 7./8. 12. 1996.

4 *Frankfurter Allgemeine Zeitung* 9. 4. 1996.

5 *Die Zeit* 40/2002, S. 27.

6 Reheis (1986), S. 219ff.

7 Hofmann (1969), S. 78.

8 Altvater (1995), S. 193f. und Altvater/Mahnkopf (1999/2000).

9 Ob hinter der Geldvermehrung letztlich die Auspressung von Mehrarbeit aus der lebendigen Arbeitskraft steht, wie Marx dies gesehen hat, oder ob dahinter die künstliche Verknappung des Transportmittels Geld durch Geldbesitzer und Banken steht, die so ihre Zinsen als Knappheitsprämie kassieren, ist an dieser Stelle eher zweitrangig.

10 Die Angaben in der Literatur schwanken zwischen 120 und 190 Tagen, wobei die Sonntage allerdings eingerechnet sind. Vgl. Zoll (1988), S. 76.

11 Vgl. dazu Hesse (1982).

12 *Süddeutsche Zeitung* 2. 1. 2003.

13 Auch bei der Diskussion über die Gründe des Scheiterns der Weimarer Re-

publik kann die These gestützt werden, dass diesem ersten demokratischen Staat auf deutschem Boden die »Ressource Zeit« gefehlt habe, die für die Bewältigung der Herausforderungen, mit denen er konfrontiert wurde, nötig gewesen wäre (vgl. *Spiegel*-Gespräch mit dem Historiker Heinrich August Winkler in Heft 13/2003).

14 Metzger (2003), S. 152–158.

15 Bezeichnend für die Zwangsgewalt der herrschenden Wirtschaftsweise ist es, dass sie auch auf das Konkurrenzmodell, das zwischen 1917 und 1990 existiert hatte, ausstrahlte. Um den Westen nicht nur einzuholen, sondern auch zu überholen, forderte man in der stalinistisch geprägten DDR die »optimale Auslastung der Technik«, die »industriemäßige landwirtschaftliche Produktion«, die Steigerung der »sozialistischen Akkumulation«. Dass man zum Beispiel Nachtschichten in der Forstwirtschaft einführen wollte, zeigt, wie skrupellos auch im so genannten realen Sozialismus mit natürlichen und kulturellen Gegebenheiten umgegangen wurde.

16 *Die Zeit* 30/2002, S. 7.

17 Zit. nach Arbeitsgruppe weed/attac (ohne Jahr), S. 2.

18 *Süddeutsche Zeitung* 12.7.2002.

19 *Neue Presse Coburg* 25.3.2002.

20 Auf der Ebene der UNO, nämlich in der WTO, sollen zur Beschleunigung der Prozeduren so genannte »Fast Tracks« eingerichtet werden: Entscheidungswege ohne Parlamentsbeteiligung (Franz Nuscheler in Braunschweig auf dem Bundeskongress für Politische Bildung am 7.3.2003).

21 *Süddeutsche Zeitung* 14./15.12.2002.

22 Garnreiter/Schmid (2002), S. 10–17. Die Privatisierung läuft im Übrigen nach dem bekannten Muster ab: Zuerst picken sich die Privaten die Rosinen heraus, den Rest überlassen sie den Steuerzahlern. Zwar mag in manchen Fällen durch die Privatisierung die Qualität bestimmter Dienstleistungen zunehmen, andererseits werden mit jedem privatisierten Betrieb bessere Arbeitsplätze – in Bezug auf Arbeitsplatzsicherheit, soziale Absicherung etc. – durch schlechtere ersetzt. Und nach der Privatisierung können oft nur mehr die Besserverdiener jene Dienstleistungen bezahlen, die der Staat vorher für alle gleichermaßen zugänglich gemacht hatte. Deshalb warnen gegenwärtig viele vor der drohenden Privatisierung der Wasserwirtschaft.

23 Lietaer (1999), S. 139.

24 Ebd.

25 *Süddeutsche Zeitung* 19.2.2003.

26 Chossudovsky (2002), S. 29.

27 *Süddeutsche Zeitung* 7./8.12.2002.

28 *Die Zeit* 50/2002, S. 43.

Kapitel 6
Zeitmaße

1 Vor allem Held/Geißler (1993), Held/Geißler (1995), Adam/Geißler/Held (1998), Tutzinger Projekt »Ökologie der Zeit« (1998), Albert (2000).

2 In der griechischen Antike bezeichnete der Begriff *oikos* sowohl das Haus, die Wohnung wie auch das Haushalten, Verwalten. Das richtige Haushalten war nach Auffassung vieler griechischer Denker auch Aufgabe der staatlichen Gemeinschaft, der Polis. Letztlich müssen Oikos und Polis da-

bei dem Vorbild des Kosmos folgen. Denn wer richtig haushalten will, der muss sich an einer allumfassenden »ontologischen Gerechtigkeit« orientieren, die allein Stabilität, Leben und Wohlbefinden garantiert (Koslowski 1993, S. 64). Kluges Haushalten ist das A und O der praktischen Philosophie des Aristoteles. Die Aufspaltung des Oikos in »Ökologie« und »Ökonomie« ist neuzeitlichen Datums und Resultat des aufklärerischen Bemühens, Naturgegebenheiten einerseits und menschliche Schöpfungen andererseits auseinander zu halten. Dabei geht allerdings die Erkenntnis davon, dass Ökonomie immer auf Ökologie aufbaut, dass Ökonomie eigentlich nur ein Spezialfall der Ökologie ist, verloren.

3 Auf einer noch grundsätzlicheren Ebene, auf der Ebene der Thermodynamik, können auch diese beiden Seiten zusammengefasst, also theoretisch voneinander abgeleitet werden. Da dies für Praxisfragen aber relativ irrelevant ist, soll dieser Aspekt nicht weiter verfolgt werden.

4 Kafka (1994).

5 Presseinformation der Max-Planck-Gesellschaft vom 17. 1. 2003.

6 Weizsäcker (1998).

7 Guggenberger (1987).

8 Alt (1994), S. 15.

9 Zum Beispiel Grimmel (1993).

10 Held (2002), S. 28.

11 Zum Beispiel Goetze (1983), S. 111f.

12 Honneth (1992).

13 Zum Beispiel Zulley/Knab (2000).

14 Podak (2002).

15 Baeriswyl (2002).

16 Sturma (1992 u. 1997).

17 *Süddeutsche Zeitung* 17. 1. 2000.

18 Heintel (1999), S. 95.

19 Die Ökologie der Zeit lässt sich hervorragend in den aktuellen Diskurs über Nachhaltigkeit einbringen und kann diesen weiterführen. Der deutsche Begriff »Nachhaltigkeit« bzw. der englische Begriff *Sustainability* wird seit gut 10 Jahren im Zusammenhang mit Umwelt und Entwicklung verwendet. Dies geht zurück auf eine Konferenz der UNO 1992 in Rio de Janeiro, auf der erstmals in der Geschichte der UNO Umweltschutz und Entwicklung als zusammengehörende Aufgabe der internationalen Staatenwelt aufgegriffen wurde. Eine nachhaltige Entwicklung, so die Vertreter dieses Leitbilds, muss dreierlei berücksichtigen: die Nachhaltigkeit der Ökologie, die Nachhaltigkeit der Ökonomie und die Nachhaltigkeit des Sozialen. Was diese Dreidimensionalität jedoch genau bedeutet, vor allem in Hinblick auf die Zeitdimension, wurde bisher meines Wissens nicht geklärt. Lediglich in Bezug auf die ökologische Dimension scheint zumindest die Richtung klar: Effizienz und Suffizienz müssen gesteigert werden. Was aber bedeutet Nachhaltigkeit in ökonomischer und sozialer Hinsicht? Das Prinzip, nach dem der Mensch sich mit der äußeren Natur austauscht und dabei dauerhafte Kreisläufe bildet, kann als Muster für den Austausch der Menschen untereinander angewandt werden. Daraus folgt, dass auch der zwischenmenschliche Austausch grundsätzlich immer wieder zu einem Ausgleich zwischen Geben und Nehmen, zwischen Versorgen und Versorgtwerden, zwischen Leistung erbringen und Leistung empfangen füh-

ren muss. Eine Politik, die das Leitbild der nachhaltigen Entwicklung auch in ökonomischer und sozialer Hinsicht ernst nimmt, muss hier ansetzen und dafür sorgen, dass die Schnellen auf die Langsamen warten, sodass die Langsamen aufholen können. Die Forderung nach sozialer Nachhaltigkeit kann freilich erst dann vollständig eingelöst werden, wenn die zugrunde liegende Ethik offen gelegt wird. Gerechtigkeit innerhalb der jetzt lebenden Generation, also in Bezug auf die Entwicklungsproblematik (Nord-Süd-Ausgleich) und Gerechtigkeit zwischen den Generationen, also in Bezug auf die Umweltproblematik (Heute-Morgen-Ausgleich), gehören notwendigerweise zusammen.

20 Dementprechend hat auch das Gehirn drei evolutionsgeschichtlich unterschiedlich alte Schalen. Stark vereinfacht: das Stammhirn als Ort der physiologischen Grundfunktionen, das Zwischenhirn als Ort der Emotionen, das Großhirn als Ort der Kognitionen.

21 Cramer (1996), S. 14.

22 Roßlenbroich (1994), S. 21–33 u. S. 132–138.

23 Cramer (1996), S. 54.

24 Fraser (1991), S. 161f.

25 Fromm (1979).

26 Ziegler (2003), S. 72..

27 Dies hat neben dem energetischen auch einen informationellen Aspekt: Über die Gentechnik entwertet die vom Geld angetriebene Kultur auch jene Informationen, die genetisch gespeichert als Ergebnisse der Jahrmillionen alten Evolutionsgeschichte heute verfügbar geworden sind. Es muss damit gerechnet werden, dass in Kürze im Interesse der neuen Bioindustrien allen zukünftigen Generationen jene Vorstellungen von optimalen Lebewesen aufgezwungen werden, die heute als Maßstab dienen. Das Geld entwertet damit nicht nur die Vergangenheit, sondern errichtet, so Nigel Cameron, der Herausgeber von *Ethics and Medicine,* eine Tyrannei der Gegenwart über die Zukunft (*Süddeutsche Zeitung* 13. 5. 2003).

Kapitel 7
Zeitgemäßes Wirtschaften

1 Reheis (1991).

2 Fukuyama (1992).

3 Das Modell der Dualwirtschaft geht zurück auf den englischen Wirtschaftswissenschaftler E. F. Schumacher, dessen Buch *Small is Beautiful* aus dem Jahr 1973 ein Bestseller geworden ist. In Deutschland hat besonders der Berliner Politikwissenschaftler Joseph Huber (1984) an diesem Konzept gearbeitet. Mitte der 90er-Jahre wurde das Dualmodell durch den amerikanischen Wissenschaftskritiker und Journalisten Jeremy Rifkin (1995) neu belebt.

4 Rifkin (1995), S. 182.

5 Martens (1994).

6 Lietaer (2000), S. 248.

7 Lietaer (2000), S. 250.

8 *Süddeutsche Zeitung* 30. 9. 2002.

9 Dieser Gerechtigkeitsbegriff, die so genannte Pareto-Optimalität, ist nur haltbar, wenn man alle Abstraktionen, die der Allgemeinen Gleichge-

wichtstheorie des Marktes zugrunde liegen, akzeptiert. Vgl. dazu Kapitel 3 und Reheis (1986).

10 Man könnte einwenden, dass jener einmalige Vorsprung in manchen Fällen als persönliche Leistung gelten könne und so einen dauerhaften Extraertrag rechtfertige. Je größer jedoch der Abstand zwischen den Konkurrenten wird, je schwieriger also das Aufholen faktisch ist, desto fragwürdiger wird dieser Einwand.

11 Kafka (1994), S. 169.

12 Creutz (1993).

13 Creutz (1993), S. 273–286.

14 Creutz (1993), S. 179.

15 Zu Beginn des 20. Jahrhunderts hat der Deutsch-Argentinier Silvio Gesell, von Beruf Kaufmann und 1919 kurzzeitig Finanzminister der bayerischen Räterepublik, in seinem 1916 erschienenen Buch *Die natürliche Wirtschaftsordnung* den Vorschlag einer grundlegenden Geldreform gemacht. Ihr Ziel ist eine Marktwirtschaft ohne Kapitalismus.

16 Zit. nach Creutz (1993), S. 422.

17 Creutz (1993), S. 418f. Während im herrschenden Geldsystem die Zinstreppe bereits über der Nulllinie beginnt, beginnt sie im reformierten Geldsystem deutlich unterhalb der Nulllinie. In beiden Geldsystemen steigt sie aber dann mit der Dauer der Ausleihe an.

18 Ökonomen wie Ota Sik (1985) und Winfried Vogt (1986) plädierten für einen dritten Weg zwischen kapitalistischer Marktwirtschaft und sozialistischer Planwirtschaft.

19 In diesem Zusammenhang ist übrigens die Wortgeschichte von »Privateigentum« interessant: »Privat« kommt vom lateinischen *privare* für »rauben«. Privateigentum war also ursprünglich dasjenige Eigentum, das der Gemeinschaft weggenommen wurde, indem die so genannte Allmende, meist Wald oder Weideland der Gemeinde, vom Grundherrn für sich selbst beansprucht und ggf. durch einen Zaun vom übrigen Land abgegrenzt wurde.

20 So plädierten zum Beispiel der belgische Wirtschaftstheoretiker und Trotzkist Ernest Mandel (1962 u. 1986) sowie der St. Gallener Wirtschaftsethiker Peter Ulrich Peter (1986 u. 1997) für öffentlich geplantes und verantwortetes Wirtschaften.

21 Die in der DDR übliche Formel von der »Übereinstimmung der individuellen Interessen mit den Erfordernissen der Gesellschaft« zielte genau auf diese Idee: Alle Wirtschaftstätigkeit dient der Bereitstellung von Gütern und Diensten, die der Einzelne braucht, um innerhalb der Gesellschaft ein Leben in Würde führen zu können.

22 Karl Korsch, zit. nach: Fetscher (1983), S. 848.

23 Dieser Begriff stammt von dem Zukunftsforscher Robert Jungk (zum Beispiel: Jungk/Internationale Bibliothek für Zukunftsfragen in Salzburg 1990).

24 Bei allen Austauschprozessen mit langen Eigenzeiten, bei denen man erst sehr spät weiß, wie sich Handlungen am Ende auswirken, ist besondere Vorsicht geboten (Kapitel 6). Dies ist vor allem beim Austausch zwischen den Generationen der Fall. Konsequenz: Bei der Gestaltung wirtschaftlicher Alternativen muss bedacht werden, dass der Umgang der Generationen miteinander viel Zeit und Behutsamkeit erfordert.

Kapitel 8

Synergien der Entschleunigung

1 Zit. nach dem Faltblatt *Slow Food: Internationale Bewegung zur Wahrung des Rechts auf Genuss*, herausgegeben von Slow Food Schweiz in Zürich.

2 *Die Zeit* 4/2001, Beilage *Leben*, S. 3.

3 Schneider (1995), S. 14.

4 Heintel (1999), S. 234.

5 Ebd.

6 Gemeinsame Erklärung des Kirchlichen Dienstes in der Arbeitswelt der Evangelisch-Lutherischen Kirche in Bayern, der Katholischen Betriebsseelsorge in Bayern, der Katholischen Arbeitnehmerbewegung (KAB) Süddeutschland und der Gewerkschaft Handel, Banken und Versicherung, Landesbezirk Bayern vom März 2001.

7 Ebd.

8 *Neue Presse Coburg* 20. 11. 2002.

9 Vgl. dazu das Informationsblatt von *Christen für gerechte Wirtschaftsordnung e.V.: ... damit Geld dient und nicht regiert*, herausgegeben von CGW Berlin.

10 Altvater/Mahnkopf (1999/2000).

11 Altvater (1998), S. 30.

12 Wahl/Waldow (2001), S. 12.

13 Reheis (1999a und 1999b).

14 Zit. nach dem Faltblatt *Deutsche Gesellschaft für Zeitpolitik: Analysen, Ziele, Kompetenzen*, hrsg. von der Geschäftsstelle der Deutschen Gesellschaft für Zeitpolitik in Berlin. Vgl. zum Thema Zeitpolitik auch: Eberling/Henckel (1998), Garhammer (1994 u. 1999) sowie *Aus Politik und Zeitgeschichte. Beilage zur Wochenzeitung Das Parlament* 31/1999 mit Beiträgen zum gesamten Themenspektrum.

15 In den Büchern des Journalisten Franz Alt finden sich unzählige ähnliche Vorschläge zu einer zukunftsfähigen Rahmengestaltung.

16 Vgl. zum Beispiel Held (1991) und Held/Hofmeister/Kümmerer/Schmid (2000) und Wormer (2003).

17 *Süddeutsche Zeitung* 25. 3. 2002.

18 Zu weiteren Vorschlägen vgl. zum Beispiel Metzger (2003).

19 Habermas (1962), S. 159f. u. 216.

20 Gorz (1983), S. 68.

21 Entnommen aus: *Die Kunst, weniger zu arbeiten: Zehn Argumente gegen den Arbeitswahn* (www.arbeitswahn.de). Vgl. ferner: Guillaume (2002).

22 Neben den genannten Entschleunigungsinitiativen gibt es noch andere Initiativen, die sich eher als kulturell-künstlerisch definieren. So zum Beispiel ein Projekt kalifornischer Künstler, die eine gigantische, von innen begehbare Uhr in der Wüste bauen, die ganz langsam tickt, nämlich einmal im Jahr, und dafür auch in 10 000 Jahren die Zeit noch exakt zu messen in der Lage sein soll. Ergänzend zum *Ticken des langen Jetzt* ist eine Bibliothek geplant, welche die für das Überleben der Menschheit 1000 wichtigsten Bücher so aufbewahren will, dass sie auch in 10 000 Jahren noch genutzt werden können. Der Ort soll so zu einem »Verantwortungsspeicher« werden. Ähnlich wie Stonehenge oder die Pyramiden von Giseh soll dieser Ort zudem eine mythische Tiefe entwickeln, in turbulenten Zeiten Ruhe aus-

strahlen und in ruhigen Zeiten daran erinnern, dass keine Ruhe von Dauer ist (Brand 2000).

23 Füllsack (2002).

24 Füllsack (2002), S. 94f.

25 Füllsack (2002), S. 182f.

26 Füllsack (2002), S. 184–189. Schrittweise Einführung könnte bedeuten, die Grundsicherung zunächst nur bestimmten Personengruppen als Gegenleistung für besondere soziale Belastungen (Pflege eines Bedürftigen, Erziehung von Kindern, Engagement in der Bürgerarbeit) zukommen zu lassen und dann den Kreis immer mehr auszuweiten.

27 Das Problem der Schwarzarbeit würde entschärft, wenn der Staat endlich darauf verzichten würde, die soziale Sicherung vor allem aus Steuern und Abgaben auf Arbeitsleistungen zu finanzieren. Gegen das Problem unerwünschter Konsummuster (zum Beispiel Alkohol, Fernsehen, Autokult und andere Drogen) könnten Konsumsteuern, Aufklärung und Alternativangebote Abhilfe schaffen.

Kapitel 9
Kluge Lust

1 Aus Grimms Kinder- und Hausmärchen, erzählt von Walther Bindemann (1992). Im Original heißt es bei Bindemann im letzten Satz »Pisspott«.

2 Die Übersetzung der griechischen *hedoné* mit »kluger Lust« ist nicht ganz korrekt: Es ist ja nicht die Lust selbst, der das Attribut »klug« zukommt, sondern das zugrunde liegende menschliche Subjekt.

3 Maslow (1954).

4 Csikszentmihalyi (1992).

5 Extreme Formen jugendlichen Freizeitverhaltens wie S-Bahn-Surfen oder Randalieren sind nur verzweifelte Versuche, solche Flow-Erlebnisse, die uns unsere Gesellschaft im gewöhnlichen Alltag permanent verwehrt, nachzuholen.

6 Klein (2002).

7 Vgl. zum Beispiel Grün (2002).

8 Ein hoher Volkswohlstand, gemessen am Sozialprodukt, sagt nichts über die Verteilung des Reichtums in einem Volke aus. Und ein hoher Wohlstand eines Menschen, gemessen am Einkommen, sagt nichts über Gesundheit und Zufriedenheit dieses Menschen aus und auch nichts darüber, ob dieser Mensch sein Geld zur Befriedigung seiner Bedürfnisse wirklich einsetzen kann (vgl. auch Scitovsky 1989 und Glatzer 1998). Also führt der am Geld fest gemachte, rein objektive Wohlstandsbegriff der Ökonomie in die Irre. Würde man umgekehrt in der ökonomischen Wohlstandsdiskussion ganz auf objektive Maßstäbe verzichten und nur die subjektive Zufriedenheit gelten lassen, würde die Ökonomie ganz offensichtlich nur die wissenschaftliche Rechtfertigung einer Politik liefern, die Glück allein durch Gehirnwäsche erzeugt.

9 Zit. nach Sen (1987).

10 Einige Fähigkeiten, wie gut genährt zu sein, erfordern unabhängig von dem durchschnittlichen Wohlstand der Gemeinschaft, in der man lebt, mehr oder weniger die gleichen Güter (wie Nahrungsmittel oder medizinische Versorgung). Andere Fähigkeiten, wie diejenigen, auf die Adam Smith

besonderes Augenmerk richtete, erfordern Güter, die je nach dem durchschnittlichen Wohlstand erheblich variieren. Um ein Leben ohne Scham zu führen, um fähig zu sein, Freunde zu besuchen und zu bewirten, um an dem teilhaben zu können, was in verschiedenen Bereichen geboten wird und worüber die anderen reden, bedarf es in einer Gesellschaft, die generell reicher ist und in der die meisten Menschen etwa über Autos, eine große Auswahl an Kleidung, Radios, Fernsehgeräte usw. verfügen, kostspieligerer Güter und Dienstleistungen (Sen 1987, S. 39).

11 Scherhorn (1994), Scherhorn/Reisch/Schrödel (1997) und Rinderspacher (2002b).
12 Negt (1987).
13 Walser (1978), S. 33.
14 Schütze (1989), S. 198f.
15 Schütze (1989), S. 198.
16 Tewes (2000), S. 17.
17 Tewes (2000), S. 20. Erinnert sei in diesem Zusammenhang auch daran, dass in der Zeit der Romantik Müßiggang als besonders tugendhaft galt.
18 Weis (2001), S. 51–60.
19 Was die Sinnlichkeit betrifft, so berichtet zum Beispiel der Psychotherapeut Rainer Lutz von einem verhaltenstherapeutischen Programm, mit dessen Hilfe depressive Menschen ihre Lebensfreude wiederfinden können. Dieses Programm könnte auch für Gesunde, die ihre Genussfähigkeit entwickeln wollen, hilfreich sein. Lutz nennt sieben Prinzipien des Genießens: Das Genießen braucht Zeit. Das Genießen muss erlaubt sein. Das Genießen beruht auf Erfahrungen. Das Genießen geht nicht nebenbei. Das Genießen setzt individuelle Auswahl dessen, was genossen werden soll, voraus. Das Genießen soll etwas ganz Alltägliches sein. Und beim Genießen ist weniger meistens mehr. Die Grundidee des Programms besteht darin, beginnend mit dem Geruchssinn einen Sinn nach dem anderen durch Anregungsmaterial anzusprechen, eigene Genusserfahrungen zu sammeln und diese anderen Menschen mitzuteilen (Lutz 2000).
20 Schumacher (2002).
21 Zit. nach Fetscher (2000), S. 27–33.
22 Kalas (2002).
23 Plesse/Clair (2000), S. 118f.
24 Plesse/Clair (2000), S. 8.
25 Plesse/Clair (2000), S. 141.

Schluss
Und jetzt?

1 Miegel (2003).
2 Gleichzeitig erwartet Miegel übrigens von eben diesen hauptsächlich auf den Beruf hin orientierten Eltern, dass sie sich weit intensiver als bisher um ihren Nachwuchs kümmern.
3 Sprenger (2000), S. 56f.
4 *Die Zeit* 51/2002, S. 55f.

Literaturverzeichnis

Adam, Barbara/Geißler, Karlheinz A./Held, Martin (Hrsg.): *Die Nonstop-Gesellschaft und ihr Preis. Vom Zeitmissbrauch zur Zeitkultur*, Stuttgart-Leipzig 1998.

Albert, Bernhard: *Von der Vielfalt der Zeit. Die neunte Zeitakademie des Tutzinger Projekts »Ökologie der Zeit«*, Typoskript, Tutzing-München 2000.

Alt, Franz: *Die Sonne schickt uns keine Rechnung. Die Energiewende ist möglich*, München-Zürich 1994.

Alt, Franz: *Krieg um Öl oder Frieden durch die Sonne*, München 2002.

Altvater, Elmar: *Wettlauf ohne Sieger. Politische Gestaltung im Zeitalter der Geo-Ökonomie*, in: *Blätter für deutsche und internationale Politik* 2/1995, S. 192–202.

Altvater, Elmar: *Geoökonomie und neuer Arbitragekapitalismus. Raum- und Zeitregime in postsozialistischen Transformations-Prozessen*, in: *Widerspruch* 36 (1998), S. 19–41.

Altvater, Elmar/Mahnkopf, Birgit: *Entschleunigung der Finanzströme durch die Tobin-Steuer*, in: *Widerspruch* 38 (1999/2000), S. 43–46.

Arbeitsgruppe weed/attac: *Die Tobin-Steuer. Instrument einer gerechten Weltwirtschaft*, Informationsblatt, ohne Jahr.

Backhaus, Klaus/Bonus, Holger (Hrsg.): *Die Beschleunigungsfalle oder der Triumph der Schildkröte*, Stuttgart 1994.

Baeriswyl, Michel: *Chillout. Wege in eine neue Zeitkultur*, München 2000.

Baeriswyl, Michel: *Die Welt durchs Nadelöhr der Gegenwart schleusen. Zeitverdichtung durch Vergleichzeitigung*, Vortrag an der Evangelischen Akademie Tutzing am 11. 10. 2002, unveröffentlichtes Typoskript, Tutzing 2002.

Bindemann, Walther: *Wachstum kommt vor dem Fall*, in: *Weltbühne* 8/1992, S. 198ff.

Braig, Axel/Renz, Ulrich: *Die Kunst, weniger zu arbeiten*, Berlin 2001.

Brand, Stewart: *Das Ticken des langen Jetzt. Zeit und Verantwortung am Beginn des neuen Jahrtausends*, Frankfurt/Main 2000.

Breuer, Stefan: *Die Gesellschaft des Verschwindens. Von der Selbstzerstörung der technischen Zivilisation*, Hamburg 1992.

BUND/Misereor (Hrsg.): *Zukunftsfähiges Deutschland. Ein Beitrag zu einer global nachhaltigen Entwicklung. Studie des Wuppertal-Instituts für Klima, Umwelt, Energie*, Basel-Boston-Berlin 1996.

Bundesminister für Umwelt, Naturschutz und Reaktorsicherheit (Hrsg.): *Schutz vor Gefahrenstoffen. Umwelt '90*, Bonn 1990.

Chossudovsky, Michel: *Global brutal. Der entfesselte Welthandel, die Armut, der Krieg*, Frankfurt/Main 2002.

Cramer, Friedrich: *Symphonie des Lebendigen. Versuch einer allgemeinen Resonanztheorie*, Frankfurt/Main 1996.

Creutz, Helmut: *Das Geldsyndrom. Wege zu einer krisenfreien Marktwirtschaft*, München 1993.

Csikszentmihalyi, Mihaly: *Flow – Das Geheimnis des Glücks*, Stuttgart 1992.

De Graaf, John/Wann, David/Naylor, Thomas H.: *Affluenza. Zeitkrankheit Konsum*, München 2001.

Deutscher Bundestag (Hrsg.): *Stichwort Nachhaltigkeit. Die Ergebnisse der Enquete-Kommission »Schutz des Menschen und der Umwelt. Ziele und Rahmenbedingungen einer nachhaltig zukunftsverträglichen Entwicklung« im 13. Deutschen Bundestag*, Berlin 2000.

Dominguez, Joe/Robin, Vicki: *Your Money or Your Life. Transforming Your Relationship with Money and Achieving Financial Independence*, New York 1992.

Duden. *Deutsches Universalwörterbuch*, Mannheim 1996.

Eberling, Matthias/Henckel Dietrich: *Kommunale Zeitpolitik. Veränderungen von Zeitstrukturen – Handlungsoptionen der Kommunen* (= Forschung aus der Hans-Böckler-Stiftung, Bd. 7), Berlin 1998.

Eibl-Eibesfeldt, Irenäus: *In der Falle des Kurzzeitdenkens*, München-Zürich 1998.

Eicke, Ulrich: *Die Werbe-Lawine. Angriff auf unser Bewusstsein*, München 1991.

Enquete-Kommission »Vorsorge zum Schutz der Erdatmosphäre« des Deutschen Bundestages (Hrsg.): *Schutz der Erde. Eine Bestandsaufnahme mit Vorschlägen zu einer neuen Energiepolitik*, Bd. 1, Bonn 1991.

Fetscher, Iring: *Der Marxismus. Seine Geschichte in Dokumenten*, München-Zürich 1983.

Fetscher, Iring: *Sind wir unfähig zur Muße?*, in: Joseph Tewes (Hrsg.), *Nichts Besseres zu tun – über Muße und Müßiggang*, Oelde 2000, S. 27–33.

Findeisen, Diether G. R./Pickenhain, Lothar: *Immunantwort und Psyche. Allergie und Stress: Risiko oder Chance?*, Stuttgart 1990.

Fraser, Julius T.: *Die Zeit. Auf den Spuren eines vertrauten und doch fremden Phänomens*, München 1991.

Friczewski, Franz: *Sozialökologie des Herzinfarkts. Untersuchungen zur Pathologie industrieller Arbeit*, Berlin 1988.

Fromm, Erich: *Haben oder Sein. Die seelischen Grundlagen einer neuen Gesellschaft*, München 1979.

Fromm, Rainer: *Digital spielen – real morden? Shooter, Clans und Fragger. Computerspiele in der Jugendszene*, Marburg 2002.

Fuchs, Tatjana: *Arbeit und menschliche Würde. Arbeitsbedingungen und Arbeitsbelastungen in Deutschland* (= isw-Report 51), München 2002.

Fukuyama, Francis: *Das Ende der Geschichte. Wo stehen wir?*, München 1992.

Füllsack, Manfred: *Leben ohne zu arbeiten? Zur Sozialtheorie des Grundeinkommens*, Berlin 2002.

Garhammer, Manfred: *Balanceakt Zeit. Auswirkungen flexibler Arbeitszeiten auf Alltag, Freizeit und Familie*, Berlin 1994.

Garhammer, Manfred: *Wie Europäer ihre Zeit nutzen. Zeitstrukturen im Zeichen der Globalisierung*, Berlin 1999.

Garnreiter, Franz/Schmid, Sonja: *Ware Wasser. Die Wasserwirtschaft zwischen Daseinsvorsorge und Profitmaximierung* (= isw-Report 53), München 2002.

Geißler, Karlheinz A.: *Zeit leben. Vom Hasten und Rasten – Arbeiten und Lernen – Leben und Sterben*, Weinheim 1985.

Geißler, Karlheinz A.: *Vom Tempo der Welt. Am Ende der Uhrzeit,* Freiburg 1999.

Geißler, Karlheinz A.: *Der Simultant,* in: *Psychologie heute* 11/2002, S. 30–35.

Gesell, Silvio: *Die natürliche Wirtschaftsordnung durch Freiland und Freigeld* (1916), Lütjenburg 1991

Glatzer, Wolfgang: *Lebensstandard und Lebensqualität,* in: Bernhard Schäfers/Wolfgang Zapf (Hrsg.), *Handwörterbuch zur Gesellschaft Deutschlands,* Opladen 1998, S. 427–438.

Glotz, Peter: *Die beschleunigte Gesellschaft. Kulturkämpfe im digitalen Kapitalismus,* München 1999.

Goebel, Johannes: *Völker leert die Regale! Kaufrausch und Konsumrealität,* in: Peter Kemper/Ulrich Sonnenschein (Hrsg.), *Die Kick-Kultur. Zur Konjunktur der Süchte,* Leipzig 2001, S. 40–53

Goetze, Dieter: *Entwicklungspolitik 1: Soziokulturelle Grundfragen,* Paderborn 1983.

Goeudevert, Daniel: *Wie ein Vogel im Aquarium. Aus dem Leben eines Managers,* Berlin 1996.

Gorz, André: *Wege ins Paradies. Thesen zur Krise, Automation und Zukunft der Arbeit,* Berlin 1983.

Griefahn, Monika: *Buchbesprechung zu »Fritz Reheis, Die Kreativität der Langsamkeit. Neuer Wohlstand durch Entschleunigung«, 2. Auflage, Darmstadt 1998,* in: *Gewerkschaftliche Monatshefte* 3/2000, S. 187f.

Grimmel, Eckhard: *Kreislauf und Kreislaufstörungen der Erde,* Reinbek 1993.

Gronemeyer, Marianne: *Das Leben als letzte Gelegenheit. Sicherheitsbedürfnisse und Zeitknappheit,* Darmstadt 1993.

Gronemeyer, Marianne: *Immer wieder neu oder ewig das Gleiche. Innovationsfieber und Wiederholungswahn,* Darmstadt 2000.

Gronemeyer, Reimer: *Die Entfernung vom Wolfsrudel. Über den drohenden Krieg der Jungen gegen die Alten,* Frankfurt/Main 1991.

Grün, Anselm: *Buch der Lebenskunst,* Freiburg 2002.

Guggenberger, Bernd: *Das Menschenrecht auf Irrtum. Anleitung zur Unvollkommenheit,* München 1987.

Guggenberger, Bernd: *Fehlerfreundliche Strukturen,* in: *Universitas* 4/1994, S. 343–355.

Guillaume, Paoli (Hrsg.): *Mehr Zuckerbrot, weniger Peitsche. Aufrufe, Manifeste und Faulheitspapiere der Glücklichen Arbeitslosen,* Berlin 2002.

Habermas, Jürgen: *Strukturwandel der Öffentlichkeit. Untersuchungen zu einer Kategorie der bürgerlichen Gesellschaft,* Neuwied 1962.

Hartmann, Michael: *Der Mythos von den Leistungseliten – Spitzenkarrieren und soziale Herkunft in Wirtschaft, Politik, Justiz und Wissenschaft,* Frankfurt/M. 2002.

Haußmann, Heinrich: *Der Josephspfennig,* Fürth 1990.

Heintel, Peter: *Innehalten. Gegen die Beschleunigung,* Freiburg 1999.

Held, Martin: *Leitbilder der Chemiepolitik. Stoffökologische Perspektiven der Industriegesellschaft,* Frankfurt/Main 1991.

Held, Martin/Geißler, Karlheinz A. (Hrsg.): *Ökologie der Zeit. Vom Finden der rechten Zeitmaße,* Stuttgart 1993.

Held, Martin/Geißler, Karlheinz A. (Hrsg.): *Von Rhythmen und Eigenzeiten. Perspektiven einer Ökologie der Zeit,* Stuttgart 1995.

Held, Martin/Hofmeister, Sabine/Kümmerer, Klaus/Schmid, Bernhard: *Auf dem Weg von der Durchflussökonomie zur nachhaltigen Stoffwirtschaft: Ein Vorschlag zur Weiterentwicklung der grundlegenden Regeln,* in: *Gaia* 4/2000, S. 257–266.

Held, Martin: *Evolutionsbiologie und Ökonomik,* in: Axel Beyer (Hrsg.), *Fit für Nachhaltigkeit? Biologisch-anthropologische Grundlagen einer Bildung für nachhaltige Entwicklung,* Opladen 2002, S. 17–45.

Hesse, Günter: *Die Entstehung industrialisierter Volkswirtschaften,* Tübingen 1982.

Hinrichs, Karl: *Die Zukunft der Arbeitszeitflexibilisierung. Arbeitnehmerpräferenzen, betriebliche Interessen und Beschäftigungswirkungen,* in: *Soziale Welt* 3/1992, S. 313–330.

Hofmann, Werner: *Grundelemente der Wirtschaftsgesellschaft. Ein Leitfaden für Lehrende,* Reinbek 1969.

Honneth, Axel: *Kampf um Anerkennung. Zur moralischen Grammatik sozialer Konflikte,* Frankfurt/Main 1992.

Huber, Joseph: *Die zwei Gesichter der Arbeit. Ungenutzte Möglichkeiten der Dualwirtschaft,* Frankfurt/Main 1984.

Hurrelmann, Klaus/Engel, Uwe: *Gesundheitsrisiken im Jugendalter. Eine Studie über soziale, psychische und körperliche Belastungen von 12- bis 17-Jährigen,* in: *Sozialpädiatrie* 2/1992, S. 138–144.

Ist die Menschheit noch zu retten?, Sonderdruck der Josef Schmidt Colleg GmbH, Bayreuth 1993.

Jungk, Robert/Internationale Bibliothek für Zukunftsfragen in Salzburg (Hrsg.): *Katalog der Hoffnung. 51 Modelle für die Zukunft,* Frankfurt/Main 1990.

Kafka, Peter: *Gegen den Untergang. Schöpfungsprinzip und globale Beschleunigungskrise,* München 1994.

Kalas, Sybille: *Kreise ziehen. Allein-Sein mit der Natur,* in: *Schöne freie Zeit. Leben zwischen Lust und Langeweile* (= *Politische Ökologie* 75), München 2002, S. 25–28.

Kallscheuer, Otto: *Amartya Sen – Politische Ökonomie als »moralische Wissenschaft«. Nachwort,* in: Amartya Sen, *Der Lebensstandard,* Hamburg 2000, S. 139–159.

Kemper, Peter/Sonnenschein, Ulrich (Hrsg.): *Die Kick-Kultur. Zur Konjunktur der Süchte,* Leipzig 2001.

Kennedy, Margrit: *Geld ohne Zinsen und Inflation. Ein Tauschmittel, das jedem dient* (1989), überarbeitete und erweiterte Auflage, München 1991.

Klein, Stefan: *Die Glücksformel oder Wie die guten Gefühle entstehen,* Reinbek 2002.

Klenner, Christina: *Lässt sich mit Zeitkontenmodellen mehr Zeitsouveränität verwirklichen?,* in: *WSI-Mitteilungen* 4/1997, S. 254–264.

Koslowski, Peter: *Politik und Ökonomie bei Aristoteles,* Tübingen 1993.

Krebs, Angelika: *Arbeit und Liebe. Die philosophischen Grundlagen sozialer Gerechtigkeit,* Frankfurt/Main 2002.

Kreibich, Rolf: *Zukunft als gestaltbare Zeitdimension,* in: Klaus Burmeister/Weert Canzler/Rolf Kreibich (Hrsg.), *Netzwerke. Vernetzung und Zukunftsgestaltung,* Weinheim 1991, S. 23–42.

Kümmerer, Klaus: *Die Bedeutung der Zeit in den Umweltwissenschaften,* 3 Teile, in: UWSF – Zeitschrift für Umweltchemie und Ökotoxologie 9 (1997), S. 49–54, 169–178 und 283–290.

Lietaer, Bernard A.: *Das Geld der Zukunft. Über die destruktive Wirkung des existierenden Geldsystems und die Entwicklung von Komplementärwährungen*, 2. Auflage, München 1999.

Lietaer, Bernard A.: *Mysterium Geld. Emotionale Bedeutung und Wirkungsweise eines Tabus*, München 2000.

Lutz, Rainer: *Müßigsein und Genießen. Therapeutische Überlegungen*, in: Joseph Tewes (Hrsg.), *Nichts Besseres zu tun – über Muße und Müßiggang*, Oelde 2000, S. 223–241.

Mandel, Ernest: *Marxistische Wirtschaftstheorie* (1962), Frankfurt/Main 1971.

Mandel, Ernest: *In Defense of Socialist Planning*, in: *New Left Review* 159 (1986), S. 5–37.

Martens, Erika: *Zeit für die dritte Revolution*, in: *Die Zeit* 12/1994, S. 37.

Marx, Karl: *Das Elend der Philosophie. Antwort auf Proudhons »Philosophie des Elends«* (1847), zitiert nach: Marx-Engels-Werke, Bd. 4, Berlin 1972.

Marx, Karl: *Das Kapital. Kritik der politischen Ökonomie*. Bd. 1 (1867), zitiert nach: Marx-Engels-Werke, Bd. 23, Berlin 1972.

Maslow, Abraham: *Motivation und Persönlichkeit* (1954), Reinbek 1981.

Massow, Martin: *Gute Arbeit braucht ihre Zeit. Die Entdeckung der kreativen Langsamkeit*, München 1998.

Metzger, Oswald: *Einspruch! Wider den organisierten Staatsbankrott*, München 2003.

Miegel, Meinhard: *Der Markt wird es richten*, in: *Handelsblatt* 17. 3. 2003.

Mletzko, Horst G./Mletzko, Ingrid: *Die Zeit und der Mensch*, Leipzig-Jena-Berlin 1991.

Negt, Oskar: *Lebendige Arbeit, enteignete Zeit. Politische und kulturelle Dimensionen des Kampfes um Arbeitszeit*, Frankfurt/Main 1987.

Nordlohne, Elisabeth: *Die Kosten jugendlicher Problembewältigung. Alkohol-, Zigaretten- und Arzneimittelkonsum im Jugendalter*, Weinheim 1992.

Plesse, Sunito M./Clair, Bijo St.: *Feuer der Sinnlichkeit. Licht des Herzens. Tantrische Selbsterfahrung für Einzelne und Paare*, Vaduz 2000.

Pleterski, Friederun/Habinger, Renate: *Vom natürlichen Umgang mit der Zeit*, Wien 1999.

Podak, Klaus: *Hölle im Kopf*, in: *Süddeutsche Zeitung* 28./29. 9. 2002, Wochenendbeilage, S. III.

Posod, Bruno: *Schulzeit – Zeitschule. Ein Beitrag zu einem anderen Umgang mit Zeit*, Wien 1997.

Projektgruppe »Prioritäre Gesundheitsziele« beim Zentralinstitut für die kassenärztliche Versorgung im Auftrag des Bundesministers für Jugend, Familie, Frauen und Gesundheit (Hrsg.): *Dringliche Gesundheitsprobleme der Bevölkerung in der Bundesrepublik Deutschland. Zahlen – Fakten – Perspektiven*, Baden-Baden 1990.

Ratkau, Joachim: *Natur und Macht. Eine Weltgeschichte der Umwelt*, München 2000.

Reheis, Fritz: *Konkurrenz und Gleichgewicht als Fundamente von Gesellschaft. Interdisziplinäre Untersuchung zu einem sozialwissenschaftlichen Paradigma*, Berlin-München 1986.

Reheis, Fritz: *Zu einigen historischen Bedingungen des Projekts von 1917*, in: Jürgen Backhaus (Hrsg.), *Systemwandel und Reform in östlichen Wirtschaften*, Marburg 1991, S. 330–350.

Reheis, Fritz: *Die Kreativität der Langsamkeit. Neuer Wohlstand durch Entschleunigung* (1996), 2., erweiterte Auflage, Darmstadt 1998.

Reheis, Fritz: *Zeit lassen. Ein neues Leitbild für die Politik*, in: *Österreichische Zeitschrift für Politikwissenschaft* 2/1999a, S. 213–226.

Reheis, Fritz: *Zeit lassen. Ein neues Leitbild für die Politik* (gekürzte Fassung), in: *Aus Politik und Zeitgeschichte. Beilage zur Wochenzeitung Das Parlament* 31/1999b, S. 32–38.

Reheis, Fritz: *Stichwort: Ökologie der Zeit*, in: *Information Philosophie* 5/2001, S. 38–41.

Richter, Anke: *Aussteigen auf Zeit. Das Sabbatical Handbuch*, Köln 1999.

Rifkin, Jeremy: *Das Ende der Arbeit und ihre Zukunft*. Mit einem Nachwort von Martin Kempe, Frankfurt/Main-New York 1995.

Rinderspacher, Jürgen P.: *Der Sonntag. Eine Zeitinstitution mit Geschichte und Zukunft*, in: *Schöne freie Zeit. Leben zwischen Lust und Langeweile* (= Politische Ökologie 75), München 2002a, S. 14–17.

Rinderspacher, Jürgen P.: *Zeitwohlstand. Ein Konzept für einen Wohlstand der Nation* (= Forschung der Hans-Böckler-Stiftung, Bd. 39), Berlin 2002b.

Roßlenbroich, Bernd: *Die rhythmische Organisation des Menschen. Aus der chronobiologischen Forschung*, Stuttgart 1994.

Sabet, Hafez: *Die Schuld des Nordens. Der 50-Billionen-Dollar-Coup*, Darmstadt 1991.

Samuelson, Anthony P.: *Volkswirtschaftslehre*, Bd. 1, 6. Auflage, Köln 1973.

Scherhorn, Gerhard / Reisch, Lucia / Raab, Gerhard: *Kaufsucht. Bericht über eine empirische Untersuchung* (= Arbeitspapier des Lehrstuhls für Konsumtheorie und Verbraucherpolitik an der Universität Hohenheim, Nr. 50), Stuttgart 1991.

Scherhorn, Gerhard: *Die Wachstumsillusion im Konsumverhalten*, in: Hans Ch. Binswanger / Paschen von Flotow (Hrsg.), *Geld und Wachstum. Zur Philosophie und Praxis des Geldes*, Stuttgart-Wien 1994, S. 213–230.

Scherhorn, Gerhard / Reisch, Lucia / Schrödel, Sabine: *Wege zu nachhaltigen Konsummustern: Überblick über den Stand der Forschung und vorrangige Forschungsthemen*, Marburg 1997.

Schneider, Manuel: *Die Folgen des Erfolgs. Zur Ökologie der Zeit in Landwirtschaft und Ernährung*, in: Manuel Schneider / Karlheinz A. Geißler / Martin Held (Hrsg.), *Zeit-Fraß. Zur Ökologie der Zeit in Landwirtschaft und Ernährung* (= Politische Ökologie, Sonderheft 8), München 1995, S. 6–14.

Schumacher, Ernst. F.: *Die Rückkehr zum menschlichen Maß. Alternativen für Wirtschaft und Technik* (1973), Reinbek 1977.

Schumacher, Ulrike: *Freiräume mit Sinn. Ehrenamtliches Engagement*, in: *Schöne freie Zeit. Leben zwischen Lust und Langeweile* (= Politische Ökologie 75), München 2002, S. 54–57.

Schütze, Christian: *Frieden durch Faulheit*, in: *Geo* 3/1989, S. 198f.

Schwarz, Franz F. (Hrsg.): *Aristoteles' Politik. Schriften zur Staatstheorie*, Stuttgart 1993.

Scitovsky, Tibor: *Psychologie des Wohlstands. Die Bedürfnisse des Menschen und der Bedarf des Verbrauchers*, Frankfurt/Main-New York 1989.

Seiwert, Lothar J.: *Wenn du es eilig hast, gehe langsam. Das neue Zeitmanagement in einer beschleunigten Welt*, Frankfurt/Main 1998.

Sen, Amartya: *Ökonomie für den Menschen. Wege zu Gerechtigkeit und Solidarität in der Marktwirtschaft* (1987), Hamburg 2000.

Sennett, Richard: *Der flexible Mensch. Die Kultur des neuen Kapitalismus* (1998), Berlin 2000.

Sieferle, Rolf-Peter: *Der unterirdische Wald. Energiekrise und industrielle Revolution*, München 1982.

Sieferle, Rolf-Peter: *Global 2050. Auszüge aus dem Bericht des Club of Doom*, in: Günter Altner u. a. (Hrsg.), *Jahrbuch Ökologie 1992*, München 1992, S. 63–73.

Siemers, Barbara: *Einfach mal raus ... Aussteigen auf Zeit*, in: *Schöne freie Zeit. Leben zwischen Lust und Langeweile* (= *Politische Ökologie* 75), München 2002, S. 22–24.

Sik, Ota: *Ein Wirtschaftssystem der Zukunft*, Berlin-Frankfurt/Main-New York 1985.

Slow Food Schweiz (Hrsg.): *Slow Food: Internationale Bewegung zur Wahrung des Rechts auf Genuss*. Faltblatt, Zürich ohne Jahr.

Sprenger, Reinhard K.: *Die Entscheidung liegt bei Dir! Wege aus der alltäglichen Unzufriedenheit*, Frankfurt/Main-New York 2000.

Sturma, Dieter: *Person und Zeit*, in: Forum für Philosophie Bad Homburg (Hrsg.), *Zeiterfahrung und Personalität*, Frankfurt/Main 1992, S. 123–157.

Sturma, Dieter: *Philosophie der Person. Die Selbstverhältnisse von Subjektivität und Moralität*, Paderborn-München-Wien-Zürich 1997.

Tewes, Joseph: *Einleitung*, in: ders. (Hrsg.), *Nichts Besseres zu tun – über Muße und Müßiggang*, Oelde 2000, S. 9–24.

Tutzinger Projekt »Ökologie der Zeit« (Hrsg.): *Ökologie der Zeit. Vom Finden der rechten Zeitmaße* (= Schriftenreihe zur *Politischen Ökologie*, Bd. 7), München 1998.

Ulrich, Peter: *Transformation der ökonomischen Vernunft. Fortschrittsperspektiven der modernen Industriegesellschaft* (1986), 2., durchgesehene Auflage, Bern-Stuttgart 1987.

Ulrich, Peter: *Integrative Wirtschaftsethik. Grundlagen einer lebensdienlichen Ökonomie*, Bern-Stuttgart 1997.

United Nations Development Programme (Hrsg.): *Human Development Report 1992*, New York-Oxford 1992.

Vester, Frederic: *Phänomen Stress. Wo liegt sein Ursprung, warum ist er lebenswichtig, wodurch ist er entartet?*, München 1978.

Vester, Frederic: *Leitmotiv vernetztes Denken. Für einen besseren Umgang mit der Welt*, München 1989.

Vogel, Wolf: *»Dein Mitschüler ist dein natürlicher Feind!«*, in: *Die Demokratische Schule* 9/1992, S. 11f.

Vogt, Winfried: *Kritik der herrschenden Wirtschaftslehre*, in: ders. (Hrsg.), *Seminar: Politische Ökonomie. Zur Kritik der herrschenden Nationalökonomie*, Frankfurt/Main 1973, S. 180–205.

Vogt, Winfried: *Theorie der kapitalistischen und einer laboristischen Ökonomie*, Frankfurt/Main 1986.

Wahl, Peter/Waldow, Peter: *Devisenumsatzsteuer. Ein Konzept mit Zukunft. Möglichkeiten und Grenzen der Stabilisierung der Finanzmärkte durch eine Tobin-Steuer* (= weed Arbeitspapier), Bonn 2001.

Walser, Robert: *Gesammelte Werke*, Bd. 10, Frankfurt/Main 1978.

Weis, Kurt: *Wege aus dem »Management« von Zeit: Kostenlose Körperkünste*, in: Alexander Rager, *Die Zeit im Griff – im Griff der Zeit. Zeitmanagement und die Suche nach einer neuen Zeitkultur.* Werkstattbericht der Zeitakademie des Tutzinger Projekts »Ökologie der Zeit« vom 7.–9. 9. 2001, Typoskript, Tutzing 2001, S. 51–60.

Weizsäcker, Christine von: *Missachtung der Zeitskalen. Abschied vom Prinzip Versuch-und-Irrtum*, in: Barbara Adam/Karlheinz A. Geißler/Martin Held (Hrsg.), *Die Nonstop-Gesellschaft und ihr Preis. Vom Zeitmissbrauch zur Zeitkultur*, Stuttgart-Leipzig 1998, S. 71–84.

Willms, Johannes: *Das große Fegefeuer*, in: *Süddeutsche Zeitung* 6.–8. 4. 1996.

Wormer, Holger: *Die Grüne Chemie. Forscher planen eine radikale Abkehr von den klassischen Produktionsprozessen*, in: *Süddeutsche Zeitung* 7. 1. 2003, S. 50.

Wüthrich, Brunello/Schlumpf, Margret: *Epidemiologie der Atopien. Umweltkrankheiten Nr. 1*, in: Sonderdruck aus *Sozialpädiatrie in Praxis und Klinik* 14 (8/1992), S. 606–612.

Ziegler, Jean: *Die neuen Herrscher der Welt und ihre globalen Widersacher*, München 2003.

Zoll, Rainer: *Zeiterfahrung und Gesellschaftsform*, in: ders. (Hrsg.), *Zerstörung und Wiederaneignung von Zeit*, Frankfurt/Main 1988, S. 72–88.

Zulley, Jürgen/Knab, Barbara: *Unsere innere Uhr. Natürliche Rhythmen nutzen und der Non-Stop-Belastung entgehen*, Freiburg 2000.

Abbildungs- und Quellennachweis